感谢四川师范大学及四川师范大学经济与管理学院出版基金资助

技术创新、环境规制与中国工业绿色化

史敦友 ◎ 著

中国社会科学出版社

图书在版编目（CIP）数据

技术创新、环境规制与中国工业绿色化/史敦友著. —北京：中国社会科学出版社，2020.11
ISBN 978-7-5203-7539-9

Ⅰ.①技⋯ Ⅱ.①史⋯ Ⅲ.①工业经济—绿色经济—研究—中国 Ⅳ.①F424

中国版本图书馆 CIP 数据核字（2020）第 237845 号

出 版 人	赵剑英
责任编辑	王　曦
责任校对	李斯佳
责任印制	戴　宽

出　　版	中国社会科学出版社
社　　址	北京鼓楼西大街甲 158 号
邮　　编	100720
网　　址	http://www.csspw.cn
发 行 部	010-84083685
门 市 部	010-84029450
经　　销	新华书店及其他书店

印刷装订	北京君升印刷有限公司
版　　次	2020 年 11 月第 1 版
印　　次	2020 年 11 月第 1 次印刷

开　　本	710×1000　1/16
印　　张	16
插　　页	2
字　　数	209 千字
定　　价	96.00 元

凡购买中国社会科学出版社图书，如有质量问题请与本社营销中心联系调换
电话：010-84083683
版权所有　侵权必究

序 一

党的十九大报告提出，我们要建设的现代化是人与自然和谐共生的现代化，既要创造更多物质财富和精神财富以满足人民日益增长的美好生活需要，也要提供更多优质生态产品以满足人民日益增长的优美生态环境需要。在建设美丽中国背景下，中国坚持以科技创新、绿色发展为引领，建立健全环境规制政策体系，不断提升环境规制强度，旨在降低宏观工业发展对生态环境的负外部性影响和逐步实现工业经济可持续发展与高质量转型目标。以技术创新和环境规制政策驱动工业绿色发展，既是满足中国人民日益增长的美好生活需要的必然举措，也是体现中国主动应对全球资源与环境危机、维护全球生态安全、推动构建人类命运共同体的使命担当，更是为"美丽世界"建设积极贡献中国智慧和中国方案的生动诠释。

基于上述背景，我建议我的博士生认真追踪党的十九大报告关于生态文明建设与绿色发展相关主题，最终，作者的博士论文题目选择了"中国工业绿色化的影响因素研究——基于技术创新与环境规制视角"，应该说该选题的研究在理论上具有填补国内学界在"绿色发展"研究方面的不足，同时也符合中国的国情。题目定下来之后，作者通过两年的时间，查阅了大量的资料，收集了若干的数据，构建了相应的数学模型，在写作过程中，还与我进行了若干次长时间的讨论，甚至我们还对论文的逻辑思路、指标体系、机理等方面进行了反复的争论。通过作者不懈的努力，最终形成了以"中国工业绿色化的影响因素研究——基于技术创新与环境规制视角"为题的博士论文，并在进一步修改和完善的基础上，形成了展现在读者面前的《技术创新、环境规制与中国工业绿色化》一书。

从书稿来看，作者研究视角新颖独特、逻辑思路清晰，理论论证与实证分析相互结合、相互论证，结构合理。我认为该书具有如下三个创新点：其一，作者对工业绿色化的本质内涵进行了界定，指出工业绿色化在本质上是由工业生态环境效率相对较高的企业持续不断地替代工业生态环境效率相对较低的企业，并在整体上同时实现工业生态环境质量改善与工业经济增长的产业结构调整过程，能够实现工业经济增长与生态环境保护"双赢"。其二，在构建工业绿色化指数以测度中国工业绿色化水平时，完全以绩效指标来构建工业绿色化指标体系；在构建环境规制指标体系以测度异质性环境规制强度时，完全以决策指标作为异质性环境规制强度的测度方式，保证了在实证检验过程中以决策指标测度的环境规制来影响绩效指标测度的工业绿色化的因果逻辑关系。其三，在研究方法上，作者将多种计量研究方法有效结合和相互论证，最大程度上保证了回归结果的稳健性。

值得一提的是，国家教育部线上评阅的五个专家对本论文全部给出 80 分以上的评价，其中一位专家给了 98 分，并对论文给予高度赞扬："我对该博士论文的评价如下：一是从选题和综述看，该博士论文选题具有理论意义和使用价值，其综述显示了作者阅读广泛，对国内外研究动态掌握很全面。二是从作者对基础理论与专门知识掌握看，可以看出作者很好地掌握了人口、资源与环境经济学，以及经济学和环境经济学等学科的知识，足以见得作者很好地掌握了坚实宽广的理论基础和系统深入的专门知识。三是从研究手段、设计能力和创新性看，作者不仅借助加权 TOPSIS、泰尔熵指数、耦合协调度等方法测度和评价中国工业绿色化水平,而且应用其他方法和其他指标对所得到的结论进行了验证。四是从写作规范与工作量看,该论文写作完全符合经济学的规范,论文的整体逻辑严谨、层次分明、论据充分、结论正确。尤其是在现阶段我国很多统计数据都是针对全国的,在工业方面指标不全的情况下,相信作者的工作量一定很大。从上述四个分项评价,我作为评审专家四项全部给优秀的,该博士论文是第一次。建议作者再接再厉,再创佳绩。总之,我认为,该论文是一篇优秀的博士论文。"

总的看来,史敦友博士虽然在该领域作了一些有益探索和研究,也利用了各种计量经济学的方法通过建立相关模型进行实践论证,并得到一些重要结论,但是技术创新和环境规制对工业绿色化的作用机理非常复杂,本书仅从产业层面和区域层面进行了研究,建议作者今后从微观企业研发创新异质性等视角将技术创新及环境规制对工业绿色化的作用机理进行实证检验,从微观层面对本书的研究结论做进一步的验证。

四川大学经济学院教授

韩立达

2020 年 4 月于四川大学竹林村

序　二

　　绿色发展、循环发展、低碳发展是转变经济发展方式的重要内涵和推进生态文明建设的基本途径。面对全球产业变革的新形势，以资源集约利用和环境友好为导向、以绿色创新为核心、以实现经济效益与环境效益双赢为目标的工业绿色化，不仅是新型工业化的内在要求，符合生态经济发展与产业结构演进规律，也是促进工业发展方式由高增长高消耗向高质量高效益转变，加快实体经济转型升级的必然选择，更是建设以人与自然和谐共生为引领的人类命运共同体的坚固基石。

　　党的十八大将生态文明纳入"五位一体"总体布局，党的十八届五中全会首次把"绿色"作为五大发展理念之一，党的十九大报告提出"建立健全绿色循环低碳发展的经济体系，构建市场导向的绿色技术创新体系和清洁低碳、安全高效的能源体系"的要求，表明了中国将通过绿色发展引领生态文明建设新路径，体现了我们党对人民福祉、民族未来的责任担当。

　　从理论探索和实践检验两个角度来讲，技术创新是工业绿色化的发动机，是驱动工业绿色化的发动因子，而环境规制或环境政策作为政府调控工具，对于激活企业活力和创新力具有引领作用，既是推动工业绿色化优化的发动因子，也是工业绿色化发展的底线保障机制。因此，在创造更多物质财富和精神财富以满足人民日益增长的美好生活需要，增加优质生态产品有效供给以满足人民日益增长的优美生态环境消费需求，实现人与自然和谐共存、推动经济社会高质量发展的新时代背景下，探究技术创新和环境规制如何驱动工业绿色化就显得尤为重要，《技术创新、环境规制与中国工业绿色化》一书应运而生。

该著作运用了生态经济学、制度经济学、区域经济学、新经济地理等理论及其相关方法，首次全面系统地研究了工业绿色化理论及其技术创新与环境规制对中国工业绿色化的影响，开启了新时代工业领域生态文明建设与绿色发展融合研究的先河，是一本观点正确、内容丰富、方法先进、分析详尽、理论联系实际，具有一定的理论价值和实践价值的著述。该著作着重研究了技术创新与环境规制对工业绿色化影响的作用机制，并进行了实证检验，形成了以下几个主要特征：

首先，创新性地提出了工业绿色化的理论本质。通过构建工业经济增长与生态环境保护"双赢"的关系模型，借此创新性地揭示了工业绿色化的本质，即工业绿色化在本质上是一个工业生态环境效率相对较高的企业持续不断地替代另一个工业生态环境效率相对较低的企业并使之在整体上实现工业生态环境质量改善与工业经济增长的产业结构调整过程。因此，不论是基于"增量"视角，还是基于"减量"视角，均不是对工业经济增长与生态环境保护"双赢"的准确有效认识。

其次，构建了工业绿色化评价指标体系并对中国工业绿色化水平进行了测度。从资源消耗绿色化、废物排放绿色化与工业转型绿色化三方面选择绩效指标及构建工业绿色化指数，基于2007—2016年30个省（市、区）面板数据和加权TOPSIS方法，并利用泰尔熵指数、基尼系数、变异系数、耦合协调度等方法对中国省际工业绿色化发展水平、空间差异性与系统协调性、相关性等进行测度与分析。重点提出以区域经济市场化、区域发展一体化、工业系统协同化、政策工具差异灵活化等举措来推动工业绿色化。

再次，阐述了技术创新对工业绿色化的作用机理，并以中国省际面板数据进行实证检验。该著作认为，技术创新显著地推动工业绿色化；技术溢出效应和国际市场潜力均对工业绿色化具有推动作用，而人力资本溢出效应和国内市场潜力则不利于工业绿色化，并且这种影响在全国层面和地区层面基本一致；技术溢出效应与人力资本溢出效应分别与国内市场需求联动和国外市场需求联动在全国层面上显著促进工业绿色化，但是在地区层面上对工业绿色化影响的参数系数的显著性并不一致；国内外市场潜力联动在全国层面与地区层面上对工业绿色化影响的参数系数的显著性也不完全一致。

最后，论述了环境规制对工业绿色化的作用机理，同样以中国省际面板数据进行实证检验。该著作认为，环境规制和市场型环境规制既可以直接抑制工业绿色化，又可以通过技术创新中介效应间接抑制工业绿色化；公众型环境规制不能够直接影响工业绿色化，但可以通过诱导技术创新间接促进工业绿色化；行政型环境规制不利于工业绿色化，其对工业绿色化影响没有技术创新中介效应；政府与公众"跨界组合"的环境规制政策工具有利于工业绿色化，但政府之间"内部组合"的环境规制政策工具不利于工业绿色化；工业绿色化的空间溢出效应不利于周边地区工业绿色化，但本地环境规制则有利于周边地区工业绿色化。

史敦友博士先后在西南交通大学和四川大学深造，在跟随我的三年研究生学习期间，除了"贪婪地"汲取专业知识外，还作为科研助理积极参与我主持的系列课题研究。他具有勤奋朴实的性格、好学善思的态度，培养了科研耕耘的良好素质与能力。其硕士论文《高速铁路的城市群产业发展效应》，是我主持的国家出版基金资助项目"高速铁路与区域经济发展研究"的子课题之一，也是"十二五"国家重点图书《高速铁路对沿线产业发展的影响》（西南交通大学出版社2016年版）的专章内容。近年来，史敦友博士已成为我的科研团队主要成员之一，并作为特聘研究员受聘于四川省产业经济发展研究院

（西南交大与四川省经济和信息化委员会于 2012 年 3 月共建的战略合作平台），在区域经济、产业发展、战略规划、项目咨询等方面深耕细作，为地方经济社会发展贡献了一份力量，同时也提升了自身的综合能力。史敦友博士撰写的《技术创新、环境规制与中国工业绿色化》一书，研究视角新颖、理论方法先进、实证检验可靠、结论对策有参考价值，是一本关注中国工业经济高质量发展与绿色发展不可多得的科研专著，也是检验他理论与实践成果的阶段性的注脚。

西南交通大学经济管理学院教授

西南交通大学四川省产业经济发展研究院院长

中国区域科学协会与中国国土经济学会常务理事

财政部 PPP 中心首批定向邀请入库专家

四川省委省政府决策咨询委员会委员

2020 年 4 月于西南交通大学九里校区

目　录

第一章　导论 ……………………………………………………（1）
　第一节　研究背景与意义 …………………………………………（1）
　第二节　国内外研究综述 …………………………………………（6）
　第三节　研究目标与内容 …………………………………………（27）
　第四节　研究思路与方法 …………………………………………（31）
　第五节　主要创新点与不足 ………………………………………（34）

第二章　工业绿色化的理论分析 ………………………………（37）
　第一节　工业绿色化的理论内涵 …………………………………（37）
　第二节　工业绿色化和工业经济增长与生态环境保护
　　　　　"双赢"关系辨析 …………………………………………（46）
　第三节　工业绿色化的影响因素 …………………………………（59）
　第四节　本章小结 …………………………………………………（74）

第三章　技术创新与环境规制对工业绿色化影响的作用机理 ……（76）
　第一节　技术创新对工业绿色化影响的作用机理 ………………（76）
　第二节　环境规制对工业绿色化影响的作用机理 ………………（87）
　第三节　技术创新与环境规制对工业绿色化影响的
　　　　　理论模型 …………………………………………………（97）
　第四节　本章小结 …………………………………………………（111）

第四章　中国工业绿色化测度与评价 （112）
  第一节　工业绿色化指数构建 （113）
  第二节　工业绿色化评价方法 （119）
  第三节　中国省际工业绿色化综合评价 （125）
  第四节　中国省际工业绿色化系统评价 （133）
  第五节　本章小结 （147）

第五章　技术创新对中国工业绿色化影响的实证研究 （148）
  第一节　中国技术创新的统计描述 （148）
  第二节　研究设计 （154）
  第三节　实证分析 （159）
  第四节　本章小结 （177）

第六章　环境规制对中国工业绿色化影响的实证研究 （179）
  第一节　异质性环境规制指标体系设计与测度 （179）
  第二节　研究设计 （191）
  第三节　实证分析 （196）
  第四节　本章小结 （211）

第七章　结论、建议与展望 （213）
  第一节　基本研究结论 （213）
  第二节　主要政策建议 （216）
  第三节　未来研究展望 （220）

参考文献 （222）

后记 （243）

第一章　导论

第一节　研究背景与意义

一　研究背景

改革开放 40 多年以来，中国经济发展取得了举世瞩目的成就，但是在取得这些成就的同时，也应该看到，依靠自然资源的大量投入实现经济高速增长的粗放式发展模式，造成了自然生态环境破坏严重与经济社会可持续发展动能不足，工业发展领域尤为突出。一是工业资源消耗规模大，尽管近些年来中国通过大力推进工业节能减排与结构转型提高了工业资源能源利用效率，实现绝大部分工业资源能源消费增速降低甚至负增长，但是由于工业资源能源消费规模的基数巨大，使得中国在多个资源能源领域仍是世界消费大国。2017 年，中国铜消费量达到 1192.30 万吨，占世界铜消费总量的 50.24%[1]；煤炭消费量达到 18.9 亿吨油当量，占世界煤炭消费总量的 52.79%[2]。二是大部分工业资源能源储量和产量均较低，能源对外依存度较大，资源能源

---

[1]《2018—2024 年中国铜加工行业市场运行态势及投资战略咨询报告》。
[2]《2019—2025 年中国煤炭行业市场分析预测及投资方向研究报告》。

必须通过大量进口才能够满足国内工业经济持续发展需求。2017年，进口铁矿石10.75亿吨，铁矿石对外依存度达87.50%[①]；进口原油4.20亿吨，原油对外依存度达67.40%[②]。三是生态环境污染仍比较严重，如水体水质变差、空气质量恶化、土壤污染扩散、工业固体废弃物贮存量不断增加等。据《2017 中国生态环境状况公报》和2017年《中国统计年鉴》数据显示，全国338个地级及以上城市超过70%存在空气质量问题，以PM2.5为首要污染物的天数占重度及以上污染天数的74.2%；主要河流水质断面Ⅳ类及以上占比达28.20%，重要湖泊（水库）水质Ⅳ类及以上占比达37.4%；低等地耕地面积为5.59亿亩，占比达27.6%[③]；一般工业固体废弃物产生量近些年来尽管有所减少，但仍达30.92亿吨，工业固体废弃物和危险工业固体废弃物贮存量则逐年攀升，分别达6.26亿吨和0.12亿吨[④]。四是工业持续健康发展动能不足，工业经济增长速度和发展效益均处于严重困境期，中国传统工业发展红利在改革开放40多年来已经逐渐被消耗殆尽，新时期通过新旧动能转换，工业经济增长新动能虽然不断涌现，但仍明显不足。2010年以来，中国工业增加值增长速度持续走低，到2015年仅为6.00%，尽管2017年相对2015年和2016年有所回升，但也仅为6.30%；2017年，规模以上工业企业主营业务收入利润率同比2016年虽然呈现向好趋势，但也仅为6.46%；工业固定资产投资效率在2007—2016年也由2.08下降到1.25[⑤]。

总之，能源安全、资源约束、生态退化、环境污染、动能不足等工业发展问题已经成为制约中国工业化持续健康发展的重重障碍。在

---

① 进口铁矿石数据来源于中国海关总署，对外依存度数据根据国内生产铁矿石数据计算而得。
② 《2017年国内外油气行业发展报告》。
③ 《2017 中国生态环境状况公报》。
④ 2017年《中国统计年鉴》。
⑤ 2018年《中国统计年鉴》。

这种发展背景下,就不得不思考,中国工业化到底该如何发展?中国工业文明到底走向何方?这两个问题不仅是当前中国工业化过程中面临的关键问题,也是事关人类长远发展的全球性历史命题。

在全球生态环境破坏与资源能源稀缺双重约束背景下,世界各国人民普遍意识到,以牺牲自然资源与生态环境为代价谋求经济增长的发展模式越来越不可持续,加之2008年国际金融危机影响,以节约资源能源与保护生态环境为导向的绿色经济正在成为全球共识。联合国环境规划署于2008年呼吁全球各国由褐色经济向绿色经济转变,并于2011年发布《迈向绿色经济:通往可持续发展和消除贫困的各种途径》报告,该报告强调,绿色经济可以被作为全球经济增长新引擎,为世界经济发展创造新机遇。在此背景下,世界各国陆续制定了绿色经济发展战略规划,加大了绿色经济发展投资力度。如欧盟从可再生能源、碳排放交易体系、低碳创新战略等领域入手推动增长方式和发展方式的低碳化、绿色化与节能化;日本以低碳政策为导向,推动传统经济向低碳绿色发展转型,进而实现传统社会向新型低碳社会转型;韩国制定《绿色增长国家战略及五年行动计划》,通过发展绿色环保技术和可再生能源技术实现节能减排、增加就业、创造经济发展新动力三大目标。总之,在自然生态环境压力增加和经济社会发展动力不足等多重因素叠加背景下,世界各国特别是发达国家纷纷将绿色经济理念视作传统工业发展模式下的"一缕曙光",全面吸收,并基于本国国情制定和实施适用于本国经济社会环境需要的绿色经济发展战略。

中国工业绿色化理念是基于马克思恩格斯生态文明思想、西方国家生态经济思想和中国传统文化生态思想共同融合下的理论创新,并在改革开放以来的工业绿色发展实践探索过程中,特别是在党的十八大以来习近平生态文明思想引领下,不断总结经验教训凝练而成。历经40多年改革开放,中国工业化跨越了以能源资源节约利用为基础的

"以物为本"工业化阶段和以人口、资源、环境、科技与经济协调发展为导向的新型工业化阶段,并进入到以生态文明建设为引领的"以人为本"工业化阶段①。2015年,《中共中央国务院关于加快推进生态文明建设的意见》首次在国家层面提出"绿色化"一词,从生产方式视角看,绿色化强调了科技含量高、资源消耗低、环境污染少三大核心要素。同年,《中共中央关于制定国民经济和社会发展第十三个五年规划的建议》首次提出"绿色发展"理念,强调坚持绿色发展,必须坚持节约资源和保护环境的基本国策,走资源节约型和环境友好型社会发展之路②。为了贯彻落实工业绿色发展与生态文明建设等重大战略部署,2016年,工业和信息化部颁布《工业绿色发展规划(2016—2020年)》,要求"加快构建绿色制造体系,大力发展绿色制造产业,推动绿色产品、绿色工厂、绿色园区和绿色供应链全面发展,走高效、清洁、低碳、循环的绿色发展道路"③。可以说,《工业绿色发展规划(2016—2020年)》体现了工业发展与绿色发展的深度融合,其强调的十大重点任务是对"十三五"期间中国工业绿色化的全面部署。

工业绿色化既是工业文明和生态文明融合发展的有效路径,也是党的十九大报告关于"建立健全绿色循环低碳发展的经济体系,构建市场导向的绿色技术创新体系和清洁低碳、安全高效的能源体系"的内在要求,更是建设以人与自然和谐共生为引领的全球人类命运共同体的坚固基石。但如何推动工业绿色化,已经成为世界各国工业发展面临的共同问题。对此,中国在《工业绿色发展规划(2016—2020

---

① 史丹:《绿色发展与全球工业化的新阶段:中国的进展与比较》,《中国工业经济》2018年第10期。
② 《中共中央关于制定国民经济和社会发展第十三个五年规划的建议》,http://www.ndrc.gov.cn/fzgggz/fzgh/ghwb/gjjh/201605/P020160516531263502572.pdf。
③ 《工业绿色发展规划(2016—2020年)》,http://www.ndrc.gov.cn/fzgggz/fzgh/ghwb/gjjgh/201706/t20170621_851925.html。

年)》给予了明确回答，提出了四大工业绿色发展基本原则，第一条就是坚持"创新驱动"原则，第二条就是坚持"政策引领"原则。技术创新是工业绿色化的发动机，是驱动工业绿色化的发动因子，而环境规制或环境政策作为政府政策工具，对于激活企业活力和创新力具有引领作用，既是推动工业绿色化的发动因子，也是工业绿色化的底线保障机制。因此，在人民群众日益增长的对优美生态环境消费需求与现有生态产品供给相矛盾的新时代背景下，基于技术创新和环境规制视角探究如何推动工业绿色化就显得尤为重要。

二 研究意义

在理论上，本书是对工业经济发展与生态环境保护辩证统一性的进一步论证。本书对工业绿色化理论内涵与理论本质进行了界定，指出工业绿色化的本质是产业替代，构建了工业经济增长与生态环境质量关系模型，论证了通过生态环境效率较高的企业（产业）替代生态环境效率较低的企业（产业）且在满足工业绿色化的第一判别定理和第二判别定理条件时，工业绿色化可以实现工业经济增长与生态环境保护"双赢"。这一研究结论批驳了一部分地方主政者视经济增长与环境保护为"鱼和熊掌不可兼得"的错误观点，是对"绿水青山就是金山银山"这一新时代生态文明建设原则的有力论证。

在实践上，本书通过对中国工业绿色化影响因素的研究为中国推动工业绿色化提供一些可行路径。首先，本书通过对中国省际工业绿色化的综合评价和系统评价，既让地方主政者明晰本地区工业绿色化的当前水平与演变历程，也为地方主政者指明了本地区工业绿色化的内在结构短板和优化的着力方向。其次，本书强调技术创新和环境规制是工业绿色化的发动因子，并进行技术创新与环境规制对中国工业绿色化影响的理论分析与实证检验，研究结论表明：技术创新对工业绿色化的意义重大，技术创新形成的市场外溢有利于工业绿色化，技术外溢与市场潜力联动也有利于工业绿色化；环境规制存在异质性，在利用异质性环境规制推动工业绿色化过程中，应注意减少异质性环境规制对技术创新的挤出效应，增加"自上而下"的环境规制政策工具与"自下而上"的环境规制政策工具推动工业绿色化的协同效应，全国各地区环境规制的建立和完善有利于全国整体性的工业绿色化的改善。通过技术创新和环境规制对工业绿色化影响的理论分析与实证检验，为地方主政者推动工业绿色化提供一些具体实施路径。

第二节　国内外研究综述

一　技术创新对工业绿色化影响的研究综述

由于工业绿色化是一个全新概念，国内外还没有相关文献对技术创新对工业绿色化影响进行研究，但关于技术创新与产业绿色发展关系的文献研究则比较多。故以下从技术创新与产业绿色发展关系视角对现有文献进行综述，以为本书研究提供思路和方法借鉴。

1. 技术创新评价研究综述

从技术创新的测度指标上看，理论界在实证研究过程中尽管对技术创新指标的选择差异性比较大，但总体上可归纳为两个主要参照标准，即基于技术创新投入视角和基于技术创新产出视角两个方面对技术创新水平进行测度。一方面，基于技术创新投入视角，科研经费投入成为技术创新投入的绝对主体被国内外学者广泛应用于测度和研究技术创新水平，在此基础上，学者们主要分科研经费投入绝对量（如总量规模)[1][2] 和相对量（如研发投入占 GDP 比重)[3][4] 两个领域对科技创新水平进行测度。但也有少部分学者通过构建技术创新投入综合指标体系来测度技术创新水平，如池仁勇以新产品研发经费投入、新产品开发人员和总资产三大指标构建指标体系来测度技术创新[5]。另一方面，基于技术创新产出视角看，专利产出则成为技术创新产出的绝对主体而被国内外学者广泛应用于测度技术创新水平。如 Griliches[6]、温军和冯根福[7]、袁建国等[8]。另外，也有极少数学者构建包括技术创新投入和技术创新产出组合的综合性指标[9]。

2. 技术创新与产业绿色发展研究综述

技术创新对产业绿色发展影响的研究文献非常多，通过对现有文献梳理发现，理论研究都认为，技术创新对产业绿色发展具有促进作用，但存在区域差异和行业差异。据此，以下主要从技术创新与绿色转型、技术创新与绿色发展效率、技术创新与减排低碳三个方面进行综述。

首先，关于技术创新与绿色转型研究综述。以创新驱动推动产业转型升级特别是制造业转型升级是党的十八大以来中国经济发展的重大战略决策。潘宏亮认为，创新驱动不仅能克服稀缺性资源的瓶颈制

---

[1] 蒋伏心、王竹君、白俊红：《环境规制对技术创新影响的双重效应——基于江苏制造业动态面板数据的实证研究》，《中国工业经济》2013 年第 7 期。

[2] 袁建国、后青松、程晨：《企业政治资源的诅咒效应——基于政治关联与企业技术创新的考察》，《管理世界》2015 年第 1 期。

[3] 朱乃平、朱丽、孔玉生、沈阳：《技术创新投入、社会责任承担对财务绩效的协同影响研究》，《会计研究》2014 年第 2 期。

[4] 唐未兵、傅元海、王展祥：《技术创新、技术引进与经济增长方式转变》，《经济研究》2014 年第 7 期。

[5] 池仁勇：《企业技术创新效率及其影响因素研究》，《数量经济技术经济研究》2003 年第 6 期。

[6] Griliches Z., Issues in Assessing the Contribution of Research and Development to Productivity Growth, *The Bell Journal of Economics*, 1979, 10 (1): 92 – 116.

[7] 温军、冯根福：《异质机构、企业性质与自主创新》，《经济研究》2012 年第 3 期。

[8] 袁建国、后青松、程晨：《企业政治资源的诅咒效应——基于政治关联与企业技术创新的考察》，《管理世界》2015 年第 1 期。

[9] 曹崇延、王淮学：《企业技术创新能力评价指标体系研究》，《预测》1998 年第 2 期。

约问题，还能激发产业转型升级动力①。纪玉俊和李超基于中国省际数据实证研究指出，地区创新对产业升级的促进作用非常显著且具有稳健性②。杨丹萍和杨丽华以省会城市与计划单列市实证研究同样得出技术进步与产业结构之间正相关关系的结论③。在研究技术创新与产业结构转型升级领域中，工业和制造业也成为学者们的一个重点研究领域，如郑江淮和戴一鑫认为，技术自主创新、中间产品创新以及高技能劳动力密集这三大领域的产业应是长三角制造业转型升级的重点和突破口④。随着产业结构转型升级的进一步推进，高质量发展战略在党的十九大报告被提出并引起学者们的高度关注。辜胜阻等认为，推动核心技术创新有利于促进中国经济高质量发展⑤。白俊红和王林东以中国省域数据研究指出，创新驱动能够显著促进全国经济增长质量的提升，但在区域空间内还存在异质性，如在东部地区促进经济增长质量的提升，在中部地区对经济增长质量的影响不显著，在西部地区对经济增长质量则有显著的负向影响⑥。

其次，关于技术创新与绿色发展效率研究综述。技术创新对绿色发展效率的影响具有区域空间差异性成为技术创新对绿色发展效率的研究重点。一是关于技术创新与产业绿色发展效率的研究，如陈瑶研究认为，全国及中东部地区 R&D 投入强度对工业绿色发展效率产生显著的正向影响，而 R&D 投入规模及 R&D 成果转化因素则对工业绿色

---

① 潘宏亮：《创新驱动引领产业转型升级的路径与对策》，《经济纵横》2015 年第 7 期。
② 纪玉俊、李超：《创新驱动与产业升级——基于我国省际面板数据的空间计量检验》，《科学学研究》2015 年第 11 期。
③ 杨丹萍、杨丽华：《对外贸易、技术进步与产业结构升级：经验、机理与实证》，《管理世界》2016 年第 11 期。
④ 郑江淮、戴一鑫：《长三角制造业转型升级——基于要素偏向、行业异质性与生产率变迁的分析》，《暨南大学学报》（哲学社会科学版）2018 年第 5 期。
⑤ 辜胜阻、吴华君、吴沁沁、余贤文：《创新驱动与核心技术突破是高质量发展的基石》，《中国软科学》2018 年第 10 期。
⑥ 白俊红、王林东：《创新驱动是否促进了经济增长质量的提升？》，《科学学研究》2016 年第 11 期。

发展效率产生显著的负向影响①。二是关于技术创新与生态效率的研究,如刘云强等基于长江经济带城市群实证研究得出,下游地区绿色技术创新对生态效率的正向作用有所增强,上游地区绿色技术创新没有对生态效率产生影响②;Li 等认为,在创新促进产业绿色发展的效果中,低碳生产效率最高,其次是资源节约、经济运行和污染治理③。三是技术创新与资源能源效率的研究,如 Jin 等认为,技术创新对中国整体及东部地区工业水资源的绿色全要素生产率没有显著影响,对中部地区有抑制作用,对西部地区有积极作用④。但是技术创新对绿色发展效率的影响还存在回报效应,这使得理论研究中测度技术进步对能源资源效率的影响变得复杂⑤。

最后,关于技术创新与减排低碳研究综述。申萌等基于中国省际数据检验表明,技术进步对二氧化碳排放的直接效应为负,但不足以抵消技术进步对二氧化碳排放的正向间接效应,最终导致二氧化碳排放增加,且技术进步对二氧化碳排放影响存在区域空间异质性⑥。程中华等基于中国 285 个地级及以上城市数据研究指出,技术效率改善的雾霾减排效应较强,而科技进步对雾霾减排的促进作用很弱,且技术效率与科技进步对雾霾减排效应还存在城市异质性与经济发展阶段异质性⑦。但

---

① 陈瑶:《中国区域工业绿色发展效率评估——基于 R&D 投入视角》,《经济问题》2018 年第 12 期。

② 刘云强、权泉、朱佳玲、王芳:《绿色技术创新、产业集聚与生态效率——以长江经济带城市群为例》,《长江流域资源与环境》2018 年第 11 期。

③ Li W., Wang J., Chen R., et al., Innovation-driven Industrial Green Development: The Moderating Role of Regional Factors, *Journal of Cleaner Production*, 2019, 222 (6): 344 – 354.

④ Jin W., Zhang H., Liu S., et al., Technological Innovation, Environmental Regulation, and Green Total Factor Efficiency of Industrial Water Resources, *Journal of Cleaner Production*, 2019, 211 (2): 61 – 69.

⑤ 李廉水、周勇:《技术进步能提高能源效率吗?——基于中国工业部门的实证检验》,《管理世界》2006 年第 10 期。

⑥ 申萌、李凯杰、曲如晓:《技术进步、经济增长与二氧化碳排放:理论和经验研究》,《世界经济》2012 年第 7 期。

⑦ 程中华、刘军、李廉水:《产业结构调整与技术进步对雾霾减排的影响效应研究》,《中国软科学》2019 年第 1 期。

研究技术进步对节能减排效率的影响还必须考虑到技术进步的回弹效应。回弹效应在20世纪80年代就有学者进行研究①,从现有文献研究看,国外关于回弹效应的研究从理论界定、内涵外延拓展到实证测度等均比较全面②③④。从我国研究看,关于技术创新(进步)对低碳减排的回弹效应的研究起步较晚,相关研究文献也比较少,且多侧重于实证检验。李强等实证研究发现,中国能源消费的回弹效应介于9%—75%,且结构调整的回弹效应要远大于技术进步的回弹效应⑤。高明等基于中国省际数据研究发现,广义技术进步对能源消费的影响呈现倒U型关系,而狭义技术进步则相反,技术进步虽然会实现节能减排,但其通过加速城市化扩张和加剧市场竞争增加能源需求,产生回弹效应⑥。

3. 异质性技术创新与产业绿色发展研究综述

虽然大多数文献都支持技术创新对产业绿色发展有推进作用,然而,由于技术创新的差异性,其对产业绿色发展的影响也具有差异性。对此,Acemoglu提出技术进步偏向或偏向性技术进步(Directed Technical Change)概念⑦,并迅速成为异质性技术创新的研究热点并运用于与产业绿色发展关系的研究。

探讨技术创新是否偏向于特定因素至关重要。为此,Acemoglu将

---

① Khazzoom J. D., Economic Implications of Mandated Efficiency in Standards for Household Appliances, *Energy Journal*, 1980, 1 (4): 21–40.

② Berkhout P. H. G., Muskens J. C., Velthuijsen J. W., Defining the Rebound Effect, *Energy Policy*, 2000, 28 (6): 425–432.

③ Saunders H. D., Fuel Conserving (and using) Production Functions, *Energy Economics*, 2008, 30 (5): 2184–2235.

④ Sorrell S., Dimitropoulos J., The Rebound Effect: Microeconomic Definitions, Limitations and Extensions, *Ecological Economics*, 2008, 65 (3): 636–649.

⑤ 李强、魏巍、徐康宁:《技术进步和结构调整对能源消费回弹效应的估算》,《中国人口·资源与环境》2014年第10期。

⑥ 高明、余玲、吴雪萍:《技术进步回弹效应的形成路径分析——以建筑业为例》,《科技管理研究》2018年第22期。

⑦ Acemoglu D., Directed Technical Change, *Review of Economic Study*, 2002, 69 (4): 781–809.

影响技术创新均衡偏差的主要因素归纳为价格效应和市场规模效应，前者鼓励针对资源稀缺因素的技术创新，而后者鼓励资源富裕因素的技术创新，技术进步是偏向于资源稀缺型还是资源富裕型，取决于不同因素之间的替代弹性[1]。戴天仕和徐现祥基于 Acemoglu 技术进步偏向模型对中国技术进步偏向测度的结果显示，中国技术进步整体偏向资本，且技术进步偏向资本的速度越来越快[2]。在技术进步偏向基础上，Acemoglu 等构建存在清洁技术和污染技术的技术进步偏向理论模型，并通过政策调整引导从污染创新转向清洁创新，将导致生产清洁投资产品的相对成本不断下降，使得购买这些产品变得更便宜，从而鼓励了清洁投资，最终实现产业绿色发展的目标[3]。在此之后，技术进步偏向模型被学者们广泛引入到能源技术偏向[4][5]、全要素生产率[6][7]、可持续增长路径[8]、二氧化碳排放[9]、国际贸易碳排放转移[10]等领域的研究中。总之，国内理论界侧重于技术进步偏向与全要素生产

---

[1] Acemoglu D., Directed Technical Change, *Review of Economic Studies*, 2002, 69 (4): 781–809.

[2] 戴天仕、徐现祥:《中国的技术进步方向》,《世界经济》2010 年第 11 期。

[3] Acemoglu D., Aghion P., Hemous B. D., The Environment and Directed Technical Change, *The American Economic Review*, 2012, 102 (1): 131–166.

[4] André, Francisco J., Smulders S., Fueling Growth When Oil Peaks: Directed Technological Change and the Limits to Efficiency, *European Economic Review*, 2012, 69 (12): 18–39.

[5] Yang Z., Shao S., Yang L., et al., Improvement Pathway of Energy Consumption Structure in China's Industrial Sector: From the Perspective of Directed Technical Change, *Energy Economics*, 2018, 72 (5): 166–176.

[6] 雷钦礼、徐家春:《技术进步偏向、要素配置偏向与我国 TFP 的增长》,《统计研究》2015 年第 8 期。

[7] 余泳泽、张先轸:《要素禀赋、适宜性创新模式选择与全要素生产率提升》,《管理世界》2015 年第 9 期。

[8] Inge V. D. B., The Unilateral Implementation of a Sustainable Growth Path with Directed Technical Change, *European Economic Review*, 2017, 91 (1): 305–327.

[9] 吴伟伟:《支农财政、技术进步偏向的农田利用碳排放效应研究》,《中国土地科学》2019 年第 3 期。

[10] Acemoglu D., Aghion P., Hemous B. D., The Environment and Directed Technical Change in a North-South Model, *Oxford Review of Economic Policy*, 2015, 30 (2): 513–530.

率关系研究,而国外的研究则比较全面。此外,国内学者还从以下四个方面对技术进步偏向与绿色发展的关系进行研究,一是从技术进步偏向对绿色发展影响的区域空间差异性角度进行研究[①];二是从技术进步偏向对绿色发展影响的行业差异性角度进行研究[②];三是从技术进步偏向的方向差异性对绿色发展的影响角度进行研究[③];四是创新性地提出适宜性技术进步概念,并就适宜性技术进步对绿色发展的影响进行研究[④]。

然而,不论是结构、效率视角,还是空间等视角,国内外现有研究成果均表明,技术创新偏向是否能够实现推动产业绿色发展和生态环境保护,取决于政府环境政策这一决定因素,只有依托政府环境政策才能够实现由污染型技术研发偏向清洁型技术研发,进而实现绿色转型。Acemoglu 等已经证明,在投入具有足够替代的条件下,可通过对污染创新和生产征收临时税费实现长期持续增长;为减少对经济增长速度的负面影响,最优政策包括碳税和研发补贴,而且政策越快,经济缓慢增长的过渡阶段也就越短[⑤]。Otto 等在研究气候政策时发现,如果对二氧化碳密集技术和非二氧化碳密集技术在政策上有所区别,可实现鼓励非二氧化碳密集型部门增长,抑制二氧化碳密集型部门增长,且无论排放限制、研发补贴还是两者结

---

① 吴传清、杜宇:《偏向型技术进步对长江经济带全要素能源效率影响研究》,《中国软科学》2018 年第 3 期。
② 何小钢、王自力:《能源偏向型技术进步与绿色增长转型——基于中国 33 个行业的实证考察》,《中国工业经济》2015 年第 2 期。
③ 孙才志、王雪利、王嵩:《环境约束下中国技术进步偏向测度及其空间效应分析》,《经济地理》2018 年第 9 期。
④ 余泳泽、张先轸:《要素禀赋、适宜性创新模式选择与全要素生产率提升》,《管理世界》2015 年第 9 期。
⑤ Acemoglu D., Aghion P., Hemous B. D., The Environment and Directed Technical Change, *The American Economic Review*, 2012, 102 (1): 131–166.

合，这一结果均有效①。吴伟伟也指出，与资源禀赋耦合的农业技术进步偏向具有减排效应，并有利于降低支农财政的促排效果，该交互作用亦与种植结构相关②。Naqvi 和 Stockhammer 强调，在劳动力市场机制滞后与研发预算有限时，需要实施资源税持续增长政策，引导资源节约型技术变革，实现绿色经济③。另外，从国际层面看，发达国家（北方国家）和发展中国家（南方国家）因技术创新水平差异形成的跨国污染转移必须加以重视，在南北方国家间贸易中，北方国家通过环境规制将污染型产业转移到南方，南方国家也就形成了"污染天堂"④⑤。其解决方案需要国际协调，如果不能规避南北国家之间的国际贸易，那么就必须通过北方国家的创新输出和南方国家的创新模仿等手段逐步缩小南北方国家之间清洁型创新技术水平的差距⑥。

4. 人力资本、集聚经济与产业绿色发展研究综述

自 20 世纪 90 年代以来，随着新经济地理学与空间经济学的形成和发展，人力资本集聚对邻近地区产业发展的影响成为理论界持久的研究焦点。从国外研究看，虽然没有搜索到关于人力资本、集聚经济与绿色发展的文献，但是关于人力资本、集聚经济与产业转型发展的文献比较多。从现有理论研究看，国外学者关于人力资本集聚对产业

---

① Otto V. M., Löschel A., Reilly J., Directed Technical Change and Differentiation of Climate Policy, *Energy Economics*, 2008, 30 (6): 2855 – 2878.

② 吴伟伟:《支农财政、技术进步偏向的农田利用碳排放效应研究》,《中国土地科学》2019 年第 3 期。

③ Naqvi A., Stockhammer E., Directed Technological Change in a Post-Keynesian Ecological Macromodel, *Ecological Economics*, 2018, 154 (12): 168 – 188.

④ Acemoglu D., Aghion P., Hemous B. D., The Environment and Directed Technical Change, *The American Economic Review*, 2012, 102 (1): 131 – 166.

⑤ Acemoglu D., Aghion P., Hemous B. D., The Environment and Directed Technical Change in a North-South Model, Oxford Review of Economic Policy, 2015, 30 (2): 513 – 530.

⑥ Inge V. D. B., The Unilateral Implementation of a Sustainable Growth Path with Directed Technical Change, *European Economic Review*, 2017, 91 (1): 305 – 327.

结构转型升级的研究成果可归纳为如下两个主要领域。一是关于人力资本集聚、规模经济与产业结构转型升级[1][2];二是关于人力资本集聚、"干中学"、知识外溢与产业转型升级[3][4][5]。总之,从国外理论研究看,关于人力资本与产业转型升级的研究多是从微观角度通过构建空间模型对集聚经济进行论证,理论分析与实证研究兼顾,但由于外部经济来源总不是很清楚,致使外部经济的基本机制总是很含糊[6]。

自2000年以来,我国在人力资本、集聚经济与产业转型升级等领域研究成果也比较多。一方面,从人力资本对产业转型升级的作用机制上看,包括如下四种机制路径。一是人力资本到技术进步到产业结构升级路径,如陈建军和杨飞基于新经济地理学模型研究认为,人力资本通过影响区域技术选择实现决定技术进步路径,进而决定了产业结构转换能力[7]。二是发挥人力资本比较优势推动产业结构转型升级,如代谦和别朝霞基于动态比较优势模型研究指出,不断提高人力资本水平才能使发展中国家的比较优势向着有利于自身的方向演变,以实现经济增长和产业结构升级[8]。三是人力资本在"干中学"中推动产

---

[1] Krugman P., Increasing Returns, Industrialization, and Indeterminacy of Equilibrium, Quarterly Journal of Economics, 1991, 106 (2): 617 - 650.

[2] Fujita M., Krugman P., Agglomeration economy: City, Industrial location and Regional growth, The MIT Press, 1991.

[3] Lucas R. E., On The Mechanics Of Economic Development, Journal of Monetary Economics, 1989, 22 (1): 3 - 42.

[4] Romer P. M., Endogenous Technological Change, *Journal of Political Economy*, 1990, 98 (5): s71 - s102.

[5] Fujita M., Thisse, Jacques-François., Does Geographical Agglomeration Foster Economic Growth? And Who Gains and Looses From It?, CEPR Discussion Papers, 2002, 54 (2): 121 - 145.

[6] 藤田长久、克鲁格曼、维纳布尔斯:《空间经济学:城市、区域与国际贸易》,中国人民大学出版社2005年版,第18页。

[7] 陈建军、杨飞:《人力资本异质性与区域产业升级:基于前沿文献的讨论》,《浙江大学学报》(人文社会科学版)2014年第5期。

[8] 代谦、别朝霞:《人力资本、动态比较优势与发展中国家产业结构升级》,《世界经济》2006年第11期。

业结构转型升级,如赖俊平等以韩国为例研究指出,人力资本在动态"干中学"中得到积累和提高,由此促进产业结构高级化[1]。四是人力资本空间溢出推动产业结构转型升级,如林春艳等认为,人力资本存量和人力资本结构均存在空间溢出效应,这种空间溢出效应有利于产业结构合理化与高级化[2]。

另一方面,从人力资本对产业结构转型升级的作用效果上看,人力资本积累(水平)对产业结构转型升级(高度化)具有促进作用已成为一致结论[3][4]。但基于现有文献梳理可知,关于影响人力资本对产业结构转型升级作用效果的研究可归纳为以下三种情况。一是人力资本对产业结构转型的升级影响受到经济发展水平影响,如孙海波等认为,人力资本集聚对产业结构转型升级存在一个经济发展水平阈值,经济较为发达的东部省份已经超过这一阈值,致使人力资本集聚对产业结构升级具有促进作用,而中西部地区大部分省份由于尚未跨越这一阈值,致使人力资本集聚并不利于产业结构升级[5]。二是人力资本对产业结构升级的影响具有行业差异性,如钱晨和吕宏芬以长江经济带为对象研究得出结论:长江上游地区人力资本对第二产业和第三产业支持力度稍显不足,长江中游地区同质性人力资本是产业发展主要推动力量,长江下游地区人力资本条件对第二产业影响最大[6]。三是

---

[1] 赖俊平、张涛、罗长远:《动态干中学、产业升级与产业结构演进——韩国经验及对中国的启示》,《产业经济研究》2011年第3期。

[2] 林春艳、孔凡超、孟祥艳:《人力资本对产业结构转型升级的空间效应研究——基于动态空间Durbin模型》,《经济与管理评论》2017年第6期。

[3] 张国强、温军、汤向俊:《中国人力资本、人力资本结构与产业结构升级》,《中国人口·资源与环境》2011年第10期。

[4] 阳立高、龚世豪、王铂、晁自胜:《人力资本、技术进步与制造业升级》,《中国软科学》2018年第1期。

[5] 孙海波、焦翠红、林秀梅:《人力资本集聚对产业结构升级影响的非线性特征——基于PSTR模型的实证研究》,《经济科学》2017年第2期。

[6] 钱晨、吕宏芬:《长江经济带产业升级的人力资本条件灰关联分析》,《社会科学战线》2016年第3期。

人力资本对产业结构升级影响具有空间差异性，如阳立高等指出，人力资本和技术进步对制造业升级的促进作用具有明显的地域差异性，由东部地区向中西部地区依次递减[①]。

二 环境规制对工业绿色化影响的研究综述

与技术创新类似，国内外还没有关于环境规制对工业绿色化影响的研究成果，但与此相类似的研究文献还比较多，如环境规制与绿色增长、环境规制与绿色创新、环境规制与绿色效率等关系的研究则比较丰富。因此，以下首先对环境规制评价进行研究综述，并就环境规制与绿色发展的研究文献进行梳理，可以为本书在理论、思路和方法等领域提供研究借鉴。

1. 环境规制评价研究综述

在生态文明建设上升为国家战略的背景下，以环境规制推动中国经济绿色发展与生态文明建设成为一种有效且可行的路径选择，因而，环境规制成为近些年来理论界的研究热点。从理论研究看，国内外理论界对环境规制强度测度方法的研究可归纳为如下两个主要方面。一是从环境规制指标构成看，可分为单一指标和综合指标两大类。单一指标法即采用单个指标来测度环境规制强度，一般选择环境污染治理投入强度[②][③]、环境规制政策数量[④]、环境政策绩效[⑤]等，也有学者运

[①] 阳立高、龚世豪、王铂、晁自胜：《人力资本、技术进步与制造业升级》，《中国软科学》2018年第1期。

[②] Lanoie P., Patry M., Lajeunesse R., Environmental Regulation and Productivity: Testing the Porter Hypothesis, *Journal of Productivity Analysis*, 2008, 30 (2): 121–128.

[③] 张成、陆旸、郭路、于同申：《环境规制强度和生产技术进步》，《经济研究》2011年第2期。

[④] Low P., *International Trade and the Environment*, The International Bank for Reconstruction and Development, the World Bank, Washington D. C., 1992: 95–99.

[⑤] 杨烨、谢建国：《创新扶持、环境规制与企业技术减排》，《财经科学》2019年第2期。

用间接指标反映环境规制强度,如以人均收入[1]、企业接受环境部门规制过程花费时间与成本指标[2]等来测度环境规制强度。由于环境规制存在异质性,单一指标不能够全面反映环境规制的综合内涵,在变量数据统计口径一致的前提下,相较单一指标法,多个变量组合构成的综合指数法比单一指标更具可信度[3]。具体来看,环境规制综合指数法又可分为过程指标体系(或称决策指标体系)[4][5]、绩效指标体系(或称结果指标体系)[6]和涵盖过程指标与绩效指标的混合指标体系[7]三种。二是从环境规制指标分类看,主要分为二分法(如行政型与市场型环境规制[8]和过程型与效果型环境规制[9])、三分法(如行政型、市场型与公众型[10]和出口国、进口国与多边环境规制[11])和四分法(如行政型、市场型、自愿行动型与公众参与型环境规制[12])等。在对环

---

[1] Antweiler W., Copeland B. R., Taylor M. S., Is Free Trade Good for the Environment? *American Economic Review*, 2001, 91 (4): 877–908.

[2] 蒋为:《环境规制是否影响了中国制造业企业研发创新?——基于微观数据的实证研究》,《财经研究》2015年第2期。

[3] Churchill G., A Paradigm for Developing Better Measures Constructs of Marketing, *Journal of Marketing Research*, 1979, 16 (1): 64–73.

[4] 宋马林、王舒鸿:《环境规制、技术进步与经济增长》,《经济研究》2013年第3期。

[5] 李胜兰、初善冰、申晨:《地方政府竞争、环境规制与区域生态效率》,《世界经济》2014年第4期。

[6] 李虹、邹庆:《环境规制、资源禀赋与城市产业转型研究——基于资源型城市与非资源型城市的对比分析》,《经济研究》2018年第11期。

[7] Brunnermeier S. B., Cohen M. A., Determinants of Environmental Innovation in US Manufacturing Industries, *Journal of Environmental Economics and Management*, 2003, 45 (3): 278–293.

[8] 张嫚:《环境规制与企业行为间的关联机制研究》,《财经问题研究》2005年第4期。

[9] 李泽众、沈开艳:《环境规制对中国新型城镇化水平的空间溢出效应研究》,《上海经济研究》2019年第2期。

[10] Testa F., Iraldo F., Frey M., The Effect of Environmental Regulation on Firms' Competitive Performance: The Case of the Building & Construction Sector in some EU Regions, *Journal of Environmental Management*, 2011, 92 (9): 2136–2144.

[11] 张弛、任剑婷:《基于环境规制的我国对外贸易发展策略选择》,《生态经济》2005年第10期。

[12] 王红梅:《中国环境规制政策工具的比较与选择——基于贝叶斯模型平均(BMA)方法的实证研究》,《中国人口·资源与环境》2016年第9期。

境规制进行类别划分的基础上，理论界通过单一指标法、综合指标法或加权赋值法等评价方法对环境规制进行测度，现有文献研究最常见的为"三分法＋单一指标法"和"三分法＋综合指数法"。

2. 环境规制与绿色增长研究综述

从理论研究看，国内外学者主要基于结构方程模型和一般均衡模型来对环境规制与绿色增长的关系进行定量研究。一方面，从结构方程模型领域研究成果看，Guo 等基于中国 30 个省区市研究得出结论：技术创新是连接环境规制与区域绿色增长绩效的桥梁，技术创新通过驱动环境规制进而促进区域绿色增长绩效，但是环境规制是否促进绿色增长实践还不确定[1]。张江雪等同样以中国 30 个省区市研究得出结论：市场型和行政型环境规制对中国工业绿色增长指数作用显著，而公众参与型环境规制对中国工业绿色增长的作用有限[2]。另一方面，从一般均衡模型（CGE）领域研究成果看，童健等研究发现，"环境税＋绿色补贴"的环境规制组合形式会通过减排处罚和创新激励两方面激励和约束企业生产行为，在保证经济增长的同时实现环境治理[3]。汤维祺等研究发现，建立碳市场不仅能够有效降低"污染天堂"效应，还能够促进中西部地区区域经济增长。[4] 另外，还有一些学者运用其他计量经济学方法将环境规制对绿色增长的影响进行研究。周晶森等基于最优控制理论和极大值原则研究指出，绿色资本是维系经济增长的重要支撑，环境规制能够促进资本分配转向绿色技术创新领域，

---

[1] Guo L., Qu Y., Tseng M., The Interaction Effects of Environmental Regulation and Technological Innovation on Regional Green Growth Performance, *Journal of Cleaner Production*, 2017, 162 (9): 894 – 902.

[2] 张江雪、蔡宁、杨陈：《环境规制对中国工业绿色增长指数的影响》，《中国人口·资源与环境》2015 年第 1 期。

[3] 童健、武康平、薛景：《我国环境财税体系的优化配置研究——兼论经济增长和环境治理协调发展的实现途径》，《南开经济研究》2017 年第 6 期。

[4] 汤维祺、吴力波、钱浩祺：《从"污染天堂"到绿色增长——区域间高耗能产业转移的调控机制研究》，《经济研究》2016 年第 6 期。

且环境规制强度越大越有利于资本利用,也就越有利于绿色增长目标的实现[1]。王丽霞等基于面板门槛模型研究发现,环境规制与工业绿色发展存在倒U型关系,环境规制强度的临界值为0.00015,并且当前中国多地绿色发展均处于抑制作用阶段,即环境规制强度过大[2]。

总之,主流研究所采用的结构方程模型和动态一般均衡模型已成为当前国内理论界研究环境规制与绿色增长的主要方法,其主要研究内容多是对现有观点的论证,很少有文献能够从理论上对技术创新对绿色增长进行有效解释。

3. 环境规制与绿色创新研究综述

波特和范德林德于1995年运用案例研究指出,通过适当的环境规制能够激励市场创新,部分甚至完全抵消环境规制给企业造成的成本,使企业在国际市场上更具竞争力[3]。这一结论在学术界被称为波特假说,波特假说为学者们研究环境规制与企业创新开启了新的研究视角。

波特假设到底是个别现象,还是一般规律?首先,学者们对波特假说的存在性进行了详细论证。早期学者们普遍对波特假说的存在性产生质疑。Palmer等首先对波特假说实用性发出质疑,若成为普遍适用性还需要作系统和完善分析[4]。Jaffe等[5]和Palmer等[6]进一步指出,

---

[1] 周晶淼、武春友、肖贵蓉:《绿色增长视角下环境规制强度对导向性技术创新的影响研究》,《系统工程理论与实践》2016年第10期。

[2] 王丽霞、陈新国、姚西龙:《环境规制政策对工业企业绿色发展绩效影响的门限效应研究》,《经济问题》2018年第1期。

[3] Porter M. E., Linde C. V. D., Toward a New Conception of the Environment-Competitiveness Relationship, *Journal of Economic Perspectives*, 1995, 9 (4): 97–118.

[4] Palmer K., Oates W. E., Portney P. R., Tightening Environmental Standards: The Benefit-Cost or the No-Cost Paradigm?, *Journal of Economic Perspectives*, 1995, 9 (4): 119–132.

[5] Jaffe A. B., Peterson S. R., Portney P. R., et al., Environmental Regulation and the Competitiveness of US Manufacturing: What Does the Evidence Tell Us?, *Journal of Economic Literature*, 1995, 33 (1): 132–163.

[6] Palmer K., Oates W. E., Portney P. R., Tightening Environmental Standards: The Benefit-Cost or the No-Cost Paradigm?, *Journal of Economic Perspectives*, 1995, 9 (4): 119–132.

企业作为经济人通过执行决策实现利益最大化,而政府通过管制实现环境外部性内部化,政府的管制行为提高社会福利是显而易见的,但是管制在实现环境外部性内部化之后,也提高了企业的私人成本,降低了企业生产率。Simpson 和 Bradford 则认为,为什么企业自己不直接进行研发创新而是在环境规制下进行创新,再将补贴用于弥补创新投入成本?因此,他们认为企业不太可能在环境规制下实施技术创新[1]。但随后,学者们对波特假说进行完善与发展。如 Jaffe 和 Plamer 将波特假说分解为强波特假说、弱波特假说和狭义波特假说三种形式,其中,弱波特假说是指环境规制可能会造成技术创新,狭义波特假说是指灵活的环境规制相对传统的规制形式(即弱波特假说和强波特假说)更有利于企业技术创新,并运用美国工业数据针对排污费对行业 R&D 的影响进行实证检验证明,当控制特定行业影响时,环境规制与 R&D 之间存在显著正相关关系,表明提高环境规制强度可以增加企业的创新活动[2]。

国内学者主要通过构建模型和实证研究对波特假说进行实证检验,通过对大量文献梳理和归纳可知,中国学者对环境规制与技术创新的研究可以总结为五个方面。一是基于一般性环境规制对绿色技术创新的影响,如张彩云和吕越研究认为,环境规制对研发投入具有明显的挤出效应,且对创新能力较弱的企业更为突出,显著抑制了实质性创新和策略性创新[3];Yuan 等研究指出,环境规制对技术创新和生态效率的影响存在产业异质性,在高等与低等产业生态效率群体中,环境规制对其技术创新的影响是倒 U 型关系,而在中等产业生态效率群体

---

[1] Simpson R. D., Bradford R. L. Ⅲ, Taxing Variable Cost: Environmental Regulation as Industrial Policy, *Journal of Environmental Economics & Management*, 1996, 30 (3): 282 – 300.

[2] Jaffe A. B., Palmer K., Environmental Regulation and Innovation: A Panel Data Study, *Review of Economics & Statistics*, 1997, 79 (4): 610 – 619.

[3] 张彩云、吕越:《绿色生产规制与企业研发创新——影响及机制研究》,《经济管理》2018 年第 1 期。

中，环境规制对其技术创新的影响则是 U 型关系[1]。二是基于异质性环境规制对绿色技术创新的影响，如 Zhang 等[2]认为，市场型环境规制与政府型环境规制均有利于技术创新，而 Cheng 等[3]认为，市场型环境规制有利于技术创新，但政府型环境规制不利于技术创新或没有明显效应。三是基于环境规制强度差异对绿色技术创新的影响，学者们几乎都支持环境规制较弱有利于技术进步的观点，如景维民和张璐指出，在环境规制较弱与污染型技术结构偏向下，对外开放可通过正向的技术溢出效应和负向的产品结构效应推进绿色技术进步[4]；刘斌斌和黄吉焱认为，环境规制较弱时，FDI 以独资方式进入可极大地提升其绿色技术创新效率[5]。但对环境规制较强时研究结论仍存在诸多分歧。四是基于环境规制空间异质性对绿色技术创新的影响，相关研究结论基本处于相互矛盾状态。在全国层面上，如赵息和马杰认为环境规制有利于中国绿色创新[6]，但王凤祥和张伟认为环境规制不利于绿色技术创新[7]；在东中西部层面上，如胡雪萍和陶静认为，环境规制在东部地区显著促进绿色技术创新而在中西部地区对绿色技术创新具

---

[1] Yuan B., Ren S., Chen X., Can Environmental Regulation Promote the Coordinated Development of Economy and Environment in China's Manufacturing Industry? - A Panel Data Analysis of 28 Sub-sectors, *Journal of Cleaner Production*, 2017, 149 (4): 11 - 24.

[2] Zhang Y., Wang J., Xue Y. et al., Impact of Environmental Regulations on Green Technological Innovative Behavior: an Empirical Study in China, *Journal of Cleaner Production*, 2018, 188 (7): 763 - 773.

[3] Cheng Z., Li L., Liu J., The Emissions Reduction Effect and Technical Progress Effect of Environmental Regulation Policy Tools, *Journal of Cleaner Production*, 2017, 149 (4): 191 - 205.

[4] 景维民、张璐:《环境管制、对外开放与中国工业的绿色技术进步》,《经济研究》2014 年第 9 期。

[5] 刘斌斌、黄吉焱:《FDI 进入方式对地区绿色技术创新效率影响研究——基于环境规制强度差异视角》,《当代财经》2017 年第 4 期。

[6] 赵息、马杰:《环境规制与绿色创新的关系研究——基于金融发展与人力资本调节效应的实证分析》,《现代财经（天津财经大学学报）》2018 年第 2 期。

[7] 王凤祥、张伟:《环境规制、民间投资与我国绿色技术创新》,《科技管理研究》2017 年第 11 期。

有抑制作用[1],但王凤祥和张伟认为,环境规制在中西部对绿色技术创新效应影响显著而在东部则不显著[2]。五是基于时间视角的环境规制对绿色技术创新影响的比较研究,环境规制在短期抑制绿色技术创新而在长期促进绿色技术创新成为比较一致的研究结论。如 Yuan 和 Xiang 认为环境规制在短期对研发投入呈现挤出效应,抑制了专利产出,在长期对绿色技术创新具有正向效应[3]。

总之,国外关于环境规制对绿色创新影响的研究在理论上和实证上都比较早,研究文献相对丰富,而国内研究起步较晚,从理论上对环境规制对绿色创新的研究非常少,并且这些研究结论差异性比较大。

4. 环境规制与绿色效率研究综述

早期研究多认为,环境规制对绿色生产效率造成负面影响。如 Gray 和 Shadbegian 研究指出,美国20世纪70年代环境规制造成制造业生产率增速年均下降 0.17—0.28 个百分点[4];Barbera 和 Mcconnell 对美国4个制造行业研究后得出结论,1960—1980 年有3个行业因为减排(环境规制)抑制了平均资本生产率和平均劳动生产率,且在 1973 年后,由于环境规制因素造成的生产率降低占相当大比例[5]。然而,近期研究表明,环境规制对绿色生产效率则起积极作用。如 Galloway 和 Johnson 以发电企业为对象研究认为,为了应对环境规制强度的提高,发电企业通过技术创新实现技术效率增强,技术创新再转移到企业其

---

[1] 胡雪萍、陶静:《供给侧结构性改革下环境规制对绿色技术创新的影响——基于30个省市动态面板数据的实证分析》,《福建论坛》(人文社会科学版)2018年第1期。

[2] 王凤祥、张伟:《环境规制、民间投资与我国绿色技术创新》,《科技管理研究》2017年第11期。

[3] Yuan B., Xiang Q., Environmental Regulation, Industrial Innovation and Green Development of Chinese Manufacturing: Based on an Extended CDM Model, *Journal of Cleaner Production*, 2018, 176 (3): 895–908.

[4] Gray W. B., Shadbegian R. J., Pollution Abatement Costs, Regulation and Plant-Level Productivity, *NBER Working Papers*, 1994: 1–32.

[5] Barbera A. J., Mcconnell V. D., Effects of Pollution Control on Industry Productivity: A Factor Demand Approach, *Journal of Industrial Economics*, 1986, 35 (2): 161–172.

他部门，形成企业内知识溢出效应，实现企业运行效率提升 3%—4%[1]；Mohr 认为，环境规制在发展中国家可产生特别大的效益，实施适当的环境规制政策可产生强大的技术创新，进而产生积极的技术外部性[2]。针对这一研究结论变化，本书认为，这是由于 21 世纪以来世界各国及国际组织对生态环境保护的重视，客观上得益于环境规制倒逼企业既被动也主动地实施绿色技术创新以提高绿色生产效率，主观上得益于学者们更加重视绿色效率和改进绿色效率研究方法。

国内学者通过计量模型对环境规制与绿色效率关系进行了比较全面系统的研究，经梳理归纳如下。一是验证了环境规制与绿色生产效率之间的倒 U 型关系，即随着环境规制程度的加强，环境规制对绿色生产效率的影响是先促进后抑制[3]。二是分阶段验证了环境规制对绿色生产效率的影响，Pan 等认为，短期内环境规制对绿色生产效率是抑制的，而长期内环境规制则有利于绿色生产效率的提升[4]，但 Yuan 和 Xiang 认为，环境规制在长期阻碍了劳动生产率[5]。三是验证了环境规制对绿色生产效率影响的产业异质性及城市异质性，王伟和孙芳城认为，环境规制对绿色全要素生产率增长的促进作用在重点环保城市和大城市强于非重点环保城市和中小城市[6]；Shen 等研究指出，在重

---

[1] Galloway E., Johnson E. P., Teaching an Old Dog New Tricks: Firm Learning from Environmental Regulation, Energy Economics, 2016, 59 (9): 1–10.

[2] Mohr R. D., Technical Change, External Economies, and the Porter Hypothesis, Journal of Environmental Economics & Management, 2002, 43 (1): 158–168.

[3] 陈超凡、韩晶、毛渊龙：《环境规制、行业异质性与中国工业绿色增长——基于全要素生产率视角的非线性检验》，《山西财经大学学报》2018 年第 3 期。

[4] Pan X., Ai B., Li C., et al., Dynamic Relationship among Environmental Regulation, Technological Innovation and Energy Efficiency Based on Large Scale Provincial Panel Data in China, Technological Forecasting & Social Change, 2017 (12): 1–8.

[5] Yuan B., Xiang Q., Environmental Regulation, Industrial Innovation and Green Development of Chinese Manufacturing: Based on an Extended CDM Model, Journal of Cleaner Production, 2017, 176 (3): 895–908.

[6] 王伟、孙芳城：《金融发展、环境规制与长江经济带绿色全要素生产率增长》，《西南民族大学学报》（人文社会科学版）2018 年第 1 期。

污染行业，过高的环境规制强度削弱了企业的技术创新能力，在轻度污染行业中，市场环境规制与 ETFP 之间存在显著的 N 型特征[1]。四是验证了不同类型的环境规制对绿色生产效率的影响存在差异性，如蔡乌赶和周小亮认为，命令控制型环境规制和绿色全要素生产率无直接关系，市场激励型环境规制与绿色全要素生产率存在倒 U 型关系，自愿协议型环境规制与绿色全要素生产率存在 U 型关系[2]。总之，国内理论研究重点在于通过实证检验环境规制对绿色效率的影响的内在作用机理，环境规制对绿色效率影响也存在诸多矛盾性研究结论。

三 国内外研究评述

虽然目前还没有文献针对技术创新和环境规制对工业绿色化的影响进行研究，但是关于技术创新与环境规制对工业绿色发展影响的研究文献则比较多，其研究方法和研究思路非常值得本书研究借鉴。另外，本书认为，关于技术创新与环境规制对工业绿色化影响的相关研究文献至少还存在以下三个领域的问题需要注意。

首先，关于环境规制指标测度，现有文献针对环境规制评价研究还存在以下问题。一是过程指标与结果指标不分。很多学者在评价环境规制时都没有区分决策指标因子和结果指标因子，甚至是混合使用来测度环境规制强度。对此，本书认为，结果指标因子如雾霾天数、二氧化硫排放量、PM2.5、废水排放合格率等变化，既可能是环境规制导致的，也可能是产业结构转型导致的，还可能是天气原因导致的，其不能够有效测定环境规制强度的实际值。因而，研究环境规制对工

---

[1] Shen N., Liao H., Deng R., et al., Different Types of Environmental Regulations and the Heterogeneous Influence on the Environmental Total Factor Productivity: Empirical Analysis of China's Industry, *Journal of Cleaner Production*, 2019, 20 (2): 1127 – 1140.

[2] 蔡乌赶、周小亮:《中国环境规制对绿色全要素生产率的双重效应》,《经济学家》2017 年第 9 期。

业绿色化的影响只能以决策指标因子测度环境规制强度。二是指标选取覆盖面不全。一些学者为了研究方便，以单一指标来测度市场型环境规制、行政型环境规制和公众型环境规制强度，尽管这些指标的权重或者说是重要性相对其他同类指标更大，然而单一指标不能够完全代表这种环境规制类型，因此，必须通过构建综合指标体系并尽可能减少遗漏变量的影响，以提高各类别环境规制强度测度的有效性。三是指标权重设置与其实际重要性不符。现有以综合指数法评价环境规制强度的文章较少，极少部分以综合指数法评价环境规制强度还存在较大问题，如 Levinson[①]、朱平芳等[②]、赵霄伟[③]、薄文广等[④]直接忽略掉各个因子之间的差异性，简单采用加权平均法，如此处理数据很容易漏掉重要变量的有效信息，从而使得结果与实际偏差加大。

其次，关于技术创新对工业绿色化影响，从技术创新领域看，关于技术创新测度评价的研究时期较早，且研究成果相对成熟，现有关于技术创新概念及其评价研究非常全面，不论是从技术创新投入视角还是从技术创新产出视角对技术创新进行测度，均值得本书借鉴。而从技术创新对工业绿色化的影响看，虽然还没有关于技术创新对工业绿色化影响的研究文献，但是关于技术创新对产业绿色发展影响的研究文献非常多，如技术创新与产业绿色发展、异质性技术创新与产业绿色发展、人力资本、集聚经济与产业转型升级等，其在研究思路与研究方法等方面非常值得本书借鉴。然而，从现有研究看，理论界关于人力资本与产业转型升级的研究成果比较多，而关

[①] Levinson A., Environmental Regulatory Competition: A Status Report and Some New Evidence, *National Tax Journal*, 2003, 56 (1): 91–106.

[②] 朱平芳、张征宇、姜国麟：《FDI 与环境规制：基于地方分权视角的实证研究》，《经济研究》2011 年第 6 期。

[③] 赵霄伟：《地方政府间环境规制竞争策略及其地区增长效应：来自地级市以上城市面板的经验数据》，《财贸经济》2014 年第 10 期。

[④] 薄文广、徐玮、王军锋：《地方政府竞争与环境规制异质性：逐底竞争还是逐顶竞争？》，《中国软科学》2018 年第 11 期。

于人力资本与绿色发展的研究较少,个别学者的研究还得出人力资本水平与人力资本结构并不支持绿色发展效率改进的结论①。因此,人力资本水平既是技术创新水平的重要载体,也是测度技术创新的重要指标,而关于人力资本与产业绿色发展的研究文献成果少、研究问题多,亟待补充和完善。另外,随着区域一体化的发展,市场邻近和市场需求联动对区域经济发展越发重要,而现有基于这一视角的理论研究成果明显不足。据此,本书重点从技术创新、邻近溢出、国内外市场需求及其市场联动对工业绿色化的影响进行验证,并以人力资本作为替代变量针对技术创新对工业绿色化影响进行稳健性检验。

最后,与技术创新类似,关于环境规制对工业绿色化影响的研究文献也较为缺乏,而环境规制对产业绿色发展影响的研究成果却非常多,从各个视角、各种方法均有所涉及。但关于环境规制对工业绿色发展影响的研究至少还存在如下两个主要问题。一是关于环境规制的异质性与综合性评价还有所不足,而且环境规制对工业绿色发展影响的研究还不够全面系统;二是从理论上针对环境规制对绿色创新影响的研究非常少,大多数文献都是基于统计数据对环境规制是否有利于绿色发展、哪种类型环境规制有利于绿色发展、有利于哪些产业绿色发展、有利于哪些空间产业绿色发展等角度针对环境规制对产业绿色发展的影响进行实证检验,然而这些研究结论差异性比较大。究其原因,本书认为,是研究对象、研究方法和指标遴选的差异造成的。据此,本书基于动态与异质性视角,从异质性环境规制对工业绿色化影响的面板回归、技术创新中介效应、异质性环境规制工具政策组合、环境规制空间溢出四个方面进行验证。

---

① 赵领娣、张磊、徐乐、胡明照:《人力资本、产业结构调整与绿色发展效率的作用机制》,《中国人口·资源与环境》2016年第11期。

第三节 研究目标与内容

一 研究目标

党的十九大报告指出,中国经济已由高速增长阶段转向高质量发展阶段,推动工业绿色化是实现工业经济高质量发展的重要实现路径,而技术创新和环境规制则是推动工业绿色化的两个基本发动因素。本书通过技术创新和环境规制对中国工业绿色化影响的研究,可以达到以下四个基本目的。一是基于工业绿色化的本质内涵认识通过清洁型企业对污染型企业的有效替代实现工业绿色化;二是基于中国省际工业绿色化水平评价从省际工业绿色化空间差异性和系统协调性视角推动工业绿色化;三是通过探讨技术创新对工业绿色化影响的理论机理与实证检验以推动工业绿色化;四是通过探讨环境规制对工业绿色化影响的理论机理与实证检验以推动工业绿色化。

二 主要内容

本书由问题提出(第一章)、理论论证(第二至三章)、实证检验(第四至六章)与结论、建议与展望(第七章)4大部分7章组成,具体章节内容安排如下。

第一章为导论。主要介绍研究背景、研究意义、国内外研究现状、基本思路、研究方法、研究创新与不足等内容。从研究背景和研究意义两个方面论证研究中国工业绿色化的重要性和迫切性,并通过综述技术创新与环境规制对工业绿色化的影响以发现研究技术创新、环境规制与中国工业绿色化主题的重要意义,并由此提出本书的研究对象、研究思路和研究方法等内容。

第二章为工业绿色化的理论分析。依据层层递进的分析思路，全面认识工业绿色化的理论本质。首先，在梳理理论界关于工业绿色化认识的基础上对工业绿色化概念作了界定，将工业绿色化系统归纳为工业资源消耗、工业废物排放与工业绿色转型三个子系统，并系统概括了新时期中国工业绿色化的主要特征。其次，通过构建工业经济增长与生态环境保护"双赢"关系模型论证工业经济增长与生态环境保护存在"双赢"，工业绿色化的本质是产业替代，其在本质上可以实现工业经济增长与生态环境保护"双赢"，并构建基于生产过程判别工业绿色化的第一判别定理和基于全生命周期过程判别工业绿色化的第二判别定理。但是在通过产业替代提升工业绿色化水平的实践中，应注意路径依赖、产能过剩、结构失衡与生态风险等问题。最后，将工业绿色化的影响因素归纳为人口、资源、狭义社会制度、技术创新、环境规制五个类别，并界定了工业绿色化的发动因素和限制因素，在此基础上将技术创新和环境规制作为工业绿色化的发动因素，其他因素作为工业绿色化的限制因素。技术创新和环境规制是工业绿色化的发动因素，对推动工业绿色化意义重大，这是本书基于技术创新和环境规制视角研究工业绿色化的影响因素的最核心原因。

第三章为技术创新与环境规制对工业绿色化影响的作用机理。技术创新对工业绿色化的影响机理可归纳为直接作用机理、市场传导机制、路径依赖与成本替代三大部分；环境规制通过行政型环境规制、市场型环境规制和公众型环境规制实现资源配置效应、创新激励效应、技术创新"挤出效应"、污染型产业"溢出效应"及其生态环境的反馈机制等途径影响工业绿色化。基于上述理论分析，本书借助拓展的Acemoglu等的技术进步偏向模型将技术创新与环境规制对工业绿色化影响的作用机理进行数理模型验证，结果显示：一是技术创新对工业绿色化影响具有路径依赖效应，技术创新是偏向于清洁型研发创新还是污染型研发创新取决于技术创新的起始点；二是通过合理的环境规制手段，可以在一定范围内消除企业技术创新的路径依赖性，使企业技术创新减少偏向于污染性技术创新，增加偏向于清洁型技术创新；三是落后地区可以利用先进地区绿色技术研发溢出效应提升本地区清洁型技术研发水平，有利于工业绿色化，但落后地区由于环境规制强度小于先进地区而出现污染型产业向本地区转移，由此形成"污染天堂"而不利于工业绿色化。

第四章为中国工业绿色化测度与评价。本章从工业节能、工业减排和工业转型三个层面选择绩效指标构建工业绿色化指数，借助加权TOPSIS、泰尔熵指数、基尼系数、变异系数、耦合协调度等研究方法，并运用2007—2016年各省份数据对中国工业绿色化水平进行综合评价和系统评价。评价结果如下。一方面，中国省际工业绿色化水平由高到低依次为东部地区、中部地区、西部地区和东北地区，地区内的省际工业绿色化空间差异性不断变小，而地区间的省际工业绿色化空间差异性小幅变大。另一方面，中国省际工业绿色化系统协调性、同步性和相关性基本特征如下：中国省际工业绿色化系统协调性整体较高，协调性程度由东部地区、中部地区、东北地区、西部地区依次降低。工业绿色化系统同步型省份不断减少，西南地区省份表现更为明显；在非同步型省份中，工业绿色化系统的废物排放领先型省份居多且增加趋势比较明显，而工业绿色化系统的工业转型滞后型省份占据绝对优势且增加趋势非常明显。工业绿色化系统相关性在全国层面表现为资源消耗绿色化与废物排放绿色化正相关而资源消耗绿色化、废物排放绿色化与工业转型绿色化负相关，工业绿色化系统相关性在地区层面空间差异性显著。

第五章为技术创新对中国工业绿色化影响的实证研究。本章首先从技术创新和人力资本创新两个领域对中国工业技术创新进行统计性描述，并构建了国内和国外市场潜力及技术溢出效应与人力资本溢出效应4个指标，其次重点针对技术创新对中国工业绿色化影响的作用机理进行实践论证，主要研究结论如下。一是以发明专利成果来测度的技术创新在全国层面及其分地区层面均显著推动工业绿色化。二是技术外溢与市场潜力对工业绿色化影响效果不同。技术溢出效应和国际市场潜力均对工业绿色化具有推动作用，而人力资本溢出效应和国内市场潜力则不利于工业绿色化，并且这种影响在全国层面和地区层面基本一致。三是技术外溢与市场潜力联动对工业绿色化的影响具有空间差异性。技术溢出效应与人力资本溢出效应分别与国内市场潜力联动、分别与国外市场潜力联动在全国层面上均显著促进工业绿色化，但是在地区层面上对工业绿色化影响的参数系数的显著性并不一致。国内外市场潜力联动在全国层面与地区层面上对工业绿色化影响的参数系数的显著性也不完全一致。市场溢出与市场潜力联动在地区层面上回归结果出现差异性与中国区域空间内外开放程度和区域经济发达程度差异密不可分。四是工业绿色化具有路径依赖效应。不论以何种因子来度量技术创新，不论是在哪一区域空间，上一期工业绿色化水平积累对本期工业绿色化均呈现改善作用。五是以人力资本水平和技术创新投入替代发明专利产出测度的技术创新作稳健性检验，其核心指标结果基本没有变化。

第六章为环境规制对中国工业绿色化影响的实证研究。本章首先从行政型环境规制、市场型环境规制和公众型环境规制三个方面选择决策因子构建异质性环境规制指标体系，并运用综合指数法对异质性环境规制进行评价。其次借助基准面板模型、中介效应模型、交叉回归模型和空间杜宾模型针对环境规制对中国工业绿色化影响的作用机理进行实证研究，主要结论如下。一是环境规制及其行政型环境规制、市场型环境规制都不利于工业绿色化，公众型环境规制与工业绿色化回归系数不显著。二是针对异质性环境规制不利于工业绿色化的结论进行中介效应检验，结果表明：技术创新在环境规制与市场型环境规制与工业绿色化关系中均属于部分中介效应，在公众型环境规制与工业绿色化关系中只有中介效应,在行政型环境规制与工业绿色化关系中没有中介效应,表明环境规制和市场型环境规制均可以通过技术创新的"挤出效应"抑制工业绿色化,而公众型环境规制则通过诱导技术创新间接推动工业绿色化。三是从异质性环境规制组合看,行政型环境规制与市场型环境规制组合与工业绿色化显著负相关,行政型环境规制与公众型环境规制组合与工业绿色化显著正相关,市场型环境规制与公众型环境规制组合与工业绿色化也显著正相关。四是环境规制对工业绿色化影响的空间溢出效应的实证结果显示:工业绿色化空间溢出效应不利于周边地区工业绿色化,而本地环境规制有利于周边地区工业绿色化。

第七章为结论、建议与展望。简要总结本书的基本研究结论、主要政策建议及未来研究展望。

第四节 研究思路与方法

一 研究思路

党的十九大报告指出,中国经济正处于由高速度向高质量转型发展阶段。从工业发展领域看,实现工业经济高质量发展,工业绿色化是关键。实现工业绿色化,是化解党的十九大报告关于新时代建设人与自然和谐共生的现代化的内在要求,即提供更多优质生态产品以满足人民日益增长的优美生态环境需要。然而,推动中国工业绿色化,必须首先全面认识和深入了解什么是工业绿色化?当前中国工业绿色化到底处于何种水平?这也是本书研究的两个重点内容。在此基础上,本书将工业绿色化的影响因素分为发动因素和限制因素两大类,并将工业绿色化的发动因素归纳为技术创新和环境规制两个方面。由此,本书通过理论和实证两个方面针对技术创新和环境规制对工业绿色化影响的作用机理进行系统论证,这也是本书研究的核心环节。根据上述研究思路,本书的技术路线如图1-1所示。

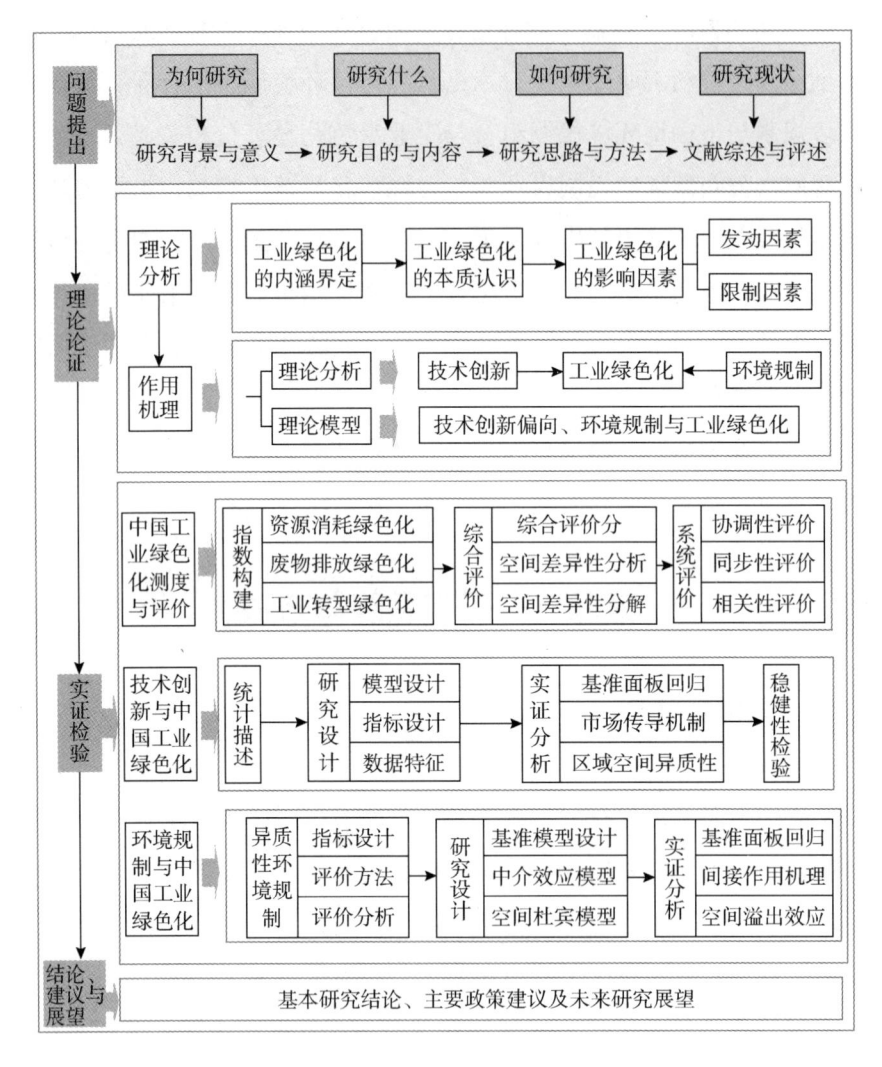

图1-1 本书技术路线示意

二 研究方法

一是逻辑分析方法。本书围绕着技术创新和环境规制对中国工业绿色化的影响这一主题，从什么是工业绿色化、工业绿色化的影响因素是什么、为什么要从技术创新和环境规制视角研究其对工业绿色化的影响、中国工业绿色化水平如何、技术创新和环境规制如何影响工业绿色化、技术创新和环境规制对中国工业绿色化的影响效果等方面对主题逐步展开讨论和全面论证，在逻辑上层层递进，以此构建问题提出、理论论证、实证检验和结论、建议与展望四大部分的逻辑分析研究框架。

二是规范分析方法。在论证工业绿色化本质时，本书不仅回答了什么是工业绿色化的问题，还通过工业绿色化第一判别定理和第二判别定理进一步论证何为工业绿色化，并在此基础上探讨工业绿色化是否能够与工业经济增长兼容的问题，其结果表明，工业绿色化可以作为工业经济发展的新增长极或者说是新动能来培育，这一论证结果验证了国内部分学者和地方政府官员关于经济发展与生态环境保护不能并存的观念是错误的，再次论证了"绿水青山就是金山银山"的生态文明发展观的绝对正确性。

三是实证分析方法。本书针对技术创新与环境规制对工业绿色化影响的作用机理进行实证论证。在检验技术创新对中国工业绿色化影响的作用机理时，对技术创新进行统计性描述，并通过构建市场潜力指数与创新溢出指数，将技术创新对工业绿色化的直接作用机理、市场传导机制进行有效论证，并作了技术创新对工业绿色化影响的稳健性检验，从实证研究上对理论作用机理进行了详细检验。在检验环境规制对中国工业绿色化影响的作用机理时，通过构建异质性环境规制指标体系对中国异质性环境规制进行统计性描述，并通过空间动态面板、中介效应、交叉回归、空间杜宾等模型将异质性环境规制对工业绿色化影响的作用机理进行详细论证，有效检验了理论分析。

第五节 主要创新点与不足

一 主要创新点

一是本书重新认识了工业绿色化的本质内涵。现有关于工业绿色化概念的理论研究大多是从表面现象对工业绿色化进行界定,并没有认识到工业绿色化的本质,因而也就难以从根本上对工业绿色化进行深入认识和精准阐释。本书从产业替代这一根本视角对工业绿色化进行系统阐释,指出工业绿色化在本质上是工业生态环境效率相对较高的企业持续不断地替代工业生态环境效率相对较低的企业,并使之在整体上同时实现工业生态环境质量改善与工业经济增长的产业结构调整过程。在此基础上,本书通过数理模型论证得出结论:工业绿色化能够实现工业经济增长与生态环境保护"双赢",验证了国内部分学者和地方政府官员关于经济发展与生态环境保护不能共存的观念是错误的,是对"绿水青山就是金山银山"这一新时代生态文明建设原则的再次论证。

二是本书在工业绿色化和环境规制两个变量的指标选取和指标体系构建上完善了现有研究成果。现有文献关于环境规制或工业绿色化评价指标选取的研究绝大多数都存在决策指标和绩效指标不分与混合使用等问题,致使在论证技术创新或环境规制对绿色发展影响的实证研究中存在以绩效指标影响绩效指标、以决策指标影响决策指标和以绩效指标影响决策指标的因果逻辑错误。据此,本书在构建工业绿色化指数以测度中国工业绿色化水平时,完全以绩效指标来构建工业绿色化指标体系;在构建环境规制指标体系时,根据中国环境规制现状构建了异质性环境规制指标体系,并以决策指标作为异质性环境规制强度的测度方式。由此,通过技术创新手段推动中国工业绿色化的实证研究中，才能够完全实现以决策指标（技术创新或环境规制）来影响绩效指标（工业绿色化），实现因果逻辑关系论证。

三是在研究方法上，通过多种研究方法有机结合与相互论证，保证回归结果更加有效。本书在实证研究过程中，强调研究方法之间的互补性与相互论证，以保证研究结果的稳健性和准确性。如在测度中国工业绿色化空间差异性时，以泰尔熵指数为主并辅之以加权变异系数与基尼系数作为支撑；在论证技术创新对工业绿色化影响的实证检验时，以发明专利授权数为技术创新替代指标回归，而在稳健性检验时又以人力资本水平和研发创新投入为替代指标进行稳健性检验；在论证环境规制对工业绿色化影响的实证检验时，基准面板回归、交叉回归、中介效应模型、空间杜宾模型之间相互论证，回归结果均比较一致；在论证技术创新和环境规制分别对工业绿色化影响的空间外部性和空间异质性时，前者运用空间溢出效应与市场潜力模型，后者则运用空间杜宾模型，也实现了不同模型之间的优势互补与相互论证。

二　不足之处

尽管本书针对技术创新和环境规制对工业绿色化影响的作用机理从理论上和实证上进行了比较全面的论证，但是至少还存在如下两大不足之处有待后续完善。一方面，由于本书构建工业绿色化指标体系中涵盖的少部分具体指标在地级市层面还没有统计数据，故只能以省级层面数据对中国工业绿色化水平进行测度与评价。在此基础上，也只能以省级层面数据针对技术创新对工业绿色化影响的作用机理与环境规制对工业绿色化影响的作用机理进行实证分析。相对地级市层面来讲，省域经济发展增长核受到行政区划制约难以跨越行政边界影响周边临近省份，导致通过新经济地理学的空间溢出效应模型测度的空间溢出效应的有效性有所降低。另一方面，在实证过程中，环境规制的极个别统计数据是整个行业统计数据，并没有专门对工业领域进行统计；而市场型环境规制由于在中国实施时间较短，而且仅有部分省份试点推进，市场型环境规制的一些比较重要的统计数据如排污权交易额数据也缺失。针对上述问题，本书只能通过相关数据替代进行近似处理，这可能会造成实证结果方差变大，进而使得计量分析的结果精准性有所降低。

第二章　工业绿色化的理论分析

由于中国目前工业绿色化研究还处于起始阶段，关于工业绿色化内涵、评价与影响因素等方面的研究成果相对较少，也没有从工业绿色化本质上对工业绿色化进行概念界定，同时，现有关于工业绿色化的理论研究也缺乏系统性和全面性。据此，本章从工业绿色化的本质出发，全面系统地认识工业绿色化的理论内涵，为进一步研究工业绿色化评价和如何推动工业绿色化奠定理论基础。

第一节　工业绿色化的理论内涵

一　工业绿色化内涵研究综述

自20世纪60年代蕾切尔·卡逊《寂静的春天》出版以来，经济发展对环境造成的伤害逐渐被西方社会接受，探索人与自然和谐共生成为世界各国的共同追求。在此过程中，工业绿色化逐渐进入西方国家研究视阈。

从国外理论研究看，西方学者主要从工业与环境相互作用视角探究工业绿色化的动力机制。如 Penna 和 Geels 将生命周期模型和多维博弈模型引入工业绿色化研究，在此基础上论证环境压力下工业绿色化的衍生动力[1];Hudson 认为,企业行为与环境压力在相互作用过程中,可形成新的商业规则和商业行为,促使工业发展向可持续发展的绿色化转型[2]。另外,在工业企业与生态环境相互作用过程中,参与主体的行为决策与工业绿色化进程密切相关。Flitner 和 Soyez 研究指出,当前,政府、公众和企业在工业绿色化进程中积极主动适应环境变化[3],具体来看,政府在促进企业与环境合作中发挥统筹协调作用,而经济发展水平、制度惩罚、公众技术支持、信息和公众舆论、文化制度等也对环境治理意义重大[4][5][6]。然而,在不同工业历史发展阶段,由于对环境重要性认识不同,企业对环境压力的反应明显有所不同。一些研究指出,企业环保意识在20世纪60年代是缺失的,是经济主导的,到90年代才逐渐形成一种自觉行为,并将环境保护视作经济利益的一部分,甚至是提升企业竞争力的一种市场手段[7][8]。总之,从现有研究成果看,国外研究多侧重于在环境约束下工业企业对工业绿色化的行为反应以及政府为推进工业绿色化

---

[1] Penna C. C. R., Geels F. W., Multi-dimensional Struggles in the Greening of Industry: A Dialectic Issue Lifecycle Model and Case Study, *Technological Forecasting & Social Change*, 2012, 79 (6): 999-1020.

[2] Hudson R., Eevironmont Change: Industry, Power and Policy, Publisher Avebury, 1995: 37-56.

[3] Flitner M., Soyez D., Geographical Perspectives on Civil Society Actors, *Geojournal*, 2000, 52 (1): 203-220.

[4] Hahn, Robert W., The Impact of Economics on Environmental Policy, *Journal of Environmental Economics and Management*, 2000, 39 (3): 375-399.

[5] Stafford, Sarah L., The Effect of Punishment on Firm Compliance with Hazardous Waste Regulations, *Journal of Environmental Economics and Management*, 2001, 44 (2): 290-308.

[6] Blackman, Allen, Geoffrey J., Bannister., Community Pressure and Clean Technology in the Informal Sector: An Econometric Analysis of the Adoption of Propane by Traditional Mexican Brickmakers, *Journal of Environmental Economics and Management*, 1998, 35 (1): 1-21.

[7] Soyez, Dietrich, *Industrial Resource Use and Transnational Conflict: Geographical Implications of the James Bay Hydropower Schemes*, England: Avebury Press, 1995: 107-127.

[8] Ertel J., *The Greening of Industry-a Term of the Past or for the Future*, Ecodesign 2001: Second International Symposium on Environmentally Conscious Design and Inverse Manufacturing, IEEE, 2001: 916-920.

的行为决策。

从国内理论研究看,"绿色化"在国内最早可追溯至 1990 年麦克尼尔与严光梁发表的论文《国际关系的绿色化》①,但直到 2002 年由中国科学院南京地理与湖泊研究所谢红彬和陈雯两位学者通过研究发达国家工业绿色化过程及经验才首次引入"工业绿色化"这一概念②。现有关于工业绿色化概念和理论研究成果可归纳如下。一是关于工业绿色化理论内涵研究。一般认为,工业绿色化是工业企业面对日益增强的政府、公众、市场等环境压力时为减少污染、实现可持续发展或实现投入—产出与环境质量相协调而做出行为决策的响应过程③。二是关于工业绿色化评价研究。如谢红彬等基于工业绿色化状态—压力—响应模型构建区域工业绿色化评价指标体系④,但在他们的评价体系中一些指标难以找到数据,因而不具实际操作性;王宜虎等用绿色化意识、绿色化管理和绿色化绩效构建工业绿色化指标体系,并借助问卷调研和统计数据对江苏省沿江 8 市工业绿色化水平进行评价⑤。三是关于工业绿色化影响因素研究。工业绿色化影响因素可归纳为宏观因素(自然经济、社会文化等)、中观因素(环境政策、市场机制等)和微观因素(行业特征、企业实力等)三类⑥,这三类影响因素作用不同;从经济视角看,当政府、市场和社会向企业施加改善环境压力时,若企业改善环境的行为带来经济绩效,外部压力就会通过企业对经济利益的追求转变为企业的

---

① J. 麦克尼尔、严光梁:《国际关系的绿色化》,《国外社会科学》1990 年第 11 期。
② 谢红彬、陈雯:《发达国家工业绿色化过程及其启示》,《环境科学动态》2002 年第 3 期。
③ 陈雯、Dietrich Soyez、左文芳:《工业绿色化:工业环境地理学研究动向》,《地理研究》2003 年第 5 期。
④ 谢红彬、林明水、黄柳婷:《工业绿色化评价指标体系框架设计》,《福建师范大学学报》(自然科学版)2006 年第 4 期。
⑤ 王宜虎、陈雯:《江苏沿江各市工业绿色化程度的模糊评价》,《长江流域资源与环境》2008 年第 2 期。
⑥ 刘红明:《工业绿色化的内涵及影响因素分析》,《现代经济探讨》2008 年第 11 期。

内在行动[1]；从企业战略看，以绿色竞争力为导向已成为工业企业转型发展的有效选择[2]。

梳理国内外关于工业绿色化的研究成果可知，国外学者主要从企业与环境互动关系视角对工业绿色化进行研究，缺乏对工业绿色化理论及其评价研究；而国内当前工业绿色化研究还处于起始阶段，关于工业绿色化内涵、评价与影响因素等方面的研究成果相对较少，研究缺乏系统性和全面性，尤其是针对工业绿色化评价的研究至少还存在以下两大问题：一是部分工业绿色化指标体系难以用于实际操作，无法评价区域工业绿色化水平[3]；二是一些评价指标体系不能够全面概括工业绿色化，没有涉及土地资源要素、产业结构与就业结构等衡量工业绿色化的重要因素[4]。

二 工业绿色化的基本内涵

根据现有研究成果及其不足之处，本书对工业绿色化界定如下：工业绿色化是指工业企业在面对生态环境约束下主动或被动地构建科技含量高、资源消耗低、环境污染少的产业结构和生产方式以实现可持续发展的过程。该界定是一种现象界定，表明：首先，工业企业进行生产方式绿色化转型，既可能积极主动，也可能消极被动，产生这一差异的根本原因，本书认为，这完全取决于工业发展的阶段及由此决定的工业企业的技术支撑能力，如果企业现有技术基础能够支撑生

---

[1] 王宜虎、陈雯：《工业绿色化发展的动力机制分析》，《华中师范大学学报》（自然科学版）2007年第1期。

[2] 陈义平、张智峰：《基于轮盘模型的企业绿色竞争力构建策略研究》，《江西财经大学学报》2011年第4期。

[3] 谢红彬、林明水、黄柳婷：《工业绿色化评价指标体系框架设计》，《福建师范大学学报》（自然科学版）2006年第4期。

[4] 王宜虎、陈雯：《江苏沿江各市工业绿色化程度的模糊评价》，《长江流域资源与环境》2008年第2期。

产方式绿色化转型所获得的经济效益增量超过生产方式绿色化投入资本，则企业绿色化转型就是积极主动的，否则就是消极被动的；其次，产业结构和生产方式变化趋势是要求现有状态相对于原来状态在生产技术水平、资源能源消耗、环境污染排放等构成的工业自然生态系统实现系统运行效率的改进，但是减少污染物排放也有可能会造成资源能源消耗增加等情况；最后，工业绿色化是建立在生态文明基础之上，因而必然是一种工业可持续发展过程。

根据上文对工业绿色化的概念界定，工业绿色化过程可被概括为工业节能、工业减排、工业转型三大具体过程。因此，可把工业绿色化系统分为资源消耗子系统、废物排放子系统与工业转型子系统三个部分，三个子系统既可以独立，又可以相互联系、相互支撑（图2-1）。

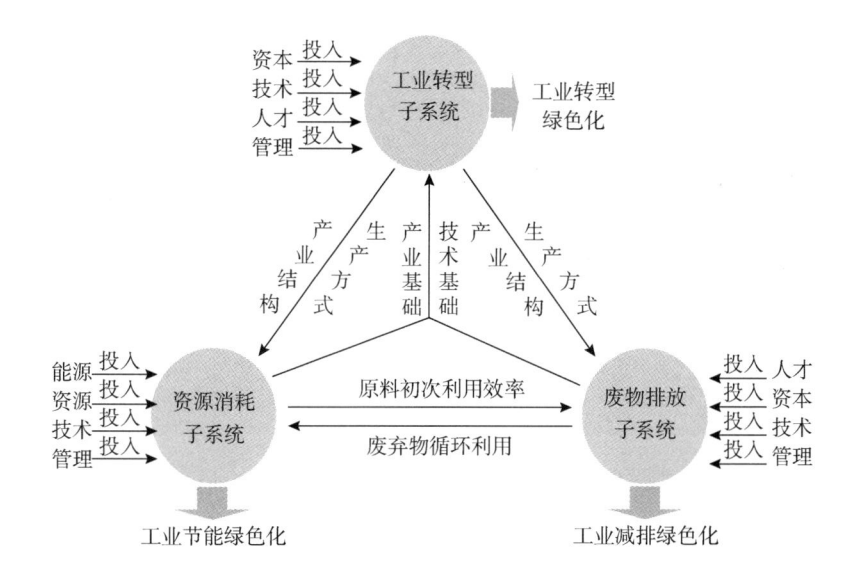

图2-1 工业绿色化"节能—减排—转型"三大子系统内在逻辑关系

一方面，三大子系统可以各自独立，在工业绿色化过程中均可发挥各自作用。首先，从资源消耗子系统看，资源与能源消耗是资源消耗子系统的核心，在工业由粗放式发展向高质量转型发展过程中，单位工业产出的原材料、能源、土地、水等生产要素投入减少，以能源为例，统计数据显示，全国2017年重点耗能工业企业单位烧碱综合能耗下降0.3%，吨水泥综合能耗下降0.1%，吨钢综合能耗下降0.9%，吨粗铜综合能耗下降4.8%，每千瓦时火力发电标准煤耗下降0.8%[①]。但和欧美国家相比，中国工业能源利用效率还比较低。其次，从废物排放子系统看，工业减排一般是通过两条渠道实现，即提高初次资源利用效率和废物循环利用，前者优势在于可以把投入的生产要素直接提高到最高利用限度并实现减少初次废物排放，但其缺陷在于更依赖于技术进步；后者优势在于在较低的技术水平下可以通过废弃物循环利用实现减排的目的，但其缺陷在于需要一定的废弃物产出规模才能够达到循环经济的要求。最后，从工业转型子系统看，工业转型绿色化也有两个渠道，一是产业内转型绿色化，这是一种过渡的工业绿色化变革，其核心是通过新技术改造落后的生产工艺实现，技术水平要求较低，并且工业发展持续性和稳定性较强，在改革开放以来，中国工业转型绿色化主要就是这种过渡的工业绿色化变革，这与近些年中国宏观经济发展稳增长、防风险的基本要求完全契合；二是产业间转型绿色化，这是一种完全的工业绿色化变革，其核心是通过发展新兴产业并淘汰落后产业实现，但需要非常好的产业基础与技术条件，当前，日本、美国、德国等发达国家由于具有较好的产业基础与技术优势，特别是在制造业上的技术优势可以支撑这种完全的产业间绿色化变革。

另一方面，三大子系统还存在内在逻辑关系。其一，工业转型绿色化是工业绿色化系统的本质，而资源消耗绿色化和废物排放绿色化是工业转型绿色化的表现形式。工业转型绿色化是借助于产业内（绿

[①] 《中华人民共和国2017年国民经济和社会发展统计公报》，http://www.stats.gov.cn/tjsj/zxfb/201802/t20180228_1585631.html。

色技术改造）或产业间（绿色产业替代非绿色产业）这两种手段来达到目的，前者实现了生产方式变化，后者则实现了产业结构的变化，生产方式和产业结构变化可以推动单位工业产出的资源消耗的减少，实现工业节能绿色化；而生产方式和产业结构变化则可以作用于废物排放子系统，实现提高初次资源利用效率和废物循环利用，进而达到工业减排绿色化。其二，工业节能绿色化和工业减排绿色化反过来又可以促进工业转型绿色化。工业资源消耗子系统和废物排放子系统在能源、资源、技术、人才、管理、资本等生产要素投入方面所形成的要素积累由量变最终形成质变，并通过产业基础和技术基础的变革共同作用于工业转型绿色化子系统，从而实现工业转型绿色化。其三，资源消耗子系统与废物排放子系统之间存在如下关系，资源消耗子系统可通过生产方式和产业结构调整实现原料初次利用效率的提升，进而推动工业减排绿色化；而废物排放子系统则可通过循环利用废弃物来实现资源利用效率的提升，进而推动工业节能绿色化。

由此，工业绿色化"节能—减排—转型"三大子系统，分别来看，各自均可以推动工业绿色化进程，作为一个整体系统，三者之间又相互依赖、相互影响，成为工业绿色化整体系统不可分割的重要组成部分。

三　中国工业绿色化的主要特征

根据上述对工业绿色化的基本内涵分析，本书将中国工业绿色化主要特征概括为马克思主义中国化实践的时代发展性、西方可持续发展中国化探索的实践创新性、新时代中国特色社会主义的社会矛盾性和发展中大国中国基本国情的阶段特殊性。

首先，中国工业绿色化体现了马克思主义中国化实践的时代发展性。工业绿色化在本质上是工业化进程中的一种发展方式或者说是一种发展观,因而必然是不断发展前进的,体现了马克思主义哲学的发展观,在新时代背景下也就呈现出明显的时代特征。一方面,工业绿色化是一个过程。工业绿色化是工业化的一种演进过程,并不是一成不变的,而是随着产业选择、技术基础、经济规模时时刻刻在发生变化,而其唯一不变的是由低级到高级的进化过程,这种进化过程与工业化进程中的产业结构高端化过程与生产方式现代化过程是同步发生的。不管工业经济发展到何种阶段,这种进化方向不会发生变化。另一方面,工业绿色化体现了时代性。在新时代生态文明建设背景下和自然、环境、经济等多重束缚下,中国工业绿色化体现的是绿色低碳选择过程,是提升工业发展质量、发展效率、全球竞争力的主动出击过程,也是构建工业发展新领域、新动能、新模式的实践探索过程,更是朝着智能生产、智能产品、智能服务、智能工厂发展的积极实现过程。

其次,中国工业绿色化体现了西方可持续发展中国化探索的实践创新性。可持续发展思想是应对全球能源危机、资源危机、生态危机而诞生的发展思想,然而,40多年来,西方国家实践探索并没有如期望那样步入可持续发展的康庄大道,生态环境问题依然存在。从中国发展实践看,改革开放以来,中国工业化经历了以"物"为本、协调发展和以人为本的发展阶段,在不断的实践探索过程中和在经济、社会、环境相互碰撞过程中,生态文明思想和生态文明理念由此诞生。生态文明思想是人类思想认识的变革,并为人类社会发展提供了一种全新的发展模式。然而,绿色发展是生态文明建设的必由之路,是取代可持续发展引导人类真正走向持续生存和持续发展的光明大道[①],是比可持续发展更科学的发展模式。工业绿色化正是建立在生态文明理论基础之上的工业化过程,因而,工业绿色化模式是西方可持续发

---

① 贾卫列:《从可持续发展到绿色发展》,《中国建设信息化》2017年第10期。

展模式在中国化过程中的实践创新。

再次，中国工业绿色化体现了新时代中国特色社会主义的社会矛盾性。新时代中国社会主要矛盾转化为"人们日益增长的美好生活需要"同"不平衡不充分的发展"之间的矛盾，这一矛盾从工业绿色化视阈可诠释如下。一方面，发展不平衡不充分要求提供差异化的工业产品以满足人们日益增长的美好物质生活需要。对此，本书认为，从物质产品供求视角看，工业绿色化应实现三个基本目标：一是提供丰富多彩的工业产品，完全满足最庞大中等收入群体的大众消费需要；二是提供足够低价、合格、安全的生活必需品，必须满足少部分低收入群体的生活消费需求；三是提供高端、优质、个性的工业奢侈品，尽量满足极少部分高收入群体的高档消费需要。另一方面，发展不平衡不充分也要求提供更多优质生态产品以满足人们日益增长的优美生态环境需要，这就要求工业发展在实现少排放甚至是零排放的基础上，通过现代工业力量对过去工业发展对生态环境造成的破坏进行恢复，还自然环境安宁。据此，本书认为，从生态环境视角看，实现工业发展负外部性不断降低并通过工业手段恢复自然生态环境以本来的宁静（正外部性），使得正外部性大于负外部性，是工业绿色化的内在要求。

最后，中国工业绿色化体现了发展中大国中国基本国情的阶段特殊性。尽管中国在2010年就超过了日本成为全球第二大经济体，但是必须认识到，中国仍处于并将长期处于社会主义初级阶段的基本国情没有变，中国是世界最大发展中国家的国际地位没有变。工业绿色化必须考虑到中国基本国情。一方面，工业绿色化不是去工业化。在生态文明建设和美丽中国建设过程中必须正确认识和理性看待工业绿色化，尽管东部沿海部分省份已经达到发达国家的发展水平，但是到2017年年底，中国仍然有超过3000万的贫困人口，发展经济特别是发展工业经济是实现全面建成小康社会的基本保障，也是实现"两个一百年"奋斗目标和中华民族伟大复兴的中国梦的基本保障。另一方面，工业绿色化不仅仅是发展节能环保产业。社会上有一种激进认识认为，只有发展节能环保产业才属于绿色发展，才是工业绿色化，在这种错误认识下，各地节能环保产业均存在短期投资过度而市场又不能够及时消化的现象，造成产能过剩。因此，本书认为，在当前发展阶段，工业绿色化应是调结构和转方式同步并举，即传统工业的技能改造和节能环保产业发展并行推进，并在总量稳步扩张的前提下有序淘汰传统产业存量资本和降低增量投资并通过新增节能环保产业替代。总之，推动中国工业绿色化必须考虑到中国当前基本国情。

第二节　工业绿色化和工业经济增长与生态环境保护"双赢"关系辨析

能否实现工业经济增长与生态环境质量之间的"双赢"？国内理论界对此还有诸多争论，部分地方主政者也认为生态环境质量与工业经济增长是"鱼和熊掌不可兼得"，在此认识下基于任期和政绩考虑，优先发展经济成为当前频频发生重大环境问题的突出原因。因此，有必要对推进工业绿色化也就是工业经济增长与生态环境保护的"双赢"问题在理论上进行探讨和分析。

一　工业经济增长与生态环境保护关系模型

本书以工业产品产出规模来衡量工业经济增长。从工业产品产出与污染物排放关系看，一般来讲，在其他条件不变前提下，工业产品产出越多，工业污染物排放也就越多；相反，工业产品产出越少，工业污染物排放也就越少；极端情况下，若无工业产品产出，工业污染是零排放。因此，工业产品产出与工业污染物排放是正相关关系。为方便研究，假设工业产品产出与工业污染物排放之间是线性关系，那么，工业产品产出（Y）与工业污染物排放（P）之间的关系式为：

$$Y = f(P) = \kappa P \quad (2-1)$$

其中，κ 为单位污染物排放的工业产品产出系数，$\kappa > 0$，κ 越大，表明单位污染物排放下的工业产品产出量越大。工业产品产出必须保持一定的增长速度，才能够实现中国"两个一百年"奋斗目标。因此，工业产品产出必须有一个最小值 $Y_{\min}$，即工业产品产出约束不等式为：

$$Y \geqslant Y_{\min} \quad (2-2)$$

一般来讲，当工业污染物排放越多时，生态环境质量也就越差；当工业污染物排放越少时，生态环境质量也就越好，生态环境质量最好时工业污染物排放为零，假设生态环境质量为 E，生态环境承载力为 M，且生态环境质量和工业污染物排放量呈线性关系，则：

$$E = M - \mu P \quad (2-3)$$

其中，μ 为单位工业污染物排放对生态环境的损害程度，$\mu > 0$，μ 越大，表明单位工业污染物排放对生态环境的破坏越大。假定人们有一个可承受的最低生态环境质量值 $E_{\min}$，低于最低生态环境质量阈值，人们就不能够持续生存下去，即生态环境质量约束不等式为：

$$E \geqslant E_{\min} \quad (2-4)$$

因此，根据式（2-1）和式（2-3）可以得到工业产品产出与生态环境质量之间关系式为：

$$Y = \frac{\kappa}{\mu}(M - E) \quad (2-5)$$

很明显，工业产品产出与生态环境质量之间呈现负相关关系。κ/μ 衡量的是工业产品产出对生态环境质量变动的弹性系数。假设 $\kappa/\mu = 2$，上述公式表明，生态环境质量相对于生态环境承载力每下降1个百分点，工业产品产出就提升2个百分点。

从当前工业发展看，部分地区工业污染物排放量已经接近甚至超过了生态环境的承载力或者说是生态环境的自动净化能力，即在传统工业发展模式下，工业污染物排放量已经达到危及人类可持续生存的上限。因此，变革传统工业经济发展模式，推动工业绿色化，解决工业持续发展问题和生态环境恶化问题，是当前工业绿色化面临的一项重要课题。

二　工业经济增长与生态环境保护"双赢"分析

经济活动规律表明，经济活动必定带来相应的生态环境损害，因此，工业经济增长也就必定相应地增加生态环境损害，只是不同的经济活动对生态环境损害存在差异而已。由此，根据损害程度的不同，本书将工业企业分为清洁型企业和污染型企业。在此假设下，探讨推动清洁型企业发展是否有利于生态环境保护，以最终实现工业经济增长与生态环境保护"双赢"目的。

工业产品产出与工业污染物排放之间的关系式（2-1）可变形为：清洁型企业和污染型企业的工业产品产出（Y）与工业污染物排放（P）之间的关系式为：

$$\begin{cases} \Delta Y_c = f_c(P) = \kappa_c \Delta P_c \\ \Delta Y_d = f_d(P) = \kappa_d \Delta P_d \end{cases} \quad (2-6)$$

其中，κ_c 和 κ_d 分别为清洁型企业单位污染物排放的工业产品产出系数和污染型企业单位污染物排放的工业产品产出系数，且 $\kappa_c > \kappa_d$，清洁型企业工业产品产出为 ΔY_c，生产 ΔY_c 需要排放的工业污染物为 ΔP_c，污染型企业工业产品产出为 ΔY_d，生产 ΔY_d 需要排放的工业污染物为 ΔP_d。工业污染物排放量与生态环境质量之间的关系式不变。因此，工业产品产出的约束条件变为：

$$\Delta Y_c + \Delta Y_d \geq Y_{\min} \quad (2-7)$$

根据式（2-5），当工业产品产出量取最小值时，生态环境质量达到最大值。那么，若以一部分清洁型企业替代一部分污染型企业，在工业产品产出最小约束下，即 $\Delta Y_c + \Delta Y_d = Y_{\min}$，最大化生态环境质量将如何变化？

假设在完全污染型企业生产条件下，最大化生态环境质量为：

$$E_{d,\max} = M - \frac{\mu Y_{\min}}{\kappa_d} \qquad (2-8)$$

用清洁型企业替代一部分污染型企业，在工业产品最小产出约束下的最大生态环境质量 $E_{cd,\max}$ 为：

$$E_{cd,\max} = M - \mu \left(\frac{\Delta Y_c}{\kappa_c} + \frac{\Delta Y_d}{\kappa_d} \right) \qquad (2-9)$$

根据工业产品产出约束 $\Delta Y_c + \Delta Y_d = Y_{\min}$ 和 $\kappa_c > \kappa_d$，最大化生态环境质量 $E_{cd,\max}$ 变形为：

$$E_{cd,\max} = M - \mu \left(\frac{\Delta Y_c}{\kappa_c} + \frac{\Delta Y_d}{\kappa_d} \right) > M - \mu \left(\frac{\Delta Y_c}{\kappa_d} + \frac{\Delta Y_d}{\kappa_d} \right)$$

$$= M - \frac{\mu}{\kappa_d} (\Delta Y_c + \Delta Y_d) = M - \frac{\mu}{\kappa_d} Y_{\min} = E_{d,\max} \qquad (2-10)$$

由此，在工业产品产出不变时，清洁型企业替代一部分污染型企业可以实现生态环境质量改善，也就可以实现有效满足人们日益增长的美好生态环境需要。相反，也可以假定生态环境质量固定不变。此时，由污染型企业形成的最小生态环境质量约束下的最大工业产品产出量为：

$$Y_{d,\max} = \kappa_d P_{d,\max} \qquad (2-11)$$

当清洁型企业替代一部分污染型企业时，在生态环境质量最小约束下，在工业污染物排放量与生态环境质量之间的关系式不变，且 $\Delta P_{c,\max} + \Delta P_{d,\max} = P_{d,\max}$ 时，最大工业产品产出 $Y_{cd,\max}$ 为：

$$Y_{cd,\max} = Y_{c,\max} + Y_{d,\max} = \kappa_c \Delta P_{c,\max} + \kappa_d \Delta P_{d,\max} > \kappa_d \Delta P_{c,\max} + \kappa_d \Delta P_{d,\max}$$

$$= \kappa_d (\Delta P_{c,\max} + \Delta P_{d,\max}) = \kappa_d P_{d,\max} = Y_{d,\max} \qquad (2-12)$$

据此，在控制生态环境质量不变时，清洁型企业替代污染型企业可以实现工业产品产出总量的有效增加，也就可以实现有效满足人们日益增长的美好物质生活需要。总之，在存在清洁型企业替代污染型企业前提下，如果控制工业产品产出不变，则生态环境质量可以有效改善；如果控制生态环境质量不变，则工业产品产出总量可以有效增加。

然而，在清洁型企业替代污染型企业过程中，是否存在工业产品产出与生态环境质量的同步改进问题？从数量关系上看，是否存在这样一组工业产品产出与生态环境质量组合（Y^*，E^*），使得任意满足式（2-5）的工业产品产出与生态环境质量组合（Y_d，E_d），有 $Y^* > Y_d$ 与 $E^* > E_d$ 同时成立？很明显，答案是肯定的，因为在控制工业产品产出不变时，以清洁型企业替代一部分污染型企业，生态环境质量呈现出明显改善，那么再适当增加一些清洁型企业但并不替代污染型企业，并使"替代"的清洁型企业与"增量"的清洁型企业的污染物排放总量要小于被替代的污染型企业的污染物排放总量，由此，生态环境质量实现改善，而工业产品产出也可以增加，实现了工业产出增长与生态环境质量提高的"双赢"目标。

三　工业绿色化和工业经济增长与生态环境保护"双赢"本质

现有对工业经济增长与生态环境保护"双赢"持否定观点的研究成果，几乎都是基于"增量"视角即通过增加企业产出值，即使是绿色环保企业也肯定会增加污染物排放[1]；或是基于"减量"视角即通

---

[1] 钟茂初：《产业绿色化内涵及其发展误区的理论阐释》，《中国地质大学学报》（社会科学版）2015年第3期。

过环境规制增加企业环境负外部性成本，减少企业污染物排放或资源消耗，同样会减少工业产出[1]。本书认为，不论是基于"增量"视角，还是基于"减量"视角，都不是对工业经济增长与生态环境保护"双赢"的准确有效认识。根据上述论证，本书提出"替代"的观点，即通过一种产业替代另一种产业，若在工业产品产出不变前提下实现工业资源消耗与污染物排放的减少或者在工业资源消耗与废物排放不增加前提下实现工业产品产出的增加，则这种工业发展模式就是一种经济与环境的"双赢"。

根据"替代"关系，结合《中共中央国务院关于加快推进生态文明建设的意见》文件精神，本书认为，工业绿色化在本质上是一个工业生态环境效率相对较高的企业持续不断地替代另一个工业生态环境效率相对较低的企业并使之在整体上实现工业生态环境质量改善与工业经济增长的产业结构调整过程。从产业发展视角看，工业绿色化是工业生态环境效率相对较高的产业持续不断地替代工业生态环境效率相对较低的产业并使之在整体上实现工业生态环境质量改善与工业经济增长的产业结构调整过程。需要注意的是，这两类产业既可以是同类产业（也就是生产方式替代），也可以是不同类产业（也就是产业替代）。若是不同类产业，即通过发展工业生态环境效率相对较高的产业，并淘汰工业生态环境效率较低的产业，即可实现工业绿色化；若是同类产业，即通过技术创新、管理创新、营销创新等手段，实现资源和能源消耗降低、工业"三废"减少等工业生产方式的进化过程。

工业绿色化必须满足生态环境质量改善条件和工业产品产出增长条件，生态环境质量改善条件为：工业绿色化是由工业生态环境效率

---

[1] 范庆泉、张同斌：《中国经济增长路径上的环境规制政策与污染治理机制研究》，《世界经济》2018年第8期。

较高的企业替代工业生态环境效率较低的企业并在控制工业产品产出不降低条件下实现工业物质要素投入与工业废物排放同步减少的发展过程；工业产品产出增长条件为：工业绿色化是由工业生态环境效率较高的企业替代工业生态环境效率较低的企业并在控制工业物质要素投入与工业废物排放至少不增加条件下实现工业产出量增加的发展过程。上述论证结果表明，工业绿色化所要满足的这两个条件在理论上是等价的。由此，根据对工业绿色化理论的本质界定，上述以工业生态环境效率较高的清洁型企业替代工业生态环境效率较低的污染型企业，若满足上述条件，也就可以实现工业经济增长与生态环境保护"双赢"。据此，凡是工业绿色化过程，都能够提升工业生态环境效率，都能够实现工业经济增长与生态环境保护"双赢"，该工业绿色化过程就可被当作新经济增长点来培育。

四 基于生产过程和全生命周期过程的工业绿色化判别依据

工业绿色化或者说是工业经济增长与生态环境保护的"双赢"问题，在本质上，就是工业生产过程中的清洁型企业对污染型企业的替代问题。在满足工业绿色化条件下，清洁型企业替代污染型企业可以实现工业绿色化，是工业绿色化的一个特殊的判别标准。由此，根据工业绿色化本质，可以给一个一般性的工业绿色化的判别标准。

定理2-1：工业绿色化第一判别定理：设工业企业生产函数为 $Y = Y(R, P, K)$，其中，Y 为工业产品产出，R 为工业资源消耗，P 为工业污染物排放，K 为工业资本投入，则工业生产的资源消耗函数为 $R = R(Y, P, K)$，工业污染物排放函数为 $P = P(Y, R, K)$。从工业产品产出函数看，设存在两个不同的企业1和2，其生产函数分别为 $Y_1 = Y_1$

(R, P, K_m) 和 $Y_2 = Y_2 (R, P, K_n)$，若满足以下关系①：

$$Y_1 (R, P, K_m) < Y_2 (R, P, K_n) \quad (2-13)$$

则企业2相对企业1就实现工业绿色化，这是因为在相同的资源消耗和相同的污染物排放下工业产品产出实现增加，其经济含义为：增加工业产品产出而不会造成资源消耗与污染物排放的同步增加。由此，式（2-13）可以称为工业绿色化的一般判别依据，也称之为工业绿色化的狭义判别依据，本书将之称为工业绿色化的第一判别定理。

另外，还可以从工业产品产出的资源消耗函数与工业产品产出的污染物排放函数对工业绿色化进行判别，即与式（2-13）等价的判别依据为：

$$R_1 (Y, P, K_m) > R_2 (Y, P, K_n) \quad (2-14)$$

$$P_1 (Y, R, K_m) > P_2 (Y, R, K_n) \quad (2-15)$$

凡是满足式（2-14）条件，则企业2相对企业1就是工业绿色化，其经济含义为：减少工业资源消耗而不降低工业产品产出，也没有增加工业污染物排放量；凡是满足式（2-15）条件，则企业2相对企业1就是工业绿色化，其经济含义为：减少工业产品产出的污染物排放量而不降低工业产品产出，也没有增加工业资源消耗量。

之所以将式（2-13）、式（2-14）和式（2-15）作为工业绿色化的狭义判别依据，是因为上述判别依据仅仅是基于工业产品生产过程。如果从工业产品全生命周期视角看，生产过程、消费过程及其污染处理过程等都会对资源消耗和生态环境造成影响。以节能灯为例，尽管节能灯替代普通白炽灯形成了电能消耗的巨大节约，完全满足式（2-14）的判别依据，但实践表明，节能灯废弃后对土壤和水体污染破坏造成的生态损失价值远远超过了节能灯能源节约价值。因此，需要考虑工

---

① 从式（2-13）参数假设可以看出，本书研究的工业绿色化水平是在资源消耗与污染物排放控制下的工业产品产出问题，即是讨论实物资源消耗与生态环境损耗和工业产品产出的关系问题，与资本投入多少无关。

业产品全生命周期并测度工业产品全生命周期的生态环境损耗总量。

定理 2-2：工业绿色化第二判别定理：基于工业产品全生命周期下的企业 1 和企业 2 的产品（服务）、要素与环境关系函数分别为：$Y_1 = Y(\sum_{i=1}^{a} R_i, \sum_{i=1}^{b} P_i, \sum_{i=1}^{c} K_i)$ 和 $Y_2 = Y(\sum_{i=1}^{m} R_i, \sum_{i=1}^{n} P_i, \sum_{i=1}^{p} K_i)$。其中，$Y$ 表示企业从生产过程、消费过程及污染物处理过程等工业产品全生命周期中形成的产品与服务总价值，a、b、c 依次为企业 1 生产某一工业产品在工业全生命周期中投入要素种类、污染物排放种类和资本投入种类，m、n、p 同理，$\sum_{i=1}^{a} R_i$ 和 $\sum_{i=1}^{m} R_i$ 表示企业 1 和企业 2 的产品全生命周期中消费的资源、能源、物质等要素投入的总价值，$\sum_{i=1}^{b} P_i$ 和 $\sum_{i=1}^{n} P_i$ 表示企业 1 和企业 2 的产品全生命周期产出的污染物对生态环境的损耗总价值，$\sum_{i=1}^{c} K_i$ 和 $\sum_{i=1}^{p} K_i$ 表示企业 1 和企业 2 的产品全生命周期生产的资本投入。那么，一个产业内企业间替代是否能实现工业绿色化，将取决于是否满足以下判别条件：

$$Y_1\left(\sum_{i=1}^{n} R_i, \sum_{i=1}^{n} P_i, \sum_{i=1}^{n} K_{1i}\right) < Y_2\left(\sum_{i=1}^{n} R_i, \sum_{i=1}^{n} P_i, \sum_{i=1}^{n} K_{2i}\right) \quad (2-16)$$

式（2-16）的经济含义为：在同等的要素投入与同等的生态环境损耗条件下，企业 2 相对企业 1 实现了工业产品（服务）产出的增加，即要素利用效率和生态环境利用效率均实现了帕累托改进，也就实现了工业绿色化。与狭义判别依据相对，该判别依据称为工业绿色化的广义判别依据，本书将之称为工业绿色化的第二判别定理。

与式（2-16）等价，还可以从工业产品全生命周期的要素投入和工业产品全生命周期的生态环境损耗两个方面对工业绿色化进行判别。

$$R_1\left(\sum_{i=1}^{n} Y_i, \sum_{i=1}^{n} P_i, \sum_{i=1}^{n} K_{1i}\right) > R_2\left(\sum_{i=1}^{n} Y_i, \sum_{i=1}^{n} P_i, \sum_{i=1}^{n} K_{2i}\right) \quad (2-17)$$

$$P_1\left(\sum_{i=1}^{n} Y_i, \sum_{i=1}^{n} R_i, \sum_{i=1}^{n} K_{1i}\right) > P_2\left(\sum_{i=1}^{n} Y_i, \sum_{i=1}^{n} R_i, \sum_{i=1}^{n} K_{2i}\right)$$

(2-18)

式（2-17）的经济含义为：在同等的工业产品（服务）产出与同等的生态环境损耗条件下，企业2相对企业1实现了工业投入要素的下降，即要素利用效率实现了帕累托改进。式（2-18）的经济含义为：在同等的工业产品（服务）产出与同等的工业投入要素条件下，企业2相对企业1实现了生态环境损耗的减少，即生态环境利用效率实现了帕累托改进。产业内企业间替代满足式（2-16）、式（2-17）和式（2-18）中任意一个都是工业绿色化。

五 工业绿色化的理论再认识

从理论上看，本书已经证明工业绿色化可以被作为新经济增长点也就是工业经济发展新动能来培育。然而，在实践中，推动工业绿色化过程中也会造成许多新的问题，必须重新认识工业绿色化问题。

首先，工业绿色化必须考虑产业替代的路径依赖问题。产业之间相互替代，是工业绿色化形成的前提条件，也是工业经济增长与生态环境保护"双赢"的基本保障。然而，诺斯指出，制度矩阵的内部依存网络产生了很大程度的报酬递增，造成了长期路径就是有效率的，即使是低绩效的路径[1]，正是这种路径依赖制约了产业内企业间甚至是新兴绿色的高生态环境绩效产业对传统污染的低生态环境绩效产业的替代。以汽车产业为例，推动新能源汽车替代传统汽车，是减少油气资源消耗和二氧化碳排放的有效手段。2017年工业和信息化部、国家发展改革委和科技部联合颁布《汽车产业中长期发展规划》强调，

---

[1] 道格拉斯·C.诺斯：《制度、制度变迁与经济绩效》，杭行译，格致出版社、上海三联书店、上海人民出版社2014年版，第112—113页。

要"逐步提高公共服务领域新能源汽车使用比例,扩大私人领域新能源汽车应用规模",并且要"引导生产企业不断提高新能源汽车产销比例"。然而,新能源汽车是否能够替代传统汽车,将取决于消费者在消费新能源汽车和传统汽车两个商品的消费者效用问题,或者说是消费者以新能源汽车消费替代传统汽车消费能否实现对消费效用的帕累托改进问题。从当前汽车消费实践看,传统汽车形成的油气站点网络、汽车维修服务网络等市场空间布局非常完善,而新能源汽车对传统汽车的替代所需要的制度安排还没有完全形成,如新能源汽车还存在动力不足、一次充电行程不足、充电时间过长、充电网点不完善等诸多问题,基于消费者长期消费效用最大化考虑,已经拥有传统油气汽车的消费者由于消费习惯的路径依赖,加之新能源汽车消费过程中存在的诸多新问题,最终导致新能源汽车替代传统油气汽车的比例依旧相对较小。总之,尽管从全球汽车产业发展趋势上看,汽车产业的确是朝绿色化方向转型,但是从中国看,由于中国汽车产业中新能源汽车对传统汽车替代所需要的相关制度安排尚未完全形成,造成消费新能源汽车更多的是"新增"的汽车消费群体,而非"替代"的消费群体,这种工业化并不是工业绿色化。

其次,工业绿色化必须兼顾替代产业的产能过剩问题。2015年年底中央经济工作会议首次提出"三去一降一补"五大任务,其首要任务就是去产能,要求"严格控制增量,防止新的产能过剩"。本书已经证明,理论上,在满足替代关系条件下,清洁型产业替代污染型产业,可以实现工业绿色化,也就同时实现了在资源消耗与生态环境不会变得更差的前提下,实现了工业经济的增长,换句话说,工业绿色化是可以作为支撑经济发展的新增长点和经济发展的新动能来培育。在政策上,近两年国家所出台的环保产业发展与生态文明建设等领域相关政策文件也多次提出把工业绿色化、产业绿色化、环保产业等作为经济社会发展的新动力来培育,如《中共中央国务院关于加快推进生态文明建设的意见》要求"加快发展绿色产业，形成经济社会发展新的增长点"。在实践中也可以发现，地方政府以工业绿色发展为导向，培育绿色发展新动能，支撑地方工业跨越式发展。这里仍然以新能源汽车为例，在中国从中央政府到各省级政府，乃至众多地级市政府，都把汽车产业或新能源汽车作为本地区工业发展的支柱产业。在此过程中，新能源汽车发展规模不断壮大，全国新能源汽车产业园建设加速推进，然而，受到汽车消费习惯的路径依赖和国内消费者对新能源汽车的消费偏见认识等影响，传统汽车消费并未受到新能源汽车消费的替代，新能源汽车产业受政策驱动影响，并没有有效结合市场消费需求实际，造成新能源汽车产业和新能源汽车产品的过度发展，形成了新能源汽车产业新的产能过剩问题[1]。

再次，工业绿色化必须解决工业产品市场供求结构失衡问题。党的十九大报告提出，"新时代中国社会主要矛盾已经转化为人民日益增长的美好生活需要和不平衡不充分的发展之间的矛盾"[2]，而市场消费需求结构的多样性决定了市场工业产品供给结构的多样性。然而，在清洁型产品替代污染型产品或者说是传统型产品过程中，由于清洁型产品在生产过程中相对污染型产品具有较高的生产成本，故清洁型产品市场价格要高于传统型产品。一方面，当通过行政规制限制传统产品生产规模时，市场中传统产品消费供给不足，而一部分人的收入又不足以支撑相对较高价格的清洁型产品，导致市场工业产品供给的结构性失衡。另一方面，长时期消费习惯的养成，针对一部分商品的

---

[1] 2017年4月，工信部、国家发展改革委、科技部联合印发《汽车产业中长期发展规划》提出，到2020年，国内新能源汽车年产销量达到200万辆。而据中国汽车流通协会发布的数据，中国新能源汽车产业的产能过剩问题已经相当严重。2015年至2017年6月底，国内已落地的新能源整车项目超过了200个，相关投资金额高达10000亿元以上，各类车企已经公开的新能源汽车产能规划超过2000万辆，是《汽车产业中长期发展规划》中设定目标的10倍。按照规划，这些项目大多将在2020年之前建成投产，显示国内新能源汽车市场的产能过剩已现端倪。

[2] 《习近平关于社会主义生态文明建设论述摘编》，中央文献出版社2017年版。

免费配套物,消费者习惯于不支付成本,也并没有养成环保意识。"限塑令"便是有力证明。在"限塑令"出台的同时,市场推出绿色环保编织袋和环保手提包,并且规定对塑料袋有价使用,在"限塑令"执行初期,在超市、商场等正规场所,"限塑令"并没有导致塑料袋出现明显的利用减少和循环利用,而只是增加了消费者购买绿色环保编织袋和被限的塑料袋的消费成本;而在一些非正规市场,如菜市场、农贸市场等,商家为了消费者购买方便,通过非法途径购买被限塑料袋,使得"限塑令"的环保价值大打折扣。

最后,工业绿色化必须权衡替代产品消费后生态环境潜在损害风险问题。以清洁型产品替代污染型产品是工业绿色化的最直接行为选择,完全符合工业绿色化的第一判别定理。但是在替代过程中,如果不满足工业绿色化的第二判别定理,那么这种替代过程就并非工业绿色化,甚至可能造成生态环境破坏。举例来讲,假设有 A 和 B 两种产品,生产 A 和 B 两种产品成本相同,为达到政府废物排放要求,企业改进产品 A 生产过程相对产品 B 生产过程将可以节省更多的成本。从企业决策结果看,在存在政府环境规制时,肯定会选择生产产品 A 而淘汰产品 B,这一决策过程完全满足工业绿色化的第一判别定理。但是,若产品 A 消费后对生态环境的损害要远远高于产品 B,那么满足工业绿色化的第一判别定理的企业决策过程并不满足工业绿色化的第二判别定理。在现实工业经济活动中,符合工业绿色化的第一判别依据而不符合第二判别定理的案例也非常多,如以有机材料产品替代钢铁等金属材料产品为例,在节能减排领域呈现出显著改善,然而,钢铁等金属材料产品消费后可以回收并循环利用,即使不回收也不会对生态环境造成严重损坏,然而,部分有机材料产品存在循环利用困难和循环利用成本较高等特点,导致其回收利用率较低,并且被丢弃在自然环境中也不能够在短期内自动净化,导致有机材料产品对生态环境形成长期的难以估量的损害。

第三节 工业绿色化的影响因素

工业绿色化的影响因素涵盖了技术创新、环境规制、人口、资源、地理空间、社会制度、社会环境等多种因素,而现有关于工业绿色化影响因素的研究基本都是将工业绿色化的限制因素与发动因素或者说是客观因素与主观因素混为一谈,如刘红明将工业绿色化的影响因素分为宏观因素、中观因素和微观因素三个方面进行分析[①],这种研究思路尽管在理论上有利于将工业绿色化的影响因素进行系统归纳和总结梳理,但在实践中却不利于明晰通过哪些因素可以发挥积极主动性并推动工业绿色化。基于现有文献研究存在的不足之处,并借鉴张培刚教授《农业与工业化》一书中关于工业化影响因素的基本研究思路,本章在梳理工业绿色化的影响因素基础上,首先,回答了什么是工业绿色化的发动因素和限制因素;其次,回答了为什么要从工业绿色化发动因素即技术创新和环境规制视角研究工业绿色化;最后,重点论述了工业绿色化的发动因素即技术创新和环境规制的本质内涵,并简要论述了工业绿色化的限制因素。

一 工业绿色化的影响因素总结

工业绿色化是世界各国和地区在工业化过程中和在自然资源与生态环境双重约束下由工业文明形态向生态文明形态转变的关键所在,也是建立人与自然生命共同体的必经路径。不同工业发展进程和发达程度的国家和地区,其工业绿色化的影响因素并不完全一致。一般来讲,一个国家或地区工业绿色化进程的深度和广度,既取决于该国或

---

① 刘红明:《工业绿色化的内涵及影响因素分析》,《现代经济探讨》2008年第11期。

地区工业绿色化发动因素的强弱,也取决于工业绿色化限制因素的调控能力与化解能力的大小。然而,现有关于工业绿色化影响因素的研究文献较少,并且现有理论研究基本都将工业绿色化的限制因素和发动因素统一论述、混为一谈,并未加以有效区分。

中国发展经济学的重要奠基人之一张培刚教授于1949年在哈佛大学出版社出版的《农业与工业化》一书中,在研究农业国工业化问题时,将影响工业化进程的因素归纳为人口(包括数量、结构和地理空间分布)、资源(包括种类、数量和地理空间分布)、社会制度(也就是生产要素所有权分配)、生产技术(包括技术发明、技术创新、技术改进等)和企业创新管理能力(即能够改变要素之间的组合)五个主要方面。张培刚教授进而认为,这五类因素按照特征属性和对工业化影响的差异,可再分为两类,一类是发动因素,即能够直接推动经济长期持续增长、促进社会生产力发生变革以及经济结构发生转变的根本性的决定力量;另一类是限制因素,指长期影响和制约工业化过程的最本原的因素。据此,他认为前者涵盖生产技术和企业创新管理能力,后者则涵盖人口和资源。至于社会制度,张培刚教授认为,它既是限制因素也是发动因素,然而在之后的《农业与工业化：农业国工业化问题再论》一书中,他假定社会制度为外生给定,并未作讨论[①]。

工业绿色化影响因素的研究,在一定程度上可以借鉴张培刚教授关于工业化影响因素的研究思路。然而,经过比较发现,工业化影响因素的分类方法不完全适用于工业绿色化,针对工业绿色化与工业化二者差异性,其中至少存在两点需要调整和改进。

一是工业化的社会制度类别不能够覆盖工业绿色化的社会制度。

---

① 张培刚:《农业与工业化：农业国工业化问题再论》,中国人民大学出版社2014年版,第100—101页。

张培刚教授将涵盖人的和物的生产要素所有权分配归纳为社会制度范畴，而从工业绿色化视角看，除了明晰投入要素（生产要素）所有权分配问题，还需要明晰产出要素（废弃物）所有权分配问题，也就是生态环境产权分配问题。由于产出要素（废弃物）所有权分配问题对工业化基本不存在直接影响，关于产出要素（废弃物）所有权分配问题在工业化影响因素中也就完全没有涉及。但在工业绿色化进程中，其核心议题就是研究工业经济增长与生态环境保护的关系问题，必须考虑工业发展的外部性问题，也就是产出要素（废弃物）所有权分配问题。因此，可将张培刚教授关于生产要素所有权分配的社会制度称之为狭义的社会制度，并将环境规制这一生态环境产权制度从社会制度中剥离出来并单列。

二是生产技术与企业创新管理能力统称为技术创新指标。生产技术和企业创新管理能力在本质上对工业绿色化影响是一致的，都是通过促进传统生产方式和生产过程变革、产业结构调整来提高劳动生产率。二者的区别在于，生产技术是从宏观层面和绩效层面对创新的表现与结果进行论述，这也是推动工业绿色化的宏观指标度量，而企业创新管理能力则是从企业微观层面论证企业家行为对工业绿色化生产函数的结构组合优化过程，是推动工业绿色化的微观度量指标[①]。在实证过程中，由于统计数据的可获得性制约，宏观层面度量指标（生产技术）比较好收集，而微观层面度量指标（企业创新管理能力）则难以获取，测度起来也比较困难，并且从理论研究看，现有理论研究基本上也是沿用技术创新指标（宏观层面指标）。因此，本书将生产技术和企业创新管理能力合并为技术创新指标，以便于接下来进行实证研究。

---

① 将生产技术与企业创新管理能力统称为技术创新，除了上述原因外，一个更重要的原因是为后文实证研究作准备。因为在微观层面论证企业家技术创新对工业绿色化的影响存在统计数据缺失问题，现有条件难以进行实证研究；另外，生产技术推动工业绿色化，一个重要的解释就是企业家创新的推动作用，或者说是企业家创新是生产技术形成的一个重要基础因素。

据此，可将工业绿色化影响因素归纳为：（1）人口（包括数量、结构和地理空间分布）；（2）资源（包括种类、数量和地理空间分布）；（3）狭义社会制度（也就是生产要素所有权分配）；（4）技术创新（包括技术发明、技术创新、技术改进、企业家创新等）；（5）环境规制（也就是生态环境所有权分配）。

二 工业绿色化的发动因素和限制因素界定

在不同的经济社会发展阶段，影响经济社会发展的外在因素的重要程度也不相同。刘易斯在研究经济增长时对是否要考虑自然资源时指出，影响经济增长的因素繁多，不单是经济学的问题，还有社会学的问题，只有在自然资源影响到人的行为时才论及自然资源[①]。研究工业绿色化也是如此。全球工业化进入21世纪以来，长期的污染排放形成的负外部性积累已对生态环境造成了严重的破坏，影响到了人类的正常生产生活，这种负外部性已经到了危及人类生存和可持续发展的紧要关头，人类的工业化走向工业绿色化不仅必要，而且时间紧迫。

自党的十八大以来，技术创新对工业绿色化的重要性在理论指导和发展实践中频频被提及。在理论上，党的十九大报告更是将技术创新定位为引领发展的第一动力，是建设现代化经济体系的战略支撑[②]。习近平总书记高度重视技术创新对经济社会环境发展的重要性，在许多重要场合的讲话中均强调，要突破自身发展瓶颈、解决深层次矛盾和问题，根本出路就在于创新，关键要靠科技力量。在实践中，《工业绿色发展规划（2016—2020年）》《关于加强长江经济带工业绿色

---

① 阿瑟·刘易斯：《经济增长理论》，周师铭、沈丙杰、沈伯根译，商务印书馆1999年版，第2页。

② 习近平：《决胜全面建成小康社会 夺取新时代中国特色社会主义伟大胜利——在中国共产党第十九次全国代表大会上的报告》，新华社，2017-10-27，http：//www.gov.cn/zhuanti/2017-10/27/content_ 5234876. htm.

发展的指导意见》、《坚决打好工业和通信业污染防治攻坚战三年行动计划》等国家和区域发展战略更是有效例证。如《关于加强长江经济带工业绿色发展的指导意见》在总体要求中强调，要强化技术创新和政策支持，加快传统制造业绿色化改造升级，不断提高资源能源利用效率和清洁生产水平，引领长江经济带工业绿色发展。

技术创新对工业绿色化意义重大且不容置疑。然而库兹涅茨认为，不断的技术进步是经济增长的源泉，但它只是一种潜力，而非必然实现经济增长，要使技术得到有效的和广泛的利用，并使技术本身的进步通过这种利用而受到激励，那就必须进行制度上和思想意识上的调整[1]。即技术、制度和思想成为决定经济增长的三个基本条件。从工业绿色化视角看，Acemoglu 等研究指出，技术创新既可以通过偏向于清洁型技术创新推动工业绿色化，也可以通过偏向于污染型技术创新抑制工业绿色化[2]。因此，必须通过环境规制途径改变技术创新方向的走向问题。新制度经济学代表人物诺斯将新古典经济分析与制度分析结合起来，用以解释制度如何影响经济决策及经济决策如何逐渐地改变制度[3]，这一思想可以用于分析环境规制对工业绿色化的影响过程。基于新制度经济学视角，可以针对环境规制对工业绿色化的影响进行有效解释。一方面，基于产权视角对工业绿色化的解释为，工业绿色化水平较高的国家或地区之所以有较高的工业绿色化水平是因为它们的制度约束界定了工业经济活动外部性的一系列支付，而这些支付鼓励教育与技能学习、资本扩张、新技术，并因此鼓励了工业绿色化；相反，工业绿色化水平较低的国家或地区之所以有较低的工业绿

---

[1] Kuznets S., Modern Economic Growth: Findings and Reflections, *American Economic Review*, 1973, 63 (3): 247-258.

[2] Acemoglu D., Aghion P., Bursztyn L., et al., The Environment and Directed Technical Change, American Economic Review, 2012, 102 (1): 131-166.

[3] 斯坦利·L. 布鲁、兰迪·R. 格兰特：《经济思想史》，邸晓燕等译，北京大学出版社2008年版，第313页。

色化水平是因为它们的制度界定不鼓励工业绿色化的工业经济活动的一系列支付。另一方面,基于价格视角对工业绿色化解释为,环境规制影响人类选择是通过塑造动力和建立社会交易的基本规则而实现的,其在生态环境市场失灵时创新性地提出"获得正确的价格"的问题[1],通过环境规制手段,对生态环境资源重新定价,并通过市场自由交易和市场竞争机制实现生态环境市场资源配置效率的最大化。

借鉴张培刚教授关于工业化发动因素和限制因素的概念界定思路,并基于工业绿色化本质内涵,本书对工业绿色化发动因素和限制因素分别界定如下:工业绿色化的发动因素是指在工业绿色化进程中能够有效地减少工业资源能源消耗、提高资源能源利用效率,减少工业废弃物排放、推动工业绿色低碳发展,变革工业生产方式、调整工业产业结构,推动工业技术进步、提高工业生产效率的因素;工业绿色化的限制因素是指那些长期客观存在并在短期内难以改变的制约并控制着工业绿色化进程的方向与速度的因素。据此分析,推动工业绿色化的发动因素就是技术创新和环境规制两个方面;人口、资源、狭义社会制度则属于工业绿色化的限制因素,关于工业绿色化的限制因素又可细分为自然方面的限制因素和社会方面的限制因素,前者如人口、资源等,后者如社会文化、狭义社会制度等。关于社会方面的因素,由于与本书主题关系不大,故不作讨论。下文重点讨论与工业绿色化密切相关的自然方面的限制因素,即重点讨论人口、资源与环境三大因素。

三 工业绿色化发动因素:技术创新

技术创新理论的经典论述首推熊彼特的创新理论。熊彼特在1911

---

[1] V. 奥斯特罗姆、D. 菲尼、H. 皮希特:《制度分析与发展的反思》,王诚等译,商务印书馆1992年版,第3页。

年《经济发展理论》一书中提出了"经济增长的非均衡变化"思想[①]，随后在1928年首次提出"创新是一个过程"的认识[②]，并在《商业周期》（1939年）和《资本主义、社会主义和民主主义》（1942年）中对创新作了比较系统的阐述，熊彼特创新理论由此形成。熊彼特认为，创新是"生产要素的重新组合"过程，并列举了创新的五种具体形式。熊彼特创新理论成为世界各国研究技术创新的起点，但比较遗憾的是，熊彼特并没有对技术创新概念进行明确界定。自此之后，国内外理论界在熊彼特创新理论基础上，对技术创新进行了全面分析和深入研究。

1951年，索罗首次提出了技术创新成立需要具备两个条件，即新思想来源和以后阶段发展的实现[③]，索罗的技术创新"两步论"观点被理论界认为是研究技术创新概念界定的里程碑，后来所有关于技术创新的界定都没有能够脱离新技术新产品研发和新技术新产品的产业化、市场化或商业化这两个论点。如伊诺斯在《石油加工业中的发明与创新》中从集合论视角首次对技术创新概念进行界定，认为技术创新是发明选择、资本投入保障、组织建立、制订计划、招用工人和开辟市场等多种行为综合的结果[④]。林恩认为技术创新是始于技术的商业潜力的认识而终于将其完全转化为商业化产品的整个行为过程[⑤]。弗里曼认为，技术创新是一个技术的、工艺的和商业化的全过程，可导致新产品形成与新技术工艺的商业化应用[⑥]。美国国家科学基金会将技术创新定义为将新的或改进的产品、过程或服务引入市场。缪赛

---

① Schumpeter J., *The Theory of Economic Development*, Harvard University Press, 1934.

② Schumpeter J., The Instability of Capitalism, *The Economic Journal*, 1928, 38 (151): 361–386.

③ Solo C. S., Innovation in the Capitalist Process: A Critique of the Schumpeterian Theory, *The Quarterly Journal of Economics*, 1951, 65 (3): 417–428.

④ 傅家骥：《技术创新学》，清华大学出版社1998年版，第6—7页。

⑤ 同上。

⑥ 同上。

尔对20世纪以来的关于技术创新概念和定义经过梳理、归纳和综合后将其定义为：以其构思新颖性和成功实现为基本特征的有意义的非连续性事件①。然而，国内理论界研究技术创新概念起步较晚，从现有关于技术创新概念的相关研究成果上看，几乎都是围绕索罗的技术创新"两步论"观点展开研究，并没有实质性的新观点，显示出索罗的技术创新"两步论"观点的精准性与前瞻性。如清华大学傅家骥教授将技术创新定义为：技术创新是企业家抓住市场的潜在盈利机会，以获得商业利益为目标，重新组织生产条件和要素，建立起效能更强、效率更高和费用更低的生产经营系统，从而推出新的产品、新的生产（工艺）方法、开辟新的市场、获得新的原材料或半成品供给来源或建立企业的新的组织，它是包括科技、组织、商业和金融等一系列活动的综合过程②。

尽管本书用了技术创新一词，但本书认为，技术发明和技术进步也属于技术创新的范畴，因此，本书的技术创新是一个广义的创新范畴。对于所有国家和地区而言，技术创新是工业绿色化的发动因素之一，也是最核心的动力。技术创新源自内部研发和外部学习，技术创新在不同发展阶段和发展模式的国家或地区中形成机理不同，并且其对经济发展所起的作用也不相同。一个市场不发达和开放度不高的国家或地区的技术创新主要依靠自身的研发创新来提升本国或本地区的技术创新能力。通过外部性来消化、吸收和再创新从而获得适宜于本国经济发展的技术则被认为是后发国家和地区赶超先发国家和地区的重要路径③。新古典增长理论指出，人口增长率、储蓄率和技术水平决定经济增长率，只有技术进步才能够实现经济持续增长④，但是新

---

① 傅家骥：《技术创新学》，清华大学出版社1998年版，第6—7页。
② 同上书，第13页。
③ 张培刚：《农业与工业化：农业国工业化问题再论》，中国人民大学出版社2014年版，第119—125页。
④ Solow R. M. , Contribution to the Theory of Economic Growth, *The Quarterly Journal of Economics*, 1956, 70（1）: 65 – 94.

古典增长理论不能够解释经济增长的内生动力问题,内生增长理论由此形成。基于此,工业经济依靠资源高消耗实现经济高增长并带来废物高排放的规模化发展模式转变为投入与污染同步减少而产出不变甚至是增加的高质量发展模式才真正有了经济理论支撑。因此,有必要对内生增长理论及其观点进行梳理。

内生增长理论发展比较成熟,经过对国外文献的梳理,可将内生增长理论分为以下四个领域:一是基于资本积累的内生增长模型。在 20 世纪 90 年代早期,Lucas、Romer 等强调物质资本和人力资本内生积累,弱化研发投资[1][2];Aghion 和 Howitt、Grossman 和 Helpman 等则将研发置于模型核心位置,并认为研发是技术进步的源泉[3][4]。但随后 Howitt 等修正了之前的研究假设,并将资本积累引入到研发投资模型中,形成资本积累与创新并重的熊彼特式增长模型[5][6]。实践证明也的确如此,技术创新往往需要较高的资本积累,而雄厚的资本积累往往也有利于技术创新的实现。二是基于路径依赖的内生增长模型。技术创新的路径依赖具体表现为:技术先入者通过规模经济占领市场并降低生产成本和消费成本,再通过市场学习和推广,在技术知识累积渐进获取约束下,成为消费者生活习惯的一部分,形成自我循环并不断强化。Redding 在内生增长模型基础上,引入技术变革的路径依赖,辅助

---

[1] Lucas R. E., On the Mechanics of Economic Development, *Journal of Monetary Economics*, 1988 (22): 3-42.

[2] Romer P. M., Endogenous Technological Change, *Journal of Political Economy*, 1990, 98 (5): 71-102

[3] Aghion P., Howitt P., Research and Development in the Growth Process, *Journal of Economic Growth*, 1996, 1 (1): 49-73.

[4] Grossman G. M., Helpman E., Trade, Knowledge Spillovers and Growth, *European Economic Review*, 1991, 35 (2-3): 517-526.

[5] Howitt P., Aghion P., Capital Accumulation and Innovation as Complementary Factors in Long Run Growth, *Journal of Economic Growth*, 1998, 3 (2): 111-130.

[6] Aghion P., Growth and Development: a Schumpeterian Approach, *Annals of Economics & Finance*, 2004, 5 (1): 1-25.

知识开发的历史路径影响着目前基础性知识的研发动力,即当辅助知识开发得比较充分,基础知识将处于技术锁定状态,这将不利于技术先发国家的创新而有利于落后国家的技术赶超,该理论模型为技术创新的周期性提供了理论依据①。三是基于产业关联的内生增长模型。技术创新对经济增长的影响具有差异性,据此可根据技术创新对经济增长的影响将产业领域分为技术支撑型产业与关联带动型产业,技术支撑型产业具有技术依托性强、产业外溢性高和产业带动性大的特征,如电子信息、装备制造、能源化工等行业,由于存在较强的产业关联效应,通过大力发展技术支撑型产业,可实现带动整个产业链做大做强,如中国高速铁路产业链、韩国现代汽车产业链、德国大众汽车产业链等。四是基于人力资本阈值的内生增长理论。Sorensen在内生增长模型中强调了学习和研发在经济增长中的作用,当人力资本低于阈值水平时,技能积累是支撑经济增长的唯一源泉;当人力资本高于阈值水平时,不仅是技能积累,还包括创新活动和学习,都能够推动经济增长②。因此,当人力资本水平达到阈值水平时,由于创新变得有利可图,就会引发内生制度变迁;而当人力资本积累较低、技能积累也不高,那么就缺乏支撑经济发展的动力,这一结论与欠发达的非洲国家当前经济发展实际比较一致。

总之,从当前理论研究看,技术创新的内生增长模型可通过资本积累、路径依赖、产业关联和门槛效应等影响经济增长,进而直接或间接影响工业绿色化。

四 工业绿色化发动因素:环境规制

除了技术创新外,环境规制是影响工业绿色化的另一个发动因素。

---

① Redding S., Path Dependence, Endogenous Innovation and Growth, *International Economic Review*, 2002, 43 (12): 1215 – 1248.

② Sorensen A., R&D, Learning and Phases of Economic Growth, *Journal of Economic Growth*, 1999, 4 (4): 429 – 445.

第二章 工业绿色化的理论分析

尽管早在新中国成立初期，中国便开始对工业污染问题进行相应约束和管理，但直到 21 世纪初才出现环境污染收费和排污权交易等环境规制手段。在早期，环境规制基本上是政府直接通过行政手段进行干预，如通过禁令、生产标准、转让许可等，最典型的就是由政府全权包办制定环境标准，市场和企业只需要执行。但是随着市场激励手段（以下简称市场手段）如排污权交易等规制工具的不断形成，与行政手段比较，市场手段显示出明显的灵活优越性。因此，市场手段不断替代行政手段并成为环境保护的主要政策工具，市场型环境规制的形成被称为环境规制内涵的初次修正。20 世纪 90 年代以来，以协会、个人为代表的社会群体积极主动参与到生态环境保护中，如生产绿色生态产品、制定绿色生态认证等，这些行为既不属于行政型环境规制，也不属于市场型环境规制，而是一种由社会群体广泛与自愿参与推进环境保护的行为手段。因此，环境规制内涵需要再次修正，在行政型环境规制和市场型环境规制的基础上，增加公众型环境规制[1]。到此，现有的环境规制手段基本可以被归纳为行政型环境规制、市场型环境规制和公众型环境规制三大类型。环境规制属于政府社会规制或社会管制的一部分，是在废弃物排放超出了生态环境的承载能力以至于不得不依靠政府强制力来实现人与自然和谐相处的一种环境政策行为。基于现有文献对规制与管制内涵的界定[2][3][4][5]，本书将环境规制定义为：以保护生态环境为基本目的和以政府、企业、协会、个体为参与对象的约束经济活动负外部性的一种主动或被动的行为规则。

---

[1] 赵玉民、朱方明、贺立龙：《环境规制的界定、分类与演进研究》，《中国人口·资源与环境》2009 年第 6 期。
[2] 植草益：《微观规制经济学》，中国发展出版社 1992 年版，第 1—2 页。
[3] W. Kip Viscusi, John M., Vernon, Joseph E. Harrington Jr., *Economics of Regulation and Antitrust* (4th Edition), The MIT Press, 1995: 295.
[4] 丹尼尔·F. 史普博：《管制与市场》，上海三联书店 1999 年版，第 45 页。
[5] 王俊豪：《政府规制经济学导论》，商务印书馆 2001 年版，第 2 页。

从国内外实践历程看，尽管环境规制对工业绿色化的推动作用十分明显，但是作为工业绿色化的发动因子，环境规制对工业绿色化影响具有双重功能：既可能通过激励工业企业技术创新推动工业绿色化，也可能由于提高了工业企业的运行成本而降低企业的创新能力进而抑制工业绿色化。

环境规制属于制度范畴，为深入认识环境规制的双重功能属性，首先应对制度的功能进行相应阐述。一方面，制度具有降低风险与成本的经济职能，舒尔茨从经济节约视角对制度的功能阐述为：降低交易费用、影响要素所有者之间风险配置、提供职能组织与个人收入之间的联系、确定公共品与服务的生产与分配[1]。诺斯从制度演进史视角对制度的功能界定为，制度提供了人类相互联系和相互影响的框架，它们确立了构成一个社会，或一种经济秩序的合作与竞争关系[2]；在整个人类史中人类设计出制度以创造秩序和降低交易的不确定性。与经济学的标准约束一起，它们规定了选择集合，决定了交易成本和生产成本，由此决定了从事经济活动的生产率与可行性[3]。另一方面，制度还具有优化分配的社会福利职能，林毅夫和鲁金特强调，制度的最基本功能就是节约——让一个或更多的人在增进自身福利的同时而不减少其他人的福利；提高自身福利而不牺牲别人的利益，可能是许多制度安排的主要动机。当把制度加诸他人的权力分配不均，且不同制度安排缺乏竞争时，制度的再分配功能可能居于主导地位[4]。概括来讲，舒尔茨和诺斯是侧重于经济成本视角对制度进行论述，而林毅夫和鲁金特则是从社会再分配福利视角对制度进行论述。

---

[1] 科斯、阿尔钦、诺斯：《财产权利与制度变迁》，上海三联书店1994年版，第251—265页。

[2] North D., *Structure and Change in Economic History*, Yale University Press, 1983：202.

[3] North D., Institutions, *Journal of Economic Literature*, 1991：202.

[4] Lin Justin Yifu, Jeffery B. Negent, *Handbook of Development Economics* (Vol. 3)：Institutions and Economic Development, Elsevier Press, 1995：2303 – 2368.

回到工业绿色化的研究主题可以发现，政府通过国家宏观调控激励那些有利于工业绿色化的企业而惩罚那些不利于工业绿色化的企业，并对参与企业的环境外部性权利进行规定，促进了排放产权交易和降低企业生产成本，故环境规制既涉及舒尔茨和诺斯的经济成本领域，也涉及林毅夫和鲁金特的社会福利再分配领域。因此，本书认为，在本质上，环境规制是通过测度工业企业生产的私人成本之间及私人成本与社会成本之间的差异进而调整企业之间及企业与生态环境之间的权利分配，以实现激励企业节能、减排和转型，最终达到社会整体工业绿色化。具体来看，一方面，利用不同企业私人成本之间的差异规范排放权，对排污强度较大的企业提高排放成本和对排污强度较小的企业给予排放补偿，并通过市场排放权交易，激发企业通过技术创新减少污染物排放以减少排放成本或获得更多的排放补偿，达到优化总量排放权资源在市场的优化配置的目的；另一方面，利用企业私人成本与社会成本之间的差异通过政府公权力即环境税收或绿色发展补贴，实现私人成本和社会成本相等，达到工业经济发展与生态环境保护"双赢"的目的。总之，环境规制使生态环境资源的产权在企业之间及其代际配置合理化，实现社会福利最大化，从而实现工业绿色化。

五 工业绿色化限制因素分析

人口、资源与环境是限制工业绿色化的重要因素。从当前世界各国发展看，在一些发展中国家，人口增长、资源消耗、环境破坏在人口生存压力下呈现出恶性循环格局，这些问题严重影响和制约着国家经济转型与绿色发展进程。因此，保持人口合理增长、提高人口质量，合理利用资源、提高资源利用效率，减少废物排放、改善环境质量，才能够实现经济社会可持续发展。以下从人口、资源和环境3个方面进行简要论述。

首先，人口因素。人口问题可从人口数量、分布、结构等方面展开具体论证，人口规模过小或过大、人口分布过于密集或过于分散等都不利于现代化与工业化发展，通过梳理相关文献观点，本书将人口因素对工业绿色化影响归纳为如下四大"陷阱"：一是"人口与资本积累陷阱"。新古典增长理论表明，人口增长过快将会导致人均资本存量和人均收入下降，下降的人均收入在消费弹性相对稳定下，整个国家的消费总量将会增加，以至于用于储蓄和投资的资本进一步减少；若产品在国内消费比例增加，那么国外出口比例也就相应地减少，国际收支盈余减少或赤字也就增加，这也就陷入"资本积累陷阱"。二是"人口与低端消费陷阱"。人均收入将决定消费水平和消费结构，人口增长速度快，家庭衣食住行消费都将增加，而人均收入则相对减少，为生存需要，家庭消费不得不以低端（劣质）工业消费品替代过去正常消费品，在人口快速增长时，家庭消费陷入"低端消费陷阱"。三是"人口与产业转型陷阱"。人口增长急需大量就业岗位，这就需要创造大量劳动密集型产业或让经济增长的速度超过人口增长的速度以满足就业需要；然而，当产业向智能化、现代化、信息化方向转型升级时，大量劳动密集型产业被智能机器人替代，这就造成社会失业，劳动就业压力和产业转型约束叠加使得产业发展进入低端持续演化的"产业转型陷阱"。四是"人口与人力资本陷阱"。人口增长过快，导致人均收入降低，在人均消费相对稳定前提下，人均资本存量明显减少，而幼儿抚养比则增加，因此家庭收入除去消费后用来投资子女教育的费用也就必然减少，家庭子女获得受教育机会缺失，人口增长也就只能形成人口规模增长而非人力资本增长，陷入"人力资本陷阱"。在上述"陷阱"作用下，发展中国家人口在快速增长时如果没有技术创新和高资本投资率，经济持续增长、产业结构转型、人力资本升级和消费结构升级等经济社会发展目标都难以实现，工业绿色化进程停滞甚至是倒退和恶化也就在所难免。

其次，资源因素（一般指自然资源）。资源密集型产业如煤炭、钢铁、石油等相对其他产业来看，由于其废物排放量大，是生态环境恶化的最主要承担者。从理论研究看，不论是"资源诅咒"还是"资源陷阱"[1][2]，其核心观点为：当一个国家或地区天然具有资源发展比较优势，就会依托于这些优势资源发展本国或本地区经济，导致没有其他产业或很少有其他产业支撑其经济发展，在资源枯竭、生态环境破坏等条件约束下，将会无其他产业支撑其可持续发展，并且其产业发展还会受到路径依赖制约，导致转型困难，形成对生态环境持续性破坏，如果政府制度不对这种发展模式进行引导和改变，这种破坏会持续到资源枯竭为止[3]。从传导机制上看，"资源诅咒"主要是通过挤出科技研发投资和对外贸易，并提高第二产业特别是工业比重，进而对工业绿色化造成负面影响[4]。从国内外发展实践看，资源大国俄罗斯、石油富集区中东地区国家、拉美地区委内瑞拉、中国山西省等国家和地区或多或少都存在这种情况。资源因素也不是绝对会对区域工业发展形成路径依赖并对生态环境造成破坏，通过环境规制手段和产业发展政策可破除路径依赖并实现产业转型和工业绿色化。英国和美国是工业革命时期资源型产业转型发展比较成功的国家，从它们的实践经验可知，政府政策保护扶助和企业家创业推动是基础，推动新兴产业培育和快速发展，是资源型国家成功转型的基本战略[5]。

最后，环境因素。地理环境是指某一国家或地区地理位置、地理环境、气候等自身客观因素和邻近另一国家或地区所带来的贸易、市

---

[1] Auty R. M., Industrial Policy Reform in Six Large Newly Industrializing Countries: The Resource Curse Thesis, World Development, 1994, 22: 11 - 26.

[2] Sachs J. D., Warner A. M., Natural Resource Abundance and Economic Growth, Nber Working Papers, 2005, 81 (4): 496 - 502.

[3] Mehlum H., Moene K., Torvik R., Institutions and the Resource Curse, Economic Journal, 2006, 116 (508): 1 - 20.

[4] 李江龙、徐斌：《"诅咒"还是"福音"：资源丰裕程度如何影响中国绿色经济增长？》，《经济研究》2018 年第 9 期。

[5] 周建波：《资源型经济何以成功转型——转型成功国家的转型战略和启示》，《经济问题》2013 年第 4 期。

场等市场邻近因素对自身发展工业绿色化造成的影响,其中后者对工业绿色化影响更大。"污染天堂"假说与环境库兹涅茨曲线假说可以对市场邻近和国际贸易形成的产业转移对本地区或国家工业绿色化的影响进行有效论证。根据环境库兹涅茨曲线假说,一个国家或地区经济发展到一定水平,即临界点,随着收入的持续增长,环境污染反而会降低。Grossman 和 Krueger 对环境库兹涅茨曲线假说解释为规模效应、技术效应和结构效应[1]。其中,地区层面和国家层面均存在结构效应,从跨国层面看,就是对国外投资本国已经淘汰的污染型产业或者说是将污染型企业转移到国外,这一结论获得国内外学者基于众多发展中国家研究成果的广泛支持[2][3][4],数据显示,1990—2008 年,发达国家通过贸易累积向发展中国家转移了 160 亿吨二氧化碳排放[5];从地区层面上看,一国国内先发地区对后发地区产业间合作与区际贸易也存在"污染天堂"效应,相当多的学者基于中国东中西部地区的研究对此观点进行了相应的实证检验[6][7]。

第四节 本章小结

本章从理论上对工业绿色化进行了全面的认识和系统的论证,主

---

[1] Grossman G. M., Krueger A. B., Environmental Impacts of a North American Free Trade Agreement, *Social Science Electronic Publishing*, 1991, 8 (2): 223 – 250.

[2] Cole M. A., Trade, the Pollution Haven Hypothesis and the Environmental Kuznets Curve: Examining the linkages, *Ecological Economics*, 2004, 48 (1): 71 – 81.

[3] 黄永明、陈小飞:《中国贸易隐含污染转移研究》,《中国人口·资源与环境》2018 年第 10 期。

[4] Grossman G. M., Krueger A. B., Environmental Impacts of a North American Free Trade Agreement, *Social Science Electronic Publishing*, 1991, 8 (2): 223 – 250.

[5] 管克江:《"污染天堂"与"以邻为壑"》,《人民日报》2012 年 7 月 24 日。

[6] 杨子晖、田磊:《"污染天堂"假说与影响因素的中国省际研究》,《世界经济》2017 年第 5 期。

[7] 张成、周波、吕慕彦、刘小峰:《西部大开发是否导致了"污染避难所"?——基于直接诱发和间接传导的角度》,《中国人口·资源与环境》2017 年第 4 期。

要回答了如下三个方面的问题：一是回答了什么是工业绿色化？本书将工业绿色化界定为：工业企业在面对生态环境约束下主动或被动地构建科技含量高、资源消耗低、环境污染少的产业结构和生产方式以实现可持续发展的过程，工业绿色化系统包含资源消耗子系统、废物排放子系统与工业转型绿色化子系统三个部分。中国工业绿色化体现了马克思主义中国化实践的时代发展性、西方可持续发展中国化探索的实践创新性、新时代中国特色社会主义的社会矛盾性和发展中大国中国基本国情的阶段特殊性四个主要特征。二是回答了工业绿色化的本质问题。工业绿色化本质上是由工业生态环境效率相对较高的企业持续不断地替代工业生态环境效率相对较低的企业并使之在整体上实现工业生态环境质量改善与工业经济增长的产业结构调整过程。工业绿色化在本质上可以实现工业经济增长与环境保护"双赢"的发展目的，批驳了国内部分理论界和地方政府官员关于经济发展与生态环境保护不能共存的错误观念，是对"绿水青山就是金山银山"这一新时代生态文明建设原则的有力论证。也就是说，工业绿色化可以被作为经济增长新动能来培育。但是推进工业绿色化必须考虑产业替代的路径依赖、兼顾替代产业的产能过剩、解决工业产品需求结构失衡和权衡替代产品消费后形成的潜在生态环境风险等实践问题。三是梳理了工业绿色化影响因素。通过借鉴张培刚教授关于工业化影响因素的研究思路，将工业绿色化的影响因素归纳为人口、资源、狭义社会制度、技术创新和环境规制五个部分；在此基础上界定了工业绿色化的发动因素和限制因素，并进而将技术创新和环境规制作为工业绿色化的发动因素，而将人口、资源、狭义社会制度等作为工业绿色化的限制因素。

第三章 技术创新与环境规制对工业绿色化影响的作用机理

国内现有理论研究多是侧重于实证分析技术创新与绿色发展之间的关系或环境规制与绿色发展之间的关系，较少学者能够从理论机理上针对技术创新对绿色发展的影响和环境规制对绿色发展的影响进行系统分析。鉴于现有文献研究不足之处，本章重点针对技术创新和环境规制对工业绿色化影响的作用机理进行全面系统的分析，并在此基础上引入拓展的 Acemoglu 等技术进步偏向模型，进一步针对技术创新与环境规制对工业绿色化的影响从数理模型上进行系统论证。

第一节 技术创新对工业绿色化影响的作用机理

技术创新对工业绿色化影响的作用机理过程复杂，包括工业创新直接引致要素配置结构、工业产业结构等发生变化与技术创新通过企业空间集聚形成的规模经济效应、市场流通形成的技术创新的市场溢出效应、市场溢出与国内外市场需求联动效应等以及技术创新的路径依赖效应和成本替代效应等因素。因此，本书将技术创新对工业绿色化影响的作用机理概括为直接作用机理、市场传导机制和路径依赖效应与成本替代效应三个方面（图3-1）。

第三章　技术创新与环境规制对工业绿色化影响的作用机理 / 77

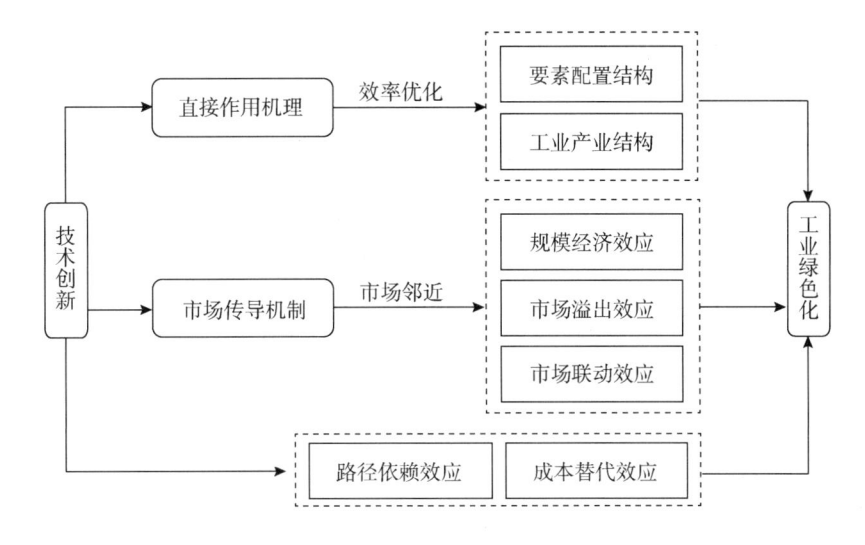

图 3-1　技术创新对工业绿色化影响的作用机理

一　技术创新对工业绿色化影响的直接作用机理

技术创新对工业绿色化的直接作用机理是技术创新对工业绿色化产生的直接影响，是通过作用于劳动力和生产设备实现提升人力资本效率和固定资产投资效率，并不依托市场的中介传导。

一方面，技术创新在工业经济发展过程中的直接作用就是优化了要素配置结构。从投入侧看，工业生产技术提升使得单位工业要素投入生产更多的产品，即提升了土地、水和能源等基本要素的利用效率。从产出侧看，在要素利用效率提升时，生产单位产品的废物排放规模也相对减少，工业生产技术提升实现了废物排放量的降低。由此，工业生产技术提升实现工业绿色化。在本质上，上述工业生产技术通过提升要素利用效率促进工业绿色化的变迁过程是通过作用于企业微观生产过程和生产函数实现的。在工业企业生产过程中，劳动力、资本、土地等各种生产要素在生产技术约束下形成各种生产可能组合，而工业绿色化过程就是通过技术创新调整原有的生产可能组合，使资源消耗、废物排放与工业转型处于最优组合，以实现在相同的产出水平上资源消耗与废物排放的减少，或在资源消耗与废物排放不增加前提下实现工业产出量的提升。但是值得注意的是，技术创新对工业企业全要素生产率的改进存在企业异质性和空间异质性①。另外，工业生产技术变迁既可以是连续不断的缓慢式前进，如中国封建社会农业生产过程中的农业技术进步，也可以是跳跃式前进，如工业革命以来每一次工业新旧动能转换给资本主义国家工业发展造成的冲击。对于后者，熊彼特的"破坏性创新"理论便是典型代表，"破坏性创新"理论指出，每一次大规模的创新都伴随着旧的技术和生产体系的淘汰和新的生产体系的建立，也可以说是旧的生产平衡的破坏及其在失衡过程中的创新完全耗尽为止，新的平衡就此建立，这就是创造性破坏②，在新的生产技术与生产体系下，工业企业旧的生产设备必然被淘汰和更新，这一更新过程最明显的效果就是提升资源利用效率和促进经济增长③。

另一方面，技术创新通过作用于工业产业结构变革和演化实现提升工业绿色化水平。企业异质性是阿尔弗雷德·马歇尔关于企业与产业演化理论的重要研究内容④，但这一假设在随后的主流经济学中由于研究需要而长期被相关研究忽视和简化掉。Bloch 和 Harry 在企业异质性假设前提下研究创新对产业结构演化的影响，他们认为，作为一个随机过程，创新使企业演进分化，消费市场提供了决定企业相对利

---

① 程惠芳、陆嘉俊：《知识资本对工业企业全要素生产率影响实证分析》，《经济研究》2014年第5期。

② 约瑟夫·熊彼特：《经济发展理论：对于利润、资本、信贷、利息和经济周期的考察》，何畏、易家详译，商务印书馆1991年版，第73—82页。

③ Aghion P., Howitt P., A Model of Growth through Creative Destruction, *Econometrica*, 1992, 60 (2): 323 – 351.

④ Marshall A., *Principles of Economics*, *Eighth Edition*, London: Macmillan Press, 1920.

润和成长的选择环境，进而决定了创新产品的市场化"去""留"问题。因此，企业技术创新的结果是，有利可图的企业技术创新将不断成长，而竞争过程中无利可图的企业技术创新将面临着萎缩甚至淘汰[1]。微观领域企业的"去""留"影响和决定了整个行业的宏观产业结构和产业层次。具体来看，具有创新优势和竞争优势的企业形成区域内集聚和产业内关联，而不具有竞争优势和创新优势的企业则被排除在这一圈层之外，最终导致由具有竞争优势和创新优势的企业构成企业集群主导整个行业，这一变迁过程逐渐导致行业内整个企业生产过程标准化和产品标准化。这一标准化过程就是技术创新对工业产业结构变迁的作用过程。故技术创新对产业结构升级的作用机理可归纳为：一是产业结构通过自我扬弃实现产业结构内部"优胜劣汰"与转型发展；二是产业结构通过外部刺激如研发经费和研发人员投入来影响产业结构升级，但是这一过程是被动的和不连续的；三是创新效率通过产业生产是否达到生产可能性边界来影响产业结构升级[2]。

总之，技术创新通过要素配置结构和工业产业结构两个方面对工业绿色化产生影响，虽然要素配置结构和工业生产结构改进都可以提升各种要素利用效率，但是这两个方面在经济发展视角上存在本质区别。优化要素配置结构可以实现减少资源消耗和废物排放，但还是会源源不断地消耗资源和排放废物；工业产业结构则明显不同，工业产业结构变迁是一个实质性的过程，如以太阳能替代石化能源可以实现不消耗资源和排放废物。因此，前者是一个量变过程，而后者是一个质变过程，只有要素配置结构量变积累才能形成工业产业结构的质变。

---

[1] Bloch, Harry, Innovation and the Evolution of Industry Structure, *International Journal of the Economics of Business*, 2018, 25 (1): 73–83.

[2] 付宏、毛蕴诗、宋来胜：《创新对产业结构高级化影响的实证研究——基于2000—2011年省际面板数据》，《中国工业经济》2013年第9期。

二 技术创新对工业绿色化影响的市场传导机制

顾名思义，技术创新对工业绿色化影响的市场传导机制需要通过市场外溢才能够实现，也就是借助技术创新形成的创新溢出效应，故也称技术创新对工业绿色化的间接影响。技术创新对工业绿色化影响的市场传导机制可归纳为技术创新通过企业空间集聚形成规模经济效应、通过市场邻近形成的市场溢出效应、通过市场邻近形成的市场溢出效应与国内外需求联动效应三个方面。

首先，技术创新通过垄断竞争与边际收益递增形成企业在某一区位的市场规模经济效应，从而实现企业生产效率提升和工业绿色化。克鲁格曼把人、财、物向城市集聚这种现象解释为，因为城市可以提供给人们更多的机会、更高的工资和更丰富的商品，而企业向城市集中是因为城市有更大的市场空间①②。马歇尔认为，生产的专业化投入、劳动市场的专业化分工以及知识溢出是产业空间集聚的内在原因③。藤田长久和克鲁格曼进一步对这种集聚现象的原因进行了阐述，劳动者在某一区域集聚及分工在专业化生产下支撑了专业化企业的形成和发展，生产更多差异化产品，降低消费者实际消费成本，从而增加了消费规模，加速了工人集聚，形成更大的规模经济效应④，这一过程是因果循环积累关系。Drucker 和 Feser 研究发现，某一地区某一特定行业中少数大型企业主导地位并没有限制区域集聚

---

① Krugman P., Increasing Returns and Economic Geography, *Journal of Political Economy*, 1991, 9 (3): 483-499.
② Krugman P., A Dynamic Spatial Model, *National Bureau of Economic Research Working Paper*, No. 4219, 1992.
③ 马歇尔：《经济学原理（上卷）》，商务印书馆1964年版，第265—286页。
④ Fujita M., Krugman P., When is the economy monocentric?: von Thünen and Chamberlin unified, *Regional Science and Urban Economics*, 1995, 25 (4): 505-528.

经济，也没有限制和降低小企业集聚经济绩效[①]，这表明集聚形成的规模经济为区域内所有企业共享。新经济地理学理论认为，空间集聚是收益递增的外在形式，收益递增则是空间集聚的经济本质，也是各种产业和经济活动在空间相互作用下所产生的正外部经济效应并向一定区域靠近的向心力。空间集聚与产业集聚同步进行，当收益递增不断降低并转变为收益递减时，空间集聚达到最大值，向心力也就转变为离心力，各种产业和其他要素也由空间集聚向空间扩散转变。如果不通过其他力量使向心力小于离心力发生变化，空间集聚形成的规模经济效应将逐渐消失。从现实情况看，劳动力拥挤及其空间生活成本上升是空间集聚离心力不断增加并超过向心力的最主要原因。

其次，技术创新通过市场邻近形成技术外溢与人力资本外溢推进工业绿色化。在内生增长理论中，人力资本和创新知识具有典型的非竞争性和非排他性，邻近高人力资本和高技术研发中心，可以优先获取最前沿的信息和共享最优质的人力资本。现实中一个最明显的案例就是邻近大型产品市场，制造业企业能够有效节约交通成本和信息成本实现规模经济效益[②]。Glaeser 等利用不同规模城市工业增长数据进行实证，结果显示，知识溢出由于城市中人与人之间交流广泛而在城市中特别有效[③]。另外，邻近大型市场，还可以充分利用大型市场成熟的市场机制和完善的市场服务带动本地区经济运行效率改进。因此，张培刚教授指出，技术扩散能促使创新在更大范围内产生经济效益和

[①] Drucker J., Feser E., Regional Industrial Structure and Agglomeration Economies: An Analysis of Productivity in Three Manufacturing Industries, *Regional Science and Urban Economics*, 2012, 42 (1): 1-14.

[②] 赵罡、石敏俊、杨晶:《市场邻近、供给邻近与中国制造业空间分布——基于中国省区间投入产出模型的分析》,《经济学（季刊）》2012 年第 3 期。

[③] Glaeser E. L., Kallal H. D., Scheinkman J. A., et al., Growth in Cities, *Journal of Political Economy*, 1992, 100 (6): 1126-1152.

社会效益，推动国家产业技术进步和产业结构优化[1]。然而，技术创新的空间溢出效应并不是对所有地区和全部产业都具有相同的影响，创新的溢出效应存在空间异质性和行业异质性。一方面，从空间视角看，知识溢出的程度存在地域限制，区位对创新的影响程度取决于经济活动的类型、行业生命周期的阶段以及地点内活动的结构[2]。Head 和 Mayer 使用日本公司在欧洲国家选择的区域样本发现，市场潜力对企业区位选择至关重要[3]。Harris 对美国东北部制造业带的空间集聚研究也证实了关联产业的空间集聚是美国东北部区域空间产业带形成的重要原因[4]。但是，空间集聚所形成的空间溢出效应也可能是负效应，环京津贫困带便是典型例证。何仁伟等认为，京津地区在 2003 年前对环京津贫困带空间溢出效应为负，在 2003 年后负的空间溢出效应才有所改观[5]。另一方面，从产业异质性视角看，不同的产业类别，需要不同的技术作为发展支撑。Feser 就美国制造业市场技术外溢研究指出，高技术的测量和控制设备部门分享了大学与应用创新中心等生产性服务业的知识溢出[6]。因此，相对农业与生活服务业等产业，制造业和生产型服务业更需要前沿性的技术支撑。

最后，国内外市场需求与本地技术创新溢出形成市场联动效应，能够提升工业绿色化水平。一方面，国内国际两大市场存在互补性是市场创新形成联动的纽带，由此可以通过有效利用国外先进技术与管

---

[1] 张培刚：《农业与工业化》，华中工学院出版社 1984 年版，第 119 页。

[2] Maryann P., Feldman, The New Economics of Innovation, Spillovers And Agglomeration: A Review of Empirical Studies, Economics of Innovation and New Technology, 1999, 8 (1/2): 5 –25.

[3] Head K., Mayer T., Market Potential and the Location of Japanese Investment in the European Union, Review of Economics & Statistics, 2004, 86 (4): 959 –972.

[4] Harris C. D., The Market as a Factor in the Localization of Industry in the United States, Annals of the Association of American Geographers, 1954, 44 (4): 315 –348.

[5] 何仁伟、樊杰、李光勤：《环京津贫困带的时空演变与形成机理》，《经济地理》2018 年第 6 期。

[6] Feser E. J., Tracing the Sources of Local External Economies, Urban Studies, 2014, 39 (13): 2485 –2506.

理理念带动落后国家和地区工业绿色化。Grossman 和 Helpman 指出，双向的商业交流会对本地区知识资本产生明显的促进效应[1]。韩峰和柯善咨认为，有效利用国际国内两个市场、两种资源，最大限度地减少资源配置扭曲，可以提升中国资源利用效率[2]，从而实现工业绿色化。另一方面，国外技术引进是否有利于国内技术创新还取决于本地区发展阶段。落后国家若要实现赶超，必然要通过开放手段和借助发达国家先进的技术来提升自己，靠自身研发可能会进一步拉大与发达国家之间的差距，故技术引进成为发展中国家技术创新的必然选择[3][4]。在经济发展、要素禀赋和制度环境没有达到一定水平时，采取技术引进与模仿性创新模式对本地区创新十分有利，而在跨越这一阶段后，采取以自主研发创新为主的发展模式是地区技术进步的最佳选择[5]。然而，也有一些学者指出，国内国际市场并没有存在明显的创新联动机制，而是存在创新替代效应。柯善咨和郭素梅指出，发达地区更依托于对外开放，而欠发达地区则更依托于对内开放，中国内外开放并未呈现联动发展格局[6]。孙军也认为，国内国际市场存在相互替代关系，这种替代关系还具有空间异质性，即国外市场对中国中西部地区比东部地区的替代效应更高[7]。傅晓霞和吴利学利用省级大中型工业企业研发结构数据进行研究，同样指出，减少国外技术引进有

---

[1] Grossman G. M., Helpman E., Trade, Knowledge Spillovers and Growth, *European Economic Review*, 1991, 35 (2-3): 517-526.
[2] 韩峰、柯善咨：《追踪我国制造业集聚的空间来源：基于马歇尔外部性与新经济地理的综合视角》，《管理世界》2012 年第 10 期。
[3] Romer P. M., Endogenous Technological Change, *Journal of Political Economy*, 1990, 98 (10): 71-102.
[4] 张培刚：《农业与工业化》，华中工学院出版社 1984 年版，第 121 页。
[5] 余泳泽、张先轸：《要素禀赋、适宜性创新模式选择与全要素生产率提升》，《管理世界》2015 年第 9 期。
[6] 柯善咨、郭素梅：《中国市场一体化与区域经济增长互动：1995—2007 年》，《数量经济技术经济研究》2010 年第 5 期。
[7] 孙军：《地区市场潜能、出口开放与我国工业集聚效应研究》，《数量经济技术经济研究》2009 年第 7 期。

利于促进国内企业自主研发①。

总之,大多数理论研究结果表明,技术创新在规模经济效应、创新溢出效应、国内外市场需求与市场溢出联动综合作用下,能够有效推动工业绿色化。随着市场经济的发展和完善、市场的全方位开放、区域经济一体化的深入推进、区域合作与区域交流不断加强等,技术创新通过市场邻近和区域合作对工业绿色化影响的空间效应会更加明显。

三 技术创新对工业绿色化影响的路径依赖和成本替代

技术创新对工业绿色化影响的作用效果在多大程度上实现,会受到一系列条件的制约,如经济发展水平、制度环境、创新能力等本地区或国家的绝对约束条件与邻近地区或国家之间的技术差距等相对约束条件。以下重点对路径依赖效应和成本替代效应进行分析。

一方面,技术创新对工业绿色化的影响存在路径依赖效应。在技术创新变迁历程中,由于制度矩阵具有报酬递增的特征,而这种特征是从组织对其规制的制度框架以及衍生于制度的网络外部性的依赖中产生的②,由此形成技术创新的锁定效应约束,也就是技术创新的路径依赖效应。Nelson 和 Winter 强调 R & D 投入对产业结构的影响是需要时间的,并且存在路径依赖③。Acemoglu 等在《环境与技术进步偏向》一文中对技术创新是否有利于生态环境质量改善作了比较系统的研究,指出技术创新具有路径依赖性,技术创新是否有利于生态环

---

① 傅晓霞、吴利学:《技术差距、创新环境与企业自主研发强度》,《世界经济》2012 年第 7 期。
② 道格拉斯·C. 诺斯:《制度、制度变迁与经济绩效》,杭行译,格致出版社、上海三联书店、上海人民出版社 2008 年版,第 9 页。
③ Nelson R. R., Winter S. G., *An Evolutionary Theory of Economic Change*, Cambridge MA: Belknap Press of Harvard University Press, 1982.

质量改善，取决于技术创新在一开始是偏向于清洁型研发创新还是偏向于污染型研发创新：如果偏向于前者，则技术创新将长期持续有利于工业绿色化水平的提升；但如果偏向于后者，则技术创新将长期持续不利于工业绿色化水平的提升。技术创新之所以对工业绿色化影响存在路径依赖效应，诺斯将之归因为报酬递增和交易成本[1]。诺斯认为，在市场是完全竞争时，只要是大致接近于零交易费用，那么长期路径就是有效率的，而且路径也是唯一的；在市场是不完全竞争时，信息回馈是断断续续的，并且交易费用是十分显著时，不仅不同的路径会出现，而且低绩效路径会长期存在，行为人由历史过程得来的感知也将形塑他们的选择[2]。由于市场是不完全竞争的，且交易成本不为零，技术创新还具有规模经济效应等，因此，不论技术创新对工业绿色化是低绩效的还是高绩效的，都获得持续稳定的发展路径。然而，当出现技术创新不利于工业绿色化的发展格局时，企业自身在技术创新的路径依赖效应约束下沿着既定的技术创新路径，将形成长期持久的不利于工业绿色化的发展路径。因此，必须通过政府规制手段打破这种路径依赖性，调整路径依赖形成的创新成本差异，将技术创新由偏向于污染型创新调整到清洁型创新领域[3]。在 Acemoglu 等的研究基础上，国内一些学者通过中国的数据实证研究指出，技术创新具有路径依赖效应，合理的环境规制能够转变技术创新方向，使中国工业走上绿色技术进步的道路[4][5]。

---

[1] 道格拉斯·C.诺斯：《制度、制度变迁与经济绩效》，杭行译，格致出版社、上海三联书店、上海人民出版社 2014 年版，第 111—112 页。

[2] 同上书，第 112—113 页。

[3] Acemoglu D., Aghion P., Bursztyn L., et al., The Environment and Directed Technical Change, American Economic Review, 2012, 102（1）：131–166.

[4] 景维民、张璐：《环境管制、对外开放与中国工业的绿色技术进步》，《经济研究》2014 年第 9 期。

[5] 董直庆、蔡啸、王林辉：《技术进步方向、城市用地规模和环境质量》，《经济研究》2014 年第 10 期。

另一方面，技术创新对工业绿色化的影响存在成本替代效应。技术创新形成的成本替代效应包括生产成本替代效应和消费成本替代效应两部分。从生产成本替代角度看，绿色技术创新可以导致绿色产品生产成本降低，实现绿色产品价格的相对降低。然而，是否能够真正实现绿色生产与非绿色生产之间的替代，将取决于两类产品市场生产成本的绝对差异[1]，对此，Newell 等提出"诱导创新"假说，即技术创新总是发生在那些价格发生变化的产品上，而与其他产品无关[2]。以工业废水排放为例，在废水排放成本不变甚至是降低时，技术创新一般不会发生在污水处理或水资源循环利用领域，相反，在废水排放成本提高时，污水处理和水资源循环利用的技术创新才明显增强，减排效果才会明显提升。因此，实现企业绿色生产替代非绿色生产，通过技术创新手段降低绿色生产的生产成本和通过规制手段提高非绿色生产的生产成本是两种可行方案。另外，绿色消费对传统消费有效替代是技术创新推动工业绿色化的最终环节。消费者在消费绿色产品与非绿色产品时既考虑经济因素也考虑非经济因素。绿色消费是指消费者在购买、使用和处置产品时考虑自身行为对环境的影响，努力实现最小化负面影响和最大化长期效应[3]。Verplanken 和 Holland 认为，培育和完善环境保护价值观会增加消费者对绿色产品的消费权重，也就是会更多地消费绿色产品[4]。但是，技术创新由于增加了创新成本投入，其创新产品价格必然要高于普通商品或非绿色商品，但消费者在

---

[1] Duan H. B., Zhu L., Fan Y., Modeling the Evolutionary Paths of Multiple Carbon-Free Energy Technologies with Policy Incentives, *Environmental Modeling & Assessment*, 2015, 20: 55 – 69.

[2] Newell R. G., Jaffe A. B., Stavins R. N., The Induced Innovation Hypothesis and Energy-Saving Technological Change, *The Quarterly Journal of Economics*, 1999, 114 (8): 941 – 975.

[3] Carlson L., Grove S. J., Kangun N., A Content Analysis of Environmental Advertising Claims: A Matrix Method Approach, *Journal of Advertising*, 1993, 22 (3): 27 – 39.

[4] Verplanken B., Holland R. W., Motivated Decision Making: Effects of Activation and Self-centrality of Values on Choices and Behavior, *Journal of Personality & Social Psychology*, 2002, 82 (3): 434 – 47.

实际选择消费时，很少将环保纳入消费决策，更多的是考虑实用性、价格与消费习惯等因素[1]，更何况消费者难以对绿色产品的真实性进行甄别；同时，产品环保性能与其他性能出现冲突时，消费者的首要决策往往就是舍弃环保性能，如 Davies 等发现，消费者购买奢侈品时就较少考虑产品的环保问题[2]。另外，尽管外部干预也会影响绿色消费，如经济刺激会导致消费者将绿色消费道德转变为绿色消费行为，然而这一转变只是短暂的，通常伴随着经济刺激政策的取消，消费者又会回到过去的消费状态[3]。

总之，在研究技术创新对工业绿色化影响时，必须要考虑到技术创新对生产过程形成的路径依赖效应和成本替代效应。在此基础上，才能够全面研究和有效分析技术创新对工业绿色化影响的内在作用机理。

第二节　环境规制对工业绿色化影响的作用机理

企业通过技术创新可有效推进工业绿色化，然而，技术创新除了路径依赖效应和成本替代效应等，还存在市场外部性。邻近企业可以通过市场邻近和技术外溢不投入或少投入创新成本而实现与其他创新企业获得相同的工业绿色化好处，导致市场机制下的竞争均衡是一个次优结果，只有通过政府征税或补贴等手段对市场进行干预，重新达到社会最优均衡[4]。通过消除或缓和市场失灵，环境规制

---

[1] Seonaidh M. D., Caroline O., Maree T., et al., Comparing Sustainable Consumption Patterns Across Product sectors, *International Journal of Consumer Studies*, 2009, 33 (2): 137 – 145.

[2] Davies I. A., Lee Z., Ahonkhai I., Do Consumers Care about Ethical-Luxury?, *Journal of Business Ethics*, 2012, 106 (1): 37 – 51.

[3] 吴波：《绿色消费研究评述》，《经济管理》2014 年第 11 期。

[4] Romer P. M., Increasing Returns and Long-Run Growth, *Journal of Political Economy*, 1986, 94 (5): 1002 – 1037.

提供了提高经济效率的可能性①，也就实现了提高技术创新投入所应得到的工业绿色化产出效果。由此，以下基于环境规制的异质效应和空间效应视角，从异质性环境规制的资源配置效应、创新激励效应、技术创新"挤出效应"、污染型企业"溢出效应"及其生态环境的反馈机制等方面针对环境规制对工业绿色化的作用机理进行论述（图3-2）。

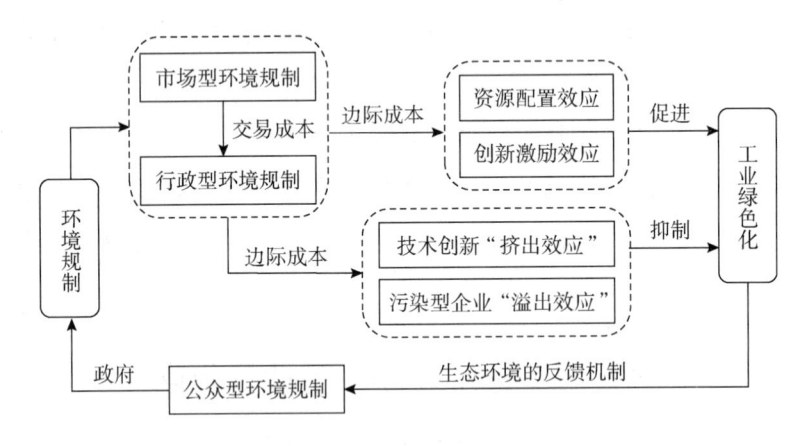

图3-2 环境规制对工业绿色化影响的作用机理

一 市场型环境规制对工业绿色化影响的作用机理

市场型环境规制也就是市场激励型环境规制，是指在政府宏观调控下即在生态环境配额既定情况下通过依靠市场机制或者说是企业自身决策实现生态环境资源利用效率的帕累托改进。具体来看，政府为所有企业制定生态环境配额，企业则根据政府的生态环境配额来确定产出多少产品与市场交易多少生态环境配额，以实现企业自身资源利

---

① 罗杰·伯曼、马越、詹姆斯·麦吉利夫雷等：《自然资源与环境经济学》，张涛、李智勇、张真等译，中国经济出版社2002年版，第162页。

用效率最大化和利润最大化。

从企业内部看，企业个体决策机制能够有效实现单个企业资源配置效率最大化。在市场型环境规制下，企业根据总边际成本与边际收益相等这一决策决定生产多少产品以实现企业内资源利用效率最大化（包括生态环境配额利用最大化）并获得利润最大化。在这一过程中，存在两种企业，一种企业由于单位工业产出所消耗的资源与排放的废物相对较少，以至于其边际产出的生态环境损耗要低于政府生态环境配额，形成生态环境配额盈余（为与前文统一，将这类企业仍称为清洁型企业）。因此，清洁型企业工业生产活动不受政府生态环境配额制度的影响。另一种与之相对应的则是污染型企业，这种企业单位工业产出值消耗的资源与产出的废物相对较多，以至于边际产出的生态环境损耗要高于政府生态环境配额，导致生态环境配额出现缺口。在此情况下，只能通过减少产品产出以实现减少边际产出的生态环境损耗并达到与政府生态环境配额相等为止。总之，在存在生态环境配额情况下，清洁型企业不受影响，而污染型企业内部呈现出大洗牌，这类企业或转型发展、或合并发展、或减产裁员、或被市场淘汰，不论何种途径，污染型企业低水平的生态资源利用效率都将实现改进。

然而，在生态环境配额约束下的企业决策尽管可以实现企业内资源利用效率最大化，但是并没有完全有效利用生态环境配额，因此，从市场整体资源配置角度看，并没有实现资源利用效率最大化，生态环境配额利用在市场上还存在帕累托改进的余地。另外，污染型企业依托自身最优决策采取的"关停并转"策略尽管可以快速提高工业绿色化水平，但是其在很大程度上降低了区域工业增长速度，特别是产业结构偏重工业化与偏能源工业化地区。因此，"关停并转"并非工业绿色化的首选措施。除了通过"关停并转"减少污染型企业边际产出的生态环境损耗外，市场型环境规制还可以通过另一个手段也就是市场机制即生态环境配额的市场交易，实现生态环境配额利用效率的帕累托改进，这一策略可有效减少对区域工业发展的负面影响，尽管污染型企业生产成本有所增加。

在市场机制下，污染型企业通过市场手段购买清洁型企业盈余的生态环境配额，由此，清洁型企业和污染型企业可以通过调整生产规模以实现自身利润最大化，并形成整个区域市场内部生态环境配额的完全有效利用。从清洁型企业来看，盈余的生态环境配额实现市场交易，企业利润增加，实现了其经济效应与环境效应的"双重红利"，这就可以刺激清洁型企业将研发更多地投入到节能减排领域，形成环境规制下经济效益与环境效益"双重红利"的良性循环。从污染型企业来看，尽管可以在市场上购买到额外的生态环境配额，并达到原来的产出水平，但相对于原有生产过程，通过购买额外的生态环境配额生产的产品的边际成本与没有购买生态环境配额生产的产品的边际成本之差为边际产品的生态环境配额价格，这就间接地提高了污染型企业单位产出的生产成本。由此，污染型企业的最优生产决策是，相对过去减少一定的产出量以达到边际收益与边际成本相等的均衡点。总之，市场型环境规制通过生态环境配额约束及其在清洁型企业与污染型企业之间的市场交易形成的产品生产边际成本变化使得本市场内企业出现分化，污染型企业或"关停并转"，或通过清洁型技术创新研发实现向清洁型企业转变，而清洁型企业为获得更多的生态环境配额盈余并通过市场交易获得更多的生态环境配额销售收入，势必将更加重视清洁型技术研发投入。故在市场型环境规制下，生态环境配额的市场交易使得污染型企业占比不断缩小，清洁型企业占比不断增加，清洁型研发投入也不断增加，工业产业结构实现转型升级[1]，推动了

---

[1] 谭静、张建华：《碳交易机制倒逼产业结构升级了吗？——基于合成控制法的分析》，《经济与管理研究》2018年第12期。

工业绿色化。

然而，若使市场型环境规制发挥作用，需要一系列苛刻的条件限制，如明晰的环境产权界定、市场交易成本为零或者很小、市场交易的体制机制健全、企业外部性精准可测，等等，在上述条件成立基础上，市场机制才能够充分发挥作用，以使得生态环境配额在清洁型企业与污染型企业的边际收益相等或者说是边际成本相等。

二 行政型环境规制对工业绿色化影响的作用机理

科斯在《社会成本问题》一文中指出，若无交易成本，则新古典经济学的有效竞争可以实现市场资源最优配置，因为无论如何安排初始制度，市场竞争总能使交易双方在无需任何成本的情况下达到收益最大化[1]，市场型环境规制也就能够实现工业绿色化。但是，在存在交易成本时，或者是环境产权难以有效界定时，生态环境配额在整个市场上就不能够实现充分有效配置，市场型环境规制作用不能够完全实现，即市场型环境规制发生失灵。另外，从制度视角看，制度构造了人们在政治、社会或经济领域交换的激励，并且是为了解决不确定性而存在的[2]。完成生态环境配额市场交易，还需要构建一系列的制度安排，如明晰的产权界定、市场交易规则等，如果制度设计成本高昂，市场型环境规制也会失灵。因此，以税收和补贴为主导的行政型环境规制在市场型环境规制失灵时便可以作为补充并有效发挥作用。

行政型环境规制对工业绿色化影响的基本原理可通过庇古理论予以诠释。按照庇古的观点，导致市场配置生态环境配额失效的原因是各个企业利用生态环境配额的私人成本与生态环境配额的社会成本不

---

[1] Coase R. H., The Problem of Social Cost, *Journal of Law and Economics*, 1960 (3): 1-44.
[2] 道格拉斯·C. 诺斯：《制度、制度变迁与经济绩效》，杭行译，格致出版社、上海三联书店、上海人民出版社2008年版，第34页。

一致，而私人企业最优决策并不能够导致社会最优决策。从外部经济即清洁型企业生产活动来看，假设清洁型企业生产的私人收益与社会收益分别为 V_p 和 V_s，生态环境配额价值为 P。由于清洁型企业存在生态环境配额结余 ΔP，故清洁型企业私人收益小于其社会收益，即 $V_p < V_s$，清洁型企业的最优亏损额或正外部性为 $\Delta P = V_s - V_p$，显而易见，清洁型企业的生产经营活动由于可以持续不断地产生生态环境配额盈余，也就可以持续不断地改善生态环境质量，从而有助于工业绿色化改善。而从外部不经济即污染型企业生产活动来看，假设污染型企业生产的私人成本与社会成本分别为 C_p 和 C_s，生态环境配额价值与清洁型企业一致，均为 P。由于污染型企业存在生态环境配额缺口，假设社会整体生态环境配额完全在清洁型企业与污染型企业之间进行分配，那么污染型企业的生态环境配额缺口也就为 ΔP，故污染型企业私人成本小于其社会成本 $C_p < C_s$，污染型企业的负外部性为 $\Delta P = C_s - C_p$，即污染型企业的生产经营活动由于过度消耗生态环境配额致使生态环境质量持续下降，由此不利于工业绿色化改善。庇古认为，通过税收和补贴可以有效解决这种正外部性和负外部性，即通过行政型环境规制推动实现工业绿色化。

基于此，为减少企业负外部性并实现清洁型企业的私人收益与社会收益相等和污染型企业私人成本与社会成本相等，在市场失灵时，可通过行政型环境规制的行政监管、行政约束和行政处罚直接干预工业企业。行政型环境规制推动工业绿色化的具体手段的直接表现形式就是税收和补贴。一方面，通过政府补贴，可以加速推动清洁型企业的节能减排并实现清洁型企业的工业绿色化。由于清洁型企业边际产出的生态环境损耗低于政府生态环境配额，故清洁型企业不仅不会受到行政型环境规制的消极影响，相反，还会受到行政型环境规制的积极影响，也就是获得创新补贴，即清洁型企业通过技术优势、产业优势和竞争优势推动节能减排与集约发展，既可以获取技术创新补贴，也可以强化在整体企业当中的技术优势和竞争优势,形成绿色创新的良性循环。总之,行政型环境规制对清洁型企业来讲可以实现增加生态补贴收入与强化市场竞争优势的"双重红利"。另一方面,通过政府税收,可以加速污染型企业"关停并转"进程并推动污染型企业的工业绿色化。由于污染型企业边际产出的生态环境损耗高于政府生态环境最高标准,故污染型企业生产经营将会受到行政型环境规制的消极影响,也就是环境税的约束。行政型环境规制通过环境税收提升了污染型企业生产的边际成本和平均成本,致使污染型企业的投入产出均衡已经偏离了原来的最优均衡。由此,污染型企业通过转移到环境税较低也就是环境规制强度较低的地区,或者实施绿色技术创新以实现节能减排,或者减少产出以弥补额外成本支出等手段,调整企业的生产函数和生产过程,以实现边际收益与边际成本相等。

总之,在市场失灵时,行政型环境规制可作为市场型环境规制的补充,具体来看,行政型环境规制通过税收和补贴可以实现资源配置效率改进、加速各类型企业绿色技术创新和污染型企业减少产出并向低环境规制强度转移。但是与市场型环境规制相同,行政型环境规制同样也增加了企业的生产成本,特别是污染型企业的生产成本,在资本有限的约束下,企业是否还有足够的资本用来从事清洁型研发,以推动工业绿色化,并在此基础上获得来自政府的清洁型研发投资补贴,在实践上还需要进一步商榷。

三 公众型环境规制对工业绿色化影响的生态环境反馈机制

市场型环境规制和行政型环境规制共同作用可以实现生态资源利用效率的最大化。然而,市场型环境规制强度和行政型环境规制强度到底需要多大,直接体现于市场中生态环境配额总量,市场中生态环境配额总量越多，市场型环境规制强度和行政型环境规制强度也就越小，反之则越大。但是生态环境配额总量规模到底需要制定多大，除了考虑企业的生产成本外，更重要的是要考虑生态环境可持续发展的承载容量约束，即必要小于生态环境可持续发展的最大承载容量，若超过了这一最大承载容量，生态环境便失去了自我恢复的可持续发展能力，生态环境质量也就恶化变坏，这一大小关系完全可以生态环境质量对人们生产生活影响程度来度量。也就是说，当市场型环境规制和行政型环境规制对区域内企业生产活动所形成的资源配置效应与创新激励效应综合作用所形成的生态环境产品供给质量不足以满足人们日益增长的优美生态环境消费需求时，公众就会通过向政府施压并要求政府加强对企业的环境规制力度，反之亦然。

具体来看，公众型环境规制通过以下途径影响工业绿色化进程并推动工业绿色化。在生态环境质量不能够满足人们日益增长的优美生态环境消费需求时，消费者通过信件、电话、来访、人大建议、政协提案等[①]合法途径向政府环保部门施压，政府部门基于民生考虑将会对公众所举报的生态环境破坏主体也就是污染型企业实施市场型环境规制和行政型环境规制，具体措施如拉入失信名单、取消评优、不支持金融证券融资、征收排污税、停产整顿甚至是关停歇业等。通过公众型环境规制的生态环境反馈机制作用，可以有效决定政府制定市场型环境规制和行政型环境规制的合理强度，以达到既满足公众对日益增长的优美生态环境消费需求，也在最大程度上降低企业特别是污染型企业边际产出的生态环境损耗成本，以实现工业经济增长与生态环境保护"双赢"的发展目的。

---

① 据《中国环境年鉴（2017）》数据显示，2016年，环境保护部信访办收到书面来信4832封，接待来客1424批2758人，接听咨询投诉电话2000余次。来信反映污染问题占50.2%，来客反映污染问题占45.6%。大气、水、固体废弃物、噪声污染是群众投诉的主要问题，投诉对象主要集中于化工、制药、采矿、水泥、钢铁等行业。

然而，以公众的生态环境反馈意愿的强度测度的公众型环境规制能够在多大程度上推动工业绿色化，还取决于公众对生态环境质量的要求。公众对生态环境质量的要求与以下三个指标有关：一是公众的受教育水平。一般来讲，受教育水平越高，公众对生态环境损耗的认识也就越高，对生态环境质量的要求也就越高，在生态环境质量不满足其消费需求时对实施生态环境反馈机制的反应也就越强烈。二是公众的收入水平。公众的收入水平越高，其对生态环境质量要求也越高，特别是近些年随着康养旅游与生态旅游等兴起，高质量的生态环境消费成为高收入群体在休闲消费中的重要选择。一些理论研究也在用人均收入作为环境规制强度的间接测度指标[1][2]。三是区域经济发达程度。区域经济发展水平越高，公众对该区域生态环境质量的要求也就越高，以实现生态环境质量与区域经济发展水平相匹配。总之，受教育水平越高、收入水平越高、区域经济发展水平越高，也就越有利于发挥生态环境质量供给在不满足公众对生态环境质量需求时的公众型环境规制的反馈机制。

四 环境规制、创新挤出、污染溢出与工业绿色化

不论是市场型环境规制、行政型环境规制，还是公众型环境规制，都是通过直接或间接提升企业边际产出的生态环境损耗成本并减少生态环境损耗以达到提高生态资源利用效率的目的。但是环境规制若在提升企业生产成本的同时对企业技术创新特别是绿色技术创新产生"挤出效应"和对污染型企业产生"溢出效应"，那么，环境规制对工

---

[1] Antweiler W., Copeland B. R., Taylor M. S., Is Free Trade Good for the Environment?, *American Economic Review*, 2001, 91 (4): 877 – 908.

[2] Cole M. A., Elliott R. J. R., Shanshan Wu., Industrial Activity and the Environment in China: An Industry-level Analysis, *China Economic Review*, 2008, 19 (3): 1 – 34.

业绿色化的优化作用就会失灵。

一般来说，环境规制可通过以下途径对技术创新造成"挤出效应"并导致抑制工业绿色化。首先，环境规制是政府强加给企业的负外部性的生产成本，企业如果想正常进行生产经营活动，必须要购买生态环境配额，这就增加了企业单位产出的生产成本，在产品消费需求不变和消费价格不变的前提下，企业利润必然降低，进而可能导致企业研发由侧重具有市场潜力的项目转向侧重减少污染排放的项目，从而降低了企业的创新能力和长期发展能力。其次，当企业缺乏充足的资金购买生态环境配额时，企业便会将用于工业产业转型升级与工业技术研发的资本投入用来处理工业废水、废气、废渣等废弃物，以满足工业生产的生态环境排放要求，并且当生态环境配额价格较低时，企业更倾向于缴纳排污费而不会从事绿色创新①。最后，环境规制还通过污染产业转移影响到邻近地区企业技术创新。在不同环境规制强度下，污染型企业向低环境规制强度地区转移，这也就提高了低环境规制强度地区的企业的市场竞争环境，造成企业对环境规制特别是市场型环境规制与行政型环境规制的"逐底竞争"②，最终使得地理邻近地区成为以邻为壑的生产率增长模式，进而抑制了低环境规制地区的创新投入③。

另外，环境规制还导致污染型企业跨区域空间转移，形成污染的空间溢出效应。受到国家和区域宏观经济发展政策影响，各地区环境规制强度还存在差异性，这就可能导致污染型企业在不同的环境规制强度地区之间转移，从而形成污染的空间溢出效应。根据环境规制强度差异将区域空间分为高环境规制强度地区（发达地区）和低环境规制强度（欠发达地区）两类，清洁型企业和污染型企业都受到环境规制强度差异性

---

① 伍世安：《改革和完善我国排污收费制度的探讨》，《财贸经济》2007年第8期。
② 薄文广、徐玮、王军锋：《地方政府竞争与环境规制异质性：逐底竞争还是逐顶竞争？》，《中国软科学》2018年第11期。
③ 金刚、沈坤荣：《以邻为壑还是以邻为伴？——环境规制执行互动与城市生产率增长》，《管理世界》2018年第12期。

的影响，即清洁型企业边际产出的生态环境损耗在低环境规制强度地区的生态环境配额盈余要高于在高环境规制强度地区的生态环境配额盈余，而污染型企业边际产出的生态环境损耗在低环境规制强度地区的生态环境配额缺口要低于在高环境规制强度地区的生态环境配额缺口。表面上看，清洁型企业和污染型企业都将具有向低环境规制强度地区转移的动机，但环境规制在降低了清洁型企业生产成本的同时，却提高了污染型企业的生产成本，基于生态资源利用成本考虑，污染型企业比清洁型企业更具有向低环境规制强度地区转移的现实需求①，形成了污染企业向低环境规制强度地区或欠发达地区转移的"污染天堂"假说②③④，也就是污染型企业向欠发达地区形成溢出效应。

总之，根据环境规制的异质性及其企业影响差异性，环境规制如果想实现推动工业绿色化，必须形成不同类型的环境规制协同推进，环境规制强度也应该与区域经济发展相匹配，并且必须考虑环境规制对技术创新的挤出效应和对污染型企业的溢出效应。

第三节　技术创新与环境规制对工业绿色化影响的理论模型

本节借鉴 Acemoglu 等基于环境资源约束下的内生增长与技术进步偏向研究框架⑤，将前两节统一起来，通过构建理论模型对上述理论

---

① 清洁型企业涵盖了战略性新兴产业和高新技术产业等具有市场竞争力的行业，而污染型企业则多指传统工业企业，污染型企业在与清洁型企业的市场竞争中也处于不利地位。

② Letchumanan R., Kodama F., Reconciling the Conflict Between the Pollution-haven Hypothesis and an Emerging Trajectory of International Technology Transfer, *Research Policy*, 2000, 29（1）: 0–79.

③ Acemoglu D., Aghion P., Bursztyn L., et al., The Environment and Directed Technical Change, *American Economic Review*, 2012, 102（1）: 131–166.

④ Candau F., Dienesch E., Pollution Haven and Corruption Paradise, *Journal of Environmental Economics and Management*, 2016, 85（10）: 171–192.

⑤ Acemoglu D., Aghion P., Bursztyn L., et al., The Environment and Directed Technical Change, *American Economic Review*, 2012, 102（1）: 131–166.

作用机理再次论证。本节对 Acemoglu 等技术进步偏向模型进行了拓展研究，具体包括以下三个方面的拓展：一是围绕技术创新、环境规制与工业绿色化将原模型的环境政策选择、可耗竭资源的技术创新偏向等进行了相应简化；二是将环境规制的两种手段影响技术创新偏向由污染型技术创新向清洁型技术创新转变的具体过程用图形方式形象地展示出来，也是对模型结论的再次验证；三是将原模型中的南方国家和北方国家进行修正并转变为领先地区和落后地区，明确领先地区清洁型技术外溢对邻近的落后地区工业绿色化有正向影响，而环境规制对邻近的落后地区工业绿色化有负向影响。

一 技术创新偏向与工业绿色化

假设一种最终产品 Y_t 仅使用涵盖两种中间投入品——清洁型投入品（Clean Inputs）和污染型投入品（Dirty Inputs），设 Y_{ct} 为清洁型投入品，Y_{dt} 为污染型投入品，则生产函数如下：

$$Y_t = (Y_{ct}^{\frac{\varepsilon-1}{\varepsilon}} + Y_{dt}^{\frac{\varepsilon-1}{\varepsilon}})^{\frac{\varepsilon}{\varepsilon-1}} \quad (3-1)$$

其中，ε 为清洁型投入品与污染型投入品之间的替代弹性，c 为清洁型，d 为污染型，t 为时期。在本书的研究中，假定清洁型投入品与污染型投入品之间是替代关系而非互补关系，即 $\varepsilon > 1$。很明显，若两种中间投入品之间存在互补关系，则增加清洁型投入品也必然同比例增加污染型投入品，而减少清洁型投入品也必然同比例减少污染型投入品，在保持经济水平不下降的前提下，任何政策都不能够实现减少污染型投入品的规模。

Y_{ct} 和 Y_{dt} 分别使用劳动力和相应设备进行生产，生产函数为：

$$\begin{cases} Y_{ct} = L_{ct}^{1-\alpha} \int_0^1 A_{cit}^{1-\alpha} x_{cit}^{\alpha} di \\ Y_{dt} = L_{dt}^{1-\alpha} \int_0^1 A_{dit}^{1-\alpha} x_{dit}^{\alpha} di \end{cases} \quad (3-2)$$

其中，L 为劳动力规模，x_i 为第 i 种设备的数，A 为生产所需设备质量，$0 < \alpha < 1$，则在 t 期清洁型部门和污染型部门的总生产力可分别表示为：

$$\begin{cases} A_{ct} = \int_0^1 A_{cit} di \\ A_{dt} = \int_0^1 A_{dit} di \end{cases} \quad (3-3)$$

其中，A_{ct} 和 A_{dt} 分别代表清洁型技术和污染型技术，从式（3-1）可知，最终产品生产可由这两种技术的一系列组合实现，是偏向于清洁型技术还是污染型技术完全取决于企业市场决策。

为简化分析，我们对生产设备作以下假设：（1）生产任何一台机器的单位生产成本 Γ 与机器的质量和部门都无关；（2）两个部门的生产设备均由垄断竞争企业供给；（3）设备在当期使用后完全折旧。在此基础上，在每一个时期开始时，企业决定是在清洁型设备上进行研发还是在污染型设备上进行研发，且只能选择一个研发领域。并假定清洁型设备和污染型设备研发成功的概率分别为 ρ_c 和 ρ_d，假如研发成功后，次期新设备质量是上一期质量的 $1+\gamma$ 倍，研发次期，本企业获得研发成果垄断，但仅垄断一个周期；假如研发不成功，企业将使用上一期的旧技术。设在某一研发周期参与研发清洁型设备和污染型设备的企业规模分别为 m_{ct} 和 m_{dt}，根据式（3-3），可得到清洁型设备和污染型设备在 t 期的期望技术水平分别为：

$$\begin{cases} A_{ct} = (1 + \gamma \rho_c m_{ct}) A_{ct-1} \\ A_{dt} = (1 + \gamma \rho_d m_{dt}) A_{dt-1} \end{cases} \quad (3-4)$$

根据上述假设，在没有政府干预的前提下，首先考虑给定技术水平 A_{cit} 和 A_{dit} 在研究期 t 内平衡。因此，在完全竞争假设下和最终产品利润最大化的前提下，由不变替代生产函数性质可得到清洁型投入品与污染型投入品之间的价格与投入规模关系式为：

$$\frac{p_c}{p_d} = \left(\frac{Y_c}{Y_d}\right)^{\frac{1}{\varepsilon}} \tag{3-5}$$

式（3-5）表明，中间设备的价格与其中间投入量是负相关的。设劳动力工资在清洁型部门和污染型部门相同，均为 w，投资清洁型设备和投资污染型设备的利润最大化问题可表述为：

$$\begin{cases} \max_{x_i} \left(p_c L_c^{1-\alpha} \int_0^1 A_{ci}^{1-\alpha} x_{ci}^\alpha di - wL_c - \int_0^1 p_{ci} x_{ci} di \right) \\ \max_{x_i} \left(p_d L_d^{1-\alpha} \int_0^1 A_{di}^{1-\alpha} x_{di}^\alpha di - wL_d - \int_0^1 p_{di} x_{di} di \right) \end{cases} \tag{3-6}$$

式（3-6）分别对 x_c 和 x_d 微分，可得到不变替代弹性下清洁型设备和污染型设备的需求式为：

$$\begin{cases} x_c = (\alpha p_c / p_{ci})^{\frac{1}{1-\alpha}} L_c A_{ci} \\ x_d = (\alpha p_d / p_{di})^{\frac{1}{1-\alpha}} L_d A_{di} \end{cases} \tag{3-7}$$

根据前面假设，生产中间设备产品的企业为垄断竞争企业，垄断竞争企业利润最大化式为：

$$\begin{cases} \max_{x_i} (p_{ci} - \psi) x_{ci} \\ \max_{x_i} (p_{di} - \psi) x_{di} \end{cases} \tag{3-8}$$

针对式（3-7），考虑到不变替代需求曲线，ψ 为生产成本；在利润最大化时，假定所有企业的产品价格是其成本的恒定加成，即 $p_{ji} = \psi/\alpha$ $(j = c, d)$。将 $p_{ji} = \psi/\alpha$ $(j = c, d)$ 代入式（3-7）和式（3-8）中，分别可得：

$$\begin{cases} x_{ci} = (\alpha^2 p_c / \psi)^{\frac{1}{1-\alpha}} L_c A_{ci} \\ x_{di} = (\alpha^2 p_d / \psi)^{\frac{1}{1-\alpha}} L_d A_{di} \end{cases} \tag{3-9}$$

$$\begin{cases} \max_{x_i} (\psi/\alpha - \psi) x_{ci} \\ \max_{x_i} (\psi/\alpha - \psi) x_{di} \end{cases} \tag{3-10}$$

式（3-9）再对劳动力微分，并假设清洁型企业和污染型企业劳动力工资相等，可得到清洁型设备价格和污染型设备价格与清洁型技术和污染型技术之间的关系为：

$$\frac{p_c}{p_d} = \left(\frac{A_c}{A_d}\right)^{-(1-\alpha)} \quad (3-11)$$

式（3-11）表明，不论是清洁型设备还是污染型设备，技术含量越高，其设备价格就越便宜，因此，通过技术创新可以降低生产成本。

联合式（3-9）与式（3-10），均衡条件下垄断竞争企业的利润函数为：

$$\begin{cases} \pi'_{ci} = (\psi/\alpha - \psi)(\alpha^2 p_c/\psi)^{\frac{1}{1-\alpha}} L_c A_{ci} \\ \pi'_{di} = (\psi/\alpha - \psi)(\alpha^2 p_d/\psi)^{\frac{1}{1-\alpha}} L_d A_{di} \end{cases} \quad (3-12)$$

考虑到垄断竞争企业研发成功的概率，则垄断竞争企业的期望利润函数为：

$$\begin{cases} \pi_{ci} = \rho_c \int_0^1 (\psi/\alpha - \psi)(\alpha^2 p_c/\psi)^{\frac{1}{1-\alpha}} L_{ci}(1+\gamma)A_{cit-1} di \\ \pi_{di} = \rho_d \int_0^1 (\psi/\alpha - \psi)(\alpha^2 p_d/\psi)^{\frac{1}{1-\alpha}} L_{di}(1+\gamma)A_{dit-1} di \end{cases} \quad (3-13)$$

化简式（3-13）可得：

$$\begin{cases} \pi_{ct} = \rho_c (\psi/\alpha - \psi)(1+\gamma)(\alpha^2/\psi)^{\frac{1}{1-\alpha}} p_c^{\frac{1}{1-\alpha}} L_c A_{ct-1} \\ \pi_{dt} = \rho_d (\psi/\alpha - \psi)(1+\gamma)(\alpha^2/\psi)^{\frac{1}{1-\alpha}} p_d^{\frac{1}{1-\alpha}} L_d A_{dt-1} \end{cases} \quad (3-14)$$

由式（3-14）可得到垄断竞争企业的相对期望利润与其制约因素之间的关系式：

$$\frac{\pi_{ct}}{\pi_{dt}} = \frac{\rho_c}{\rho_d}\left(\frac{p_{ct}}{p_{dt}}\right)^{\frac{1}{1-\alpha}} \frac{L_c}{L_d} \frac{A_{ct-1}}{A_{dt-1}} \quad (3-15)$$

式（3-15）表明，清洁型企业和污染型企业期望收益比受到价格效应（p_{ct}/p_{dt}）、规模效应（L_c/L_d）与技术效应（A_c/A_d）三大因素制约。

将式（3-9）代入式（3-2）中可得到两部门产出与价格、劳动力和技术关系式：

$$\begin{cases} Y_{ct} = (\alpha^2 p_c/\psi)^{\frac{a}{1-a}} L_{ct} A_{ct} \\ Y_{dt} = (\alpha^2 p_d/\psi)^{\frac{a}{1-a}} L_{dt} A_{dt} \end{cases} \quad (3-16)$$

联立式（3-5）、式（3-11）和式（3-16），可得到两部门劳动力与技术创新相对关系式为：

$$\frac{L_c}{L_d} = \left(\frac{A_c}{A_d}\right)^{-(1-\alpha)(1-\varepsilon)} \quad (3-17)$$

将式（3-11）、式（3-17）代入式（3-15）中，可得到垄断竞争企业期望利润与技术创新之间的关系式：

$$\frac{\pi_{ct}}{\pi_{dt}} = \frac{\rho_c}{\rho_d}\left(\frac{A_{ct}}{A_{dt}}\right)^{-1-(1-\alpha)(1-\varepsilon)} \frac{A_{ct-1}}{A_{dt-1}} \quad (3-18)$$

结合式（3-4），式（3-17）可简化为：

$$\frac{\pi_{ct}}{\pi_{dt}} = \frac{\rho_c}{\rho_d}\left(\frac{1+\gamma\rho_c m_{ct}}{1+\gamma\rho_d m_{dt}}\right)^{-(1-\alpha)(1-\varepsilon)-1} \left(\frac{A_{ct-1}}{A_{dt-1}}\right)^{-(1-\alpha)(1-\varepsilon)} \quad (3-19)$$

可以看出，式（3-19）是一个利润关于创新的差分方程，令 $B_{t-1} = \frac{A_{ct-1}}{A_{dt-1}}$，并定义：

$$f(B_{t-1}) = \frac{\rho_c}{\rho_d}\left(\frac{1+\gamma\rho_c m_{ct}}{1+\gamma\rho_d m_{dt}}\right)^{-(1-\alpha)(1-\varepsilon)-1} B_{t-1}^{-(1-\alpha)(1-\varepsilon)} \quad (3-20)$$

我们将函数 $f(B_{t-1})$ 称为异质性创新效应函数。对于函数 $f(B_{t-1})$，由于我们假设清洁型中间品与污染型中间品是可以相互替代的，故 $\varepsilon > 1$ 恒成立，故 $-(1-\alpha)(1-\varepsilon) > 0$，在此假设下，技术创新更偏向于先进部门。据此，①若对于任意 B_{t-1}，有 $f(B_{t-1}) > 1$ 成立，则 $f(B_1) < 1$ 明显也成立，这表明如果技术进步在一开始就偏向于清洁型技术创新，那么这种技术进步偏向于清洁型技术创新的趋势就具有持久性，也被称作绿色研发的路径依赖效应；②若对于任意 B_{t-1}，有 $f(B_{t-1}) < 1$ 成立，则 $f(B_1) < 1$ 也明显成立，这表明如果技术进步在一开始就偏向于污染型技术创新，那么这种技术进步偏向于污染型技术创新的趋势也具有持久性，也就是路径依赖效应；③若存在 B_m

和 B_n，使得 $f(B_m) > 1$ 与 $f(B_n) < 1$ 同时成立，则技术进步是偏向于清洁型技术创新还是污染型技术创新将不确定。

总之，从工业绿色化视角看，技术创新能否有利于工业绿色化水平的提升，其核心取决于技术创新在一开始是偏向于清洁型创新还是偏向于污染型创新：若是偏向于前者，则技术创新有利于工业绿色化水平的提升；若是偏向于后者，则技术创新不利于工业绿色化水平的提升。同时，若技术创新偏向于前者，则这种技术创新对工业绿色化水平的提升将是长期可持续的；若技术创新偏向于后者，则在这种技术创新下，工业经济发展与生态环境难以实现有机融合，人与自然和谐共生将成为"水中月，镜中花"。总结可归纳为命题3-1。

命题3-1：技术创新具有路径依赖特性，技术创新是偏向于清洁型研发还是污染型研发取决于技术创新起始点。

二 环境规制、技术创新偏向与工业绿色化

在没有环境约束和政府管制的自由市场经济中，技术创新究竟偏向于绿色技术创新还是非绿色技术创新，难以确定。由经济发展的历史脉络可知，在一开始，环境容量相对于经济发展来讲，其承载力足够强大，资源总量相对于经济发展来讲，其资源约束也不明显。因此，偏向于污染型技术创新的路径依赖将是技术创新的持续趋势，在没有外界干预的条件下，技术创新难以由污染型技术创新偏向转到清洁型技术创新偏向。因此，政府干预是企业向工业绿色化转型并进而提高工业绿色化水平的重要手段。

环境规制具有异质性特征。行政型环境规制通过征收环境税和政府补贴可直接控制污染排放量，实现控制或改善工业绿色化水平；市场型环境规制通过生态环境配额盈余企业和生态环境配额缺口企业之间的市场交易来实现生态环境配额的供求平衡，因此，市场型环境规

制是一种间接地控制或改善工业绿色化水平的手段；公众型环境规制相对则更为间接，是在环境污染已影响公众生产生活后公众的反应，如采取电话网络投诉等手段。以下以环境税和政府补贴两种行政型环境规制手段来论证环境规制对技术创新偏向和工业绿色化的影响。

假设政府针对清洁型技术创新实施单位研发投入补贴比例为 ζ，针对污染型产品单位产出征收环境税率为 τ，则在仅有清洁型研发补贴时，清洁型企业利润明显获得提升，式（3-14）变形为：

$$\begin{cases} \pi_{ct}^1 = (1+\zeta) \rho_c (\psi/\alpha - \psi)(1+\gamma)(\alpha^2/\psi)^{\frac{1}{1-\alpha}} p_c^{\frac{1}{1-\alpha}} L_c A_{ct-1} \\ \pi_{dt} = \rho_d (\psi/\alpha - \psi)(1+\gamma)(\alpha^2/\psi)^{\frac{1}{1-\alpha}} p_d^{\frac{1}{1-\alpha}} L_d A_{dt-1} \end{cases}$$

$$(3-21)$$

由此，在存在清洁型研发补贴时，清洁型企业与污染型企业组成的垄断竞争企业的相对期望利润与其制约因素之间关系式（3-15）变形为：

$$\frac{\pi_{ct}^1}{\pi_{dt}} = (1+\zeta) \frac{\rho_c}{\rho_d} \left(\frac{p_{ct}}{p_{dt}}\right)^{\frac{1}{1-\alpha}} \frac{L_c}{L_d} \frac{A_{ct-1}}{A_{dt-1}} \qquad (3-22)$$

存在清洁型研发补贴时，$\frac{\pi_{ct}^1}{\pi_{dt}} = (1+\zeta)\frac{\pi_{ct}}{\pi_{dt}} > \frac{\pi_{ct}}{\pi_{dt}}$，表明研发补贴可以使企业更侧重于清洁型研发。具体来看，当一部分企业在清洁型研发和污染型研发的期望利润存在 $\frac{\pi_{ct}}{\pi_{dt}} < 1$ 且 $\frac{\pi_{ct}^1}{\pi_{dt}} > 1$ 时，清洁型研发补贴可以实现这部分企业由从事污染型研发转向从事清洁型研发。没有政府干预下的污染型研发形成的路径依赖效应，在存在清洁型研发补贴时，一部分处于清洁型研发边缘的污染型研发企业路径依赖效应消失，实现从污染型研发向清洁型研发转型。

如图 3-3 所示，在没有清洁型研发补贴时，必须实现清洁型研发的期望利润大于或等于污染型研发的期望利润，垄断企业才会进入清洁型研发领域，即只有处于 S1 区域内企业才会进入清洁型研发领域。

然而，在存在清洁型研发补贴时，即使原来清洁型研发的期望利润小于污染型研发的期望利润，垄断企业也会进入清洁型研发领域，或者说是从污染型研发转移到清洁型研发，其企业转移规模为S2。很明显，一方面，在存在清洁型研发补贴且单位补贴比例为ζ时，垄断企业在研发偏向上由污染型研发向清洁型研发转移的规模为S2；另一方面，单位补贴比例越高，清洁型研发成本相对越低，由污染型研发向清洁型研发转移的企业也就越多，在图中则表现为由实线顺时针向虚线旋转的幅度S2也就越大。

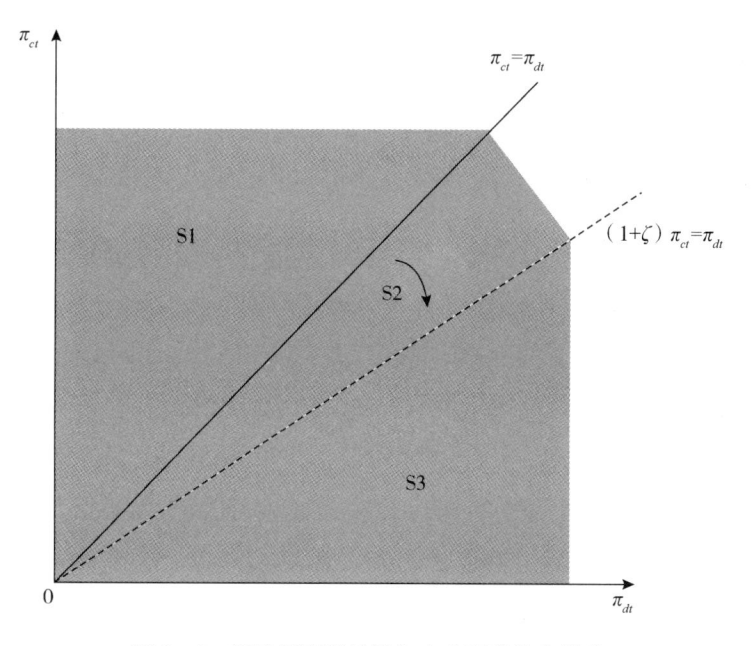

图3-3 清洁型研发补贴与企业研发偏向转移

在对污染型产品征收环境税时，污染型企业生产成本明显提高，垄断竞争企业的期望利润函数式（3-14）变形为：

$$\begin{cases} \pi_{ct} = \rho_c \ (\psi/\alpha - \psi) \ (1+\gamma) \ (\alpha^2/\psi)^{\frac{1}{1-\alpha}} p_c^{\frac{1}{1-\alpha}} L_c A_{ct-1} \\ \pi_{dt}^1 = (1+\tau) \rho_d \ (\psi/\alpha - \psi) \ (1+\gamma) \ (\alpha^2/\psi)^{\frac{1}{1-\alpha}} p_d^{\frac{1}{1-\alpha}} L_d A_{dt-1} \end{cases}$$

(3-23)

由此，存在征收污染型产品环境税时，清洁型企业与污染型企业组成的垄断竞争企业的相对期望利润与其制约因素之间关系式（3-15）变形为：

$$\frac{\pi_{ct}}{\pi_{dt}} = \frac{1}{(1-\tau)} \frac{\rho_c}{\rho_d} \left(\frac{p_{ct}}{p_{dt}}\right)^{\frac{1}{1-\alpha}} \frac{L_c}{L_d} \frac{A_{ct-1}}{A_{dt-1}} \quad (3-24)$$

存在征收污染型产品环境税时，$\frac{\pi_{ct}}{\pi_{dt}^1} = \frac{1}{1-\tau} \frac{\pi_{ct}}{\pi_{dt}} > \frac{\pi_{ct}}{\pi_{dt}}$，表明对污染型产品征收环境税可以使污染型企业生产成本提升，或者说是产品价格下降，从而使污染型企业期望利润降低，而清洁型企业期望利润不变，由此，垄断企业技术创新倾向于由污染型技术创新向清洁型技术创新转变。具体来看，当一部分垄断企业在清洁型研发和污染型研发的期望利润存在 $\frac{\pi_{ct}}{\pi_{dt}} < 1$ 且 $\frac{\pi_{ct}}{\pi_{dt}^1} > 1$ 时，即针对污染型产品征收环境税可以实现这部分企业由从事污染型研发转向从事清洁型研发。没有政府干预下的污染型研发形成的路径依赖效应，在存在征收污染型产品环境税时，一部分处于清洁型研发边缘的污染型研发企业路径依赖效应消失，实现从污染型研发向清洁型研发转型。

如图3-4所示，在自由市场中，只有清洁型研发的期望利润超过污染型研发的期望利润时，垄断企业才会进入清洁型研发行列，即进入U1区域。然而，在存在污染型产品环境税条件下，每单位污染型产品销售利润减少量为τ，假设在U2区域内的所有企业原来从事污染型研发的期望利润高于从事清洁型研发的期望利润不超过$1+\tau$倍。在征收污染型产品环境税条件下，U2内所有企业从事污染型研发的期望利润则不大于从事清洁型研发的期望利润，因此，这部分企业将由原来从事污染型研发转移到从事清洁型研发行列。并且在环境税征收比例越大时，图中虚线旋转的幅度也就越大，U2区域的面积也就越大，表明当环境税征收的比例越大时，垄断企业由原来从事污染型研发向清洁型研发转移的也就越多。

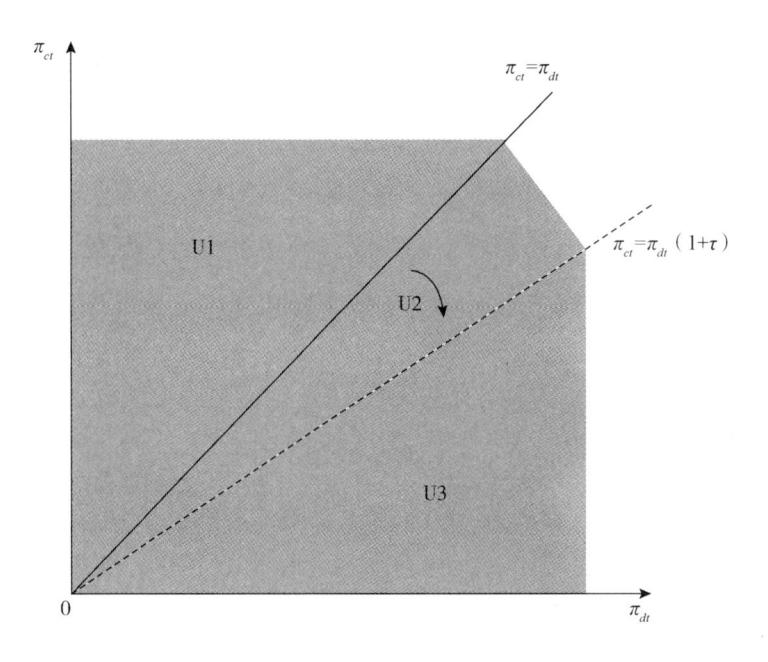

图 3-4 征收污染型产品环境税与企业研发偏向转移

总之，通过对清洁型研发补贴和污染型产品征税都可以得出环境规制在一定范围内可以消除技术创新的路径依赖性，并有利于清洁型研发的结论，现将其称为命题 3-2。

命题 3-2：通过合理的环境规制手段，可以在一定范围内消除企业技术创新的路径依赖性，使企业技术创新减少偏向于污染性技术创新，增加偏向于清洁型技术创新。

三 市场邻近、技术外溢与工业绿色化

根据外部性理论，集聚效应主要来源于企业与要素的空间集聚，要素空间集聚有利于降低集聚区内各个企业各种有形和无形要素的获得成本，并通过学习和模仿提升本企业的生产效率。区域空间技

术溢出一般有三大途径：一是落后地区针对先进地区企业研发的模仿效应，邻近地区技术落后企业针对技术先进企业产品、技术、管理等软硬件设施进行模仿，从而提升落后地区企业的技术水平；二是邻近地区企业间合作和地区间合作形成的技术溢出；三是邻近地区企业间人力资本沟通与交流，形成的信息与技术共享。前两种空间技术溢出与研发活动关系密切，第三种则与人力资本密度密切相关，因此可将前者称为空间邻近的技术溢出效应，后者称为空间邻近的人力资本溢出效应。

我们将某一区域根据技术差异分为先进地区（Advanced Region）和落后地区（Backward Region）两大区域。从邻近的对象来看，邻近先进地区，该区域的技术溢出效应和人力资本溢出效应也就更大，而邻近落后地区，技术溢出效应和人力资本溢出效应相对较小。因此，我们作以下三个假定：（1）先进地区邻近落后地区，由于先进地区技术高于落后地区，不需要获得来自落后地区的技术溢出效应；落后地区邻近先进地区，将获得来自先进地区的技术溢出效应。（2）由于先进地区技术要高于落后地区技术，落后地区在技术溢出效应下，完全承接、学习和模仿先进地区本期技术，由此获得与先进地区同等的生产力水平。（3）落后地区模仿先进地区的产品技术成功的概率为 λ，若不成功，将用落后地区上一期的技术。由此，在市场邻近与技术溢出前提下，先进地区的均衡与本节"一　技术创新偏向与工业绿色化"分析是一致的；而落后地区技术研发偏向将取决于清洁型技术研发与污染型技术研发的市场盈利能力。由此，落后地区期望技术水平为：

$$\begin{cases} A_{ct}^{BR} = \lambda_{ct} m_{ct}^{BR} A_{ct}^{BR} + (1 - \lambda_{ct} m_{ct}^{BR}) A_{ct-1}^{BR} \\ A_{dt}^{BR} = \lambda_{dt} m_{dt}^{BR} A_{dt}^{BR} + (1 - \lambda_{dt} m_{dt}^{BR}) A_{dt-1}^{BR} \end{cases} \quad (3-25)$$

当落后地区模仿和学习先进地区技术成功时，其期望利润为：

$$\begin{cases} \pi_{ct}^{BR} = \lambda_c \ (\psi/\alpha - \psi) \ (1+\gamma) \ (\alpha^2/\psi)^{\frac{1}{1-\alpha}} \ (p_{ct}^{BR})^{\frac{1}{1-\alpha}} L_{ct}^{BR} A_{ct}^{AR} \\ \pi_{dt}^{BR} = \lambda_d \ (\psi/\alpha - \psi) \ (1+\gamma) \ (\alpha^2/\psi)^{\frac{1}{1-\alpha}} \ (p_{dt}^{BR})^{\frac{1}{1-\alpha}} L_{dt}^{BR} A_{dt}^{AR} \end{cases}$$

(3-26)

因此，落后地区来自先进地区技术溢出效应的相对利润为：

$$\frac{\pi_{ct}^{BR}}{\pi_{dt}^{BR}} = \frac{\lambda_c}{\lambda_d} \left(\frac{p_{ct}^{BR}}{p_{dt}^{BR}}\right)^{\frac{1}{1-\alpha}} \frac{L_{ct}^{BR}}{L_{dt}^{BR}} \frac{A_{ct}^{AR}}{A_{dt}^{AR}}$$

(3-27)

根据产品价格与企业生产力及劳动力规模与企业生产力之间的关系，式（3-27）可简化为：

$$\frac{\pi_{ct}^{BR}}{\pi_{dt}^{BR}} = \frac{\lambda_c}{\lambda_d} \left(\frac{A_{ct}^{BR}}{A_{dt}^{BR}}\right)^{-1-(1-\alpha)(1-\varepsilon)} \frac{A_{ct}^{AR}}{A_{dt}^{AR}}$$

(3-28)

由此可得到以下结论：

命题3-3：当先进地区绿色技术研发水平相对落后地区较高时，邻近先进地区的落后地区就可以通过空间技术溢出效应提升本地区绿色技术水平。

四 环境规制、产业转移与工业绿色化

除了市场邻近形成技术外溢之外，环境规制还对市场邻近地区产业空间分布产生重大影响。在先进地区，一般不仅技术领先于落后地区，而且环境规制也强于落后地区。在产业自由分布与自由转移的市场中，假设在先进地区生产单位污染型产品缴纳税收为 τ_t^{AR}①，而在落后地区生产单位污染型产品缴纳税收为 τ_t^{BR}，所以有 $\tau_t^{AR} > \tau_t^{BR}$，因此，在均衡条件下，先进地区和落后地区生产清洁型产品

---

① 污染型产品税与绿色创新补贴本质相同，污染型产品税使得污染型企业生产成本上升，而对清洁型企业没有影响，绿色创新补贴则可以导致清洁型企业生产成本下降，而对污染型企业没有影响。二者的公共特征就是环境规制在本质上将清洁型企业生产成本相对污染型企业变得更小，或者污染型企业生产成本相对清洁型企业变得更大。

的单位生产成本和生产污染型产品的单位生产成本分别满足以下条件：

$$\begin{cases} p_{ct}^{AR} = p_{ct}^{BR} \\ (1+\tau_t^{AR})p_{dt}^{AR} = (1+\tau_t^{BR})p_{dt}^{BR} \end{cases} \quad (3-29)$$

所以，可得到先进地区和落后地区的两部门产品生产成本不等式为：

$$\begin{cases} p_{ct}^{AR}/p_{ct}^{BR} = 1 \\ p_{dt}^{AR}/p_{dt}^{BR} < 1 \end{cases} \quad (3-30)$$

另外，先进地区和落后地区的劳动的边际产品（MPL）之比为：

$$\begin{cases} \dfrac{MPL_c^{AR}}{MPL_d^{AR}} = \left(\dfrac{p_c^{AR}}{p_d^{AR}}\right)^{\frac{1}{1-\alpha}} \dfrac{A_c^{AR}}{A_d^{AR}} \\ \dfrac{MPL_c^{BR}}{MPL_d^{BR}} = \left(\dfrac{p_c^{BR}}{p_d^{BR}}\right)^{\frac{1}{1-\alpha}} \dfrac{A_c^{BR}}{A_d^{BR}} \end{cases} \quad (3-31)$$

我们假设先进地区清洁型产品与污染型产品的劳动的边际产品之比要高于落后地区清洁型产品与污染型产品的劳动的边际产品之比，即 $\dfrac{MPL_c^{AR}}{MPL_d^{AR}} > \dfrac{MPL_c^{BR}}{MPL_d^{BR}}$，由此可得：

$$\dfrac{A_d^{BR}}{A_c^{BR}} < \left(\dfrac{1+\tau_t^{AR}}{1+\tau_t^{BR}}\right)^{\frac{1}{1-\alpha}} \dfrac{A_c^{AR}}{A_d^{AR}} \quad (3-32)$$

根据 $\tau_t^{AR} > \tau_t^{BR}$，式（3-32）可变形为：

$$\dfrac{A_d^{BR}}{A_c^{BR}} < \dfrac{A_c^{AR}}{A_d^{AR}} \quad (3-33)$$

由式（3-33）可知，落后地区在生产污染型产品上就具有比较优势，这表明，当先进地区清洁型产品研发水平较高并且环境规制强度较大时，落后地区在污染型产品上就具有比较优势，当允许地区间产业跨区域流动时，污染型产业就自然地会由先进地区转移到落后地区。这一结论支持了"污染天堂"假说。

命题3-4：环境规制使得污染型产业从环境规制强度大的先进地

区向环境规制强度小的落后地区转移,即"污染天堂"假说被证实。

第四节 本章小结

本章重点就工业绿色化的发动因素——技术创新与环境规制对工业绿色化的作用机理从理论上进行分析,结论如下:一是将技术创新对工业绿色化的影响机理归纳为直接作用机理、市场传导效应和路径依赖效应与成本替代效应三大部分,其中,直接作用包括工业生产技术和工业产业结构,市场传导机制包括规模经济效应、市场溢出效应及市场溢出效应与国内外市场需求联动效应。二是将环境规制对工业绿色化影响的作用机理总结为:环境规制通过行政型环境规制、市场型环境规制和公众型环境规制实现资源配置效应、创新激励效应、技术创新"挤出效应"、污染型企业"溢出效应"及生态环境的反馈机制等作用过程影响工业绿色化进程。三是借助拓展的 Acemoglu 等技术进步偏向模型将技术创新与环境规制对工业绿色化影响的作用机理进行数理模型验证,结果表明:技术创新对工业绿色化的影响具有路径依赖效应,技术创新是偏向于清洁型研发还是污染型研发取决于技术创新起始点;通过合理的环境规制手段,可以在一定范围内消除企业技术创新的路径依赖性,使企业技术创新减少偏向于污染性技术创新,增加偏向于清洁型技术创新;从空间层面看,落后地区存在二重性,一方面可以通过绿色技术研发溢出效应实现提升本地区清洁型研发水平,另一方面落后地区一般来讲又由于环境规制强度相对先进地区较小而出现污染型产业向本地转移,"污染天堂"假说被证实。

第四章　中国工业绿色化测度与评价

　　现有文献关于工业绿色化测度与评价的研究主要存在以下三大问题：一是构建的工业绿色化指标体系由于部分数据难以获得，也就不能够对区域工业绿色化现状作有效评价[①]；二是不能够全面概括工业绿色化，评价指标体系中没有涉及土地资源利用和产业、投资与就业等衡量工业绿色化的重要指标[②]；三是工业绿色化评价指标体系既涵盖了过程（原因或决策）指标，也涵盖了结果（绩效）指标，指标体系构建比较混乱，缺乏一致性。总之，只有构建一个相对合理、综合并以结果和绩效为导向的工业绿色化指标体系，才能够相对有效地测度中国工业绿色化现状，进而为接下来研究以决策指标（技术创新与环境规制）来影响绩效指标（工业绿色化）奠定基础。因此，在前文工业绿色化理论分析研究基础上，本章通过以结果（绩效）指标来构建工业绿色化指标体系并基于加权 TOPSIS 方法对中国工业绿色化水平进行综合评价与系统评价。

[①] 谢红彬、林明水、黄柳婷：《工业绿色化评价指标体系框架设计》，《福建师范大学学报》（自然科学版）2006 年第 4 期。
[②] 王宜虎、陈雯：《江苏沿江各市工业绿色化程度的模糊评价》，《长江流域资源与环境》2008 年第 2 期。

第一节 工业绿色化指数构建

一 评价因子选择原则

综合评价过程指标选择一般应符合以下四大基本原则：一是简洁性原则。指标选择宜少不宜多、宜简不宜繁；同时，指标选择原则上应涵盖评价对象的所有信息。因此，指标选择应在信息涵盖全面性和评价过程简洁性之间合理权衡，使评价工作既节约时间和成本，又能达到我们需要的评价要求。二是独立性原则。评价指标内涵清晰，相互之间相对独立，各个指标不存在因果关系或共线关系；评价层次分明，且不宜过多。整个评价过程必须围绕评价目标层层展开。三是代表性原则。所选择的指标既要能够代表该领域的重要信息，指标之间又要具有差异性和可比性，指标选择应客观实际，一般不宜选择模糊的或概念难以界定的指标。四是可行性原则。所有选择的指标都应该通过一定的渠道找到具体的评价数据，而且评价数据之间时间序列口径一致。除非某一指标特别重要，一般不建议通过相关其他数据替代原始数据。

二 工业绿色化指标体系设计

根据第二章对工业绿色化内涵界定、系统构成和本质认识，以下从资源消耗、废物排放与工业转型三个方面构建中国工业绿色化指数（Industrial Greening Index，IGI），并将中国工业绿色化指数分为资源消耗绿色化系数（Resource Consumption Greening Coefficient，RCGC）、废物排放绿色化系数（Waste Discharge Greening Coefficient，WDGC）和工业转型绿色化系数（Industrial Transformation Greening Coefficient，

ITGC）三大子系统（表4-1）。在此基础上构建以绩效指标因子为基本构成的工业绿色化指标体系，并用于对中国省际工业绿色化水平进行综合评价与系统评价。

表4-1　　　　　　　　　工业绿色化指标体系

目标层	准则层	评价指标	评价因子	指标属性
工业绿色化指数	资源消耗绿色化系数	能源效率	单位工业增加值耗能量/X_1	约束指标
		用水效率	单位工业增加值耗水量/X_2	约束指标
		土地效率	单位工业增加值用地面积/X_3	约束指标
	废物排放绿色化系数	废水排放	单位工业增加值工业废水排放量/X_4	约束指标
			城市工业用水重复利用率/X_5	激励指标
		废气排放	单位工业增加值工业二氧化硫排放量/X_6	约束指标
			单位工业增加值工业氮氧化物排放量/X_7	约束指标
			单位工业增加值工业烟（粉）尘排放量/X_8	约束指标
		废渣排放	单位工业增加值工业固体废弃物排放量/X_9	约束指标
			一般工业固体废弃物综合利用率/X_{10}	激励指标
	工业转型绿色化系数	绿色能源结构	非石化能源占一次能源比重/X_{11}	激励指标
		绿色产业结构	高技术产业主营业务收入占工业主营业务收入比重/X_{12}	激励指标
		绿色投资结构	节能环保支出占地方公共财政支出比重/X_{13}	激励指标
		绿色就业结构	高技术产业从业人员占工业从业人员比重/X_{14}	激励指标

一是资源消耗绿色化系数。资源消耗规模巨大、资源支撑经济发展特别是工业发展可持续能力不足是当前经济发展面临的两大基本特征。减少资源消耗、推进循环经济、提高资源利用效率是工业绿色化的核心。资源消耗绿色化系数可从以下三个方面着力：

①能源效率。提升能源效率是节能的核心，也是资源消耗绿色化系数中最重要的着力点。近些年来，中国在提升能源效率上尽管取得

了相当大的成果,但是与日本、美国等发达国家相比,差距还很大,影响能源利用效率的因素非常多,如经济发展水平、政府干预、产业结构、产权结构、经济开放、能源结构和能源价格等①。另外,提升能源利用效率,不仅具有节能效应,还具有减排效应。

②用水效率。水资源的核心问题就是用水效率问题,提高用水效率是节能的又一个重要着力点。用水效率与区域产业结构和经济发展水平紧密相关,而工业领域是用水的绝对主角,提高工业用水效率对整体经济节水效果显著,减少工业用水或者说提高工业用水效率,其途径主要有:部门用水效率提高和产业结构调整②,而这最终都取决于工业用水技术创新。

③土地效率。严守生态红线和耕地红线,优化提升城镇存量建设用地,控制和减少城镇增量建设用地,提高城镇土地利用效率,成为城市当前和未来发展的必然选择。城市土地利用系数与城市经济发展水平呈现出显著正相关关系,从地级以上城市看,土地利用系数高于0.10 的城市平均 GDP 为 2560.88 亿元,土地利用系数低于 0.02 的城市平均 GDP 仅为 250.00 亿元③。因此,中小城市和小城镇是土地利用效率的洼地,也是提升土地利用效率的潜在目标。

二是废物排放绿色化系数。在农业"三废"、工业"三废"与城市生活"三废"中,工业"三废"(工业废水、废气与废渣)是导致生态环境恶化的主要因素。减少工业"三废"排放,提高工业"三废"利用效率,是工业绿色化的支撑。废物排放绿色化系数如下:

①废水排放。随着工业的发展,工业废水的种类越来越多,而且废物含量也越来越多,其对河流、海洋、湖泊、地下水、土壤等造成

---

① 张志辉:《中国区域能源效率演变及其影响因素》,《数量经济技术经济研究》2015 年第 8 期。

② 贾绍凤等:《工业用水与经济发展的关系——用水库兹涅茨曲线》,《自然资源学报》2004 年第 3 期。

③ 韩立达、史敦友:《城市面积与城市经济关系研究》,《区域经济评论》2018 年第 1 期。

的污染也越来越复杂，对人身体健康的损害也越来越大。因此，对于生态环境保护来讲，工业废水远比生活废水、农业废水等更需要处理，减少工业废水排放量、提高工业废水循环利用率，是治理工业废水排放的有效渠道。

②废气排放。一方面，第二产业畸高的产业结构与以煤炭为主的能源结构是雾霾产生的主要因素[1]，优化产业结构和改变能源结构，特别是工业产业结构与工业能源消费，是治理雾霾的关键。另一方面，雾霾也给居民造成巨大的健康成本，并且人口规模越大这种健康成本越高。因此，减少废气排放，特别是二氧化硫、氮氧化物与烟（粉）尘等废气排放，可有效减少雾霾天气，降低社会健康成本，间接地改进居民的社会福利水平。

③废渣排放。工业固体废弃物主要来源于煤炭、钢铁、水电、建筑等重工、化工与能源工业行业，由于经济增长与科技创新等形成的规模经济效应使得单位工业产值固体废弃物排放量近两年已明显下降[2]，但是，工业固体废弃物排放量规模巨大、危险工业固体废弃物排放量和贮存量不断攀高，已严重危害自然生态环境、动物和人类健康。因此，降低单位工业产值固体废弃物排放量、提升工业固体废弃物综合利用率成为减少废渣排放的主要路径。

三是工业转型绿色化系数。优化工业产业结构是推进工业绿色化的源头。与因为资源约束而降低资源消耗和因生态环境容量有限而减少废物排放的被动发展模式不同，优化工业产业结构是一种积极主动行为，能够从根本上减少资源消耗与废物排放。工业转型绿色化系数涵盖以下四个方面：

---

[1] 邵帅、李欣、曹建华、杨莉莉：《中国雾霾污染治理的经济政策选择——基于空间溢出效应的视角》，《经济研究》2016年第9期。

[2] 郭熙保、冷成英：《长江流域城市经济增长对工业固体废弃物影响比较研究——以沿江八城市为例》，《湖北社会科学》2016年第11期。

①绿色能源结构。能源被分为传统石化能源与新能源两大类，传统石化能源由于其总量有限而不具备可持续性和利用过程二氧化碳、二氧化硫、氮氧化物、粉尘等有毒有害废物排放量大两大特征，是形成雾霾天气的主要根源，废气排放也严重危害居民的身体健康；新能源由于可持续性强和废物排放为零（或极少排放废物）两大典型优势，是国内外能源产业转型发展的基本趋势。因此，大力开发非石化能源，提高非石化能源占一次能源比重，是优化能源结构着力点。

②绿色产业结构。优化产业结构，大力发展生态产业与环保产业，是节能减排低碳循环发展的基本取向。《中国制造 2025》要求制造业发展按照创新驱动、质量为先、绿色发展、结构优化和人才为本五大基本方针，其中，绿色发展和结构优化与之直接相关，创新驱动与质量为先也是产业结构优化的内在动力。因此，大力发展高新技术产业、战略性新兴产业和节能环保产业，是优化工业产业结构的主要选择。

③绿色投资结构。近些年来，尽管固定资产投资在促进经济增长的贡献率[①]和单位固定资产投资产出量[②]上均有所降低，但是投资仍是促进中国经济增长的重要支撑力量。因此，加快转变地方财政投资支出结构，逐渐将投资侧重点由工业增长效率低的传统产业向工业增长效率高的新兴产业转移，不断加大对战略性新兴产业、高新技术产业和节能环保产业等领域的投资力度，是优化投资结构的主要出发点。

④绿色就业结构。就业结构是衡量工业产业结构的又一个重要指标，劳动力就业结构反映了劳动力在产业之间的就业布局。就业结构

---

① 改革开放40多年来，消费、投资和出口对经济增长的贡献率分别从1978年的39.4%、66.0%和-5.4%转变为2017年的58.8%、32.1%和9.1%，消费、投资、出口三驾马车对我国经济增长的贡献率尽管有所波动，但是在总体趋势上，消费对经济增长的贡献率不断提升和投资对经济增长的贡献率不断下降已成为我国经济增长动力转型的基本特征。

② 固定资产投资效率下降比较明显，固定资产投入产出比从1980年的4.96下降到2017年的1.29，固定资产投资效率下降了73.99%。

绿色化要求劳动力就业不断向节能环保产业和绿色生态产业等领域转移。对此，一方面，依靠大力发展绿色产业和创造绿色就业岗位，另一方面，也依靠劳动力素质提升和专业技术培训，以适应由创新驱动和绿色发展主导的新兴就业市场。

三　数据来源与数据处理

工业绿色化指数具体数据来源于 2008—2017 年的《中国统计年鉴》《中国工业统计年鉴》《中国能源统计年鉴》《中国城乡建设统计年鉴》《中国高技术产业统计年鉴》《中国环境统计年鉴》《中国环境年鉴》和各省市区统计年鉴等。《中国环境年鉴》2016 年工业废水排放量、工业二氧化硫、工业氮氧化物等少部分数据由于统计口径变化致使缺失，本书采用线性插值法补充。西藏数据由于缺失过多，本书及以下部分仅对除西藏和港澳台以外的中国大陆 30 个省份工业绿色化水平进行评价。

所有评价因子数据进行线性变换和单位化标准处理。为了比较同一年份不同地区之间差异性和同一地区不同年份之间差异性，以实现空间维度和时间维度二者兼顾，将同一个指标的所有年份与所有地区数据统一进行单位化处理。激励指标和约束指标单位化处理式分别如下：

$$\begin{cases} x_i = (X_i - X_{\min})/(X_{\max} - X_{\min}) \\ x_i = (X_{\max} - X_i)/(X_{\max} - X_{\min}) \end{cases} \quad (4-1)$$

数据经单位标准化处理后，其最大值为 1，最小值为 0。

通过 Stata14.0 软件分析 2007—2016 年 30 个省份工业绿色化 14 个评价因子的面板数据之间相关性。其中，相关性高于 0.8 的仅有 X_1 和 X_8 与 X_{12} 和 X_{14} 两对数据，绝大多数数据之间相关性小于 0.5，再次证明工业绿色化指标体系中所涉及的各个指标因子之间具有较强的独立性。

第二节 工业绿色化评价方法

一 基于加权 TOPSIS 评价方法

从现有文献研究看,多指标综合评价方法可分为主观评价方法如 Delphi 和 AHP 法,客观评价方法如标准 TOPSIS 和 DEA、主成分分析法,主客观综合评价方法三类。主客观评价方法均有其利弊,前者的优点是专家可根据实际问题合理确定各指标权重之间的排序,但其缺点为权重主观随意性较大;后者切断了权重系数的主观性,使系数具有绝对的客观性,但其缺陷是确定的权重有时会与实际重要程度相悖[1],特别是指标因子对于评价对象的重要程度差异性较大时,这种评价结果与现实差异性会愈加明显。基于主客观评价方法各自的优势及不足之处,本章针对工业绿色化指数采取主客观相结合的综合性评价方法。

标准 TOPSIS 是逼近理想值的排序方法,不强调决策者对各参数属性的偏好程度,即不考虑属性的权重系数[2]。标准 TOPSIS 方法其优点就是客观性明确,但作为一种多属性决策方法,标准 TOPSIS 方法并没有体现出决策者的决策意图,或者说是在多指标评价体系中并没有将决策者的决策意图和主观偏好纳入评价指标体系中。鉴于此,在标准 TOPSIS 方法基础上,引入专家赋值法,构建加权 TOPSIS 方法对工业绿色化进行评价。加权 TOPSIS 方法基本思想为:基于原始空间—因子或时间—因子评价矩阵,在无量纲化处理后,结合加权法得到的因子

---

[1] 杜栋、庞庆华:《现代综合评价方法与案例精选》,清华大学出版社 2005 年版,第 6 页。
[2] 李锋、魏莹:《一种改进的基于效用理论的 TOPSIS 决策方法》,《系统管理学报》2008 年第 1 期。

权重，构建加权决策矩阵，确定正理想解和负理想解，然后计算评价因子与正理想解和负理想解的相对接近程度，并以相对接近程度作为综合评价的评价因子的权重。

第一，无量纲决策矩阵。将 m 个省份 n 个评价因子 T 年的数据按照时间序列构成一个全局评价矩阵，即 $mt \times n$，其中，每一个时点的截面数据构成的截面矩阵为 $m \times n$，t 为年份。设 x_{ijt} 是第 i 个地区第 j 个评价因子在第 t 年的值，则由 30 个省份 2007—2016 年 14 个评价因子构成的工业绿色化全局评价矩阵为：

$$X_t = \begin{pmatrix} & X_1 & X_2 & \cdots & X_n \\ M_1 T_t & x_{11t} & x_{12t} & \cdots & x_{1nt} \\ M_2 T_t & x_{21t} & x_{22t} & \cdots & x_{2nt} \\ \vdots & \vdots & \vdots & \vdots & \vdots \\ M_m T_t & x_{m1t} & x_{m2t} & \cdots & x_{mnt} \end{pmatrix} \quad (4-2)$$

其中，M 为评价地区，X 为评价指标，x 为评价因子，$t = 2007, \cdots, 2016$。激励指标和约束指标无量纲化处理采用式（4-1）方法，全局评价矩阵（4-2）的构成因子就是无量纲决策矩阵。无量纲决策矩阵为：

$$\bar{X}_t = \begin{pmatrix} x_{11t} & x_{12t} & \cdots & x_{1nt} \\ x_{21t} & x_{22t} & \cdots & x_{2nt} \\ \vdots & \vdots & \vdots & \vdots \\ x_{m1t} & x_{m2t} & \cdots & x_{mnt} \end{pmatrix} \quad (4-3)$$

第二，指标因子赋权。采用专家打分法，邀请 5 位行业专家针对 14 个评价因子的重要程度进行打分，为了防止打分差别过大而影响指标因子的权重分配，将每一个指标的 5 个评价中的最优评价与最差评价剔除，再求平均值确定最后的权重矩阵 W。

第三，构建加权决策矩阵。将无量纲决策矩阵与加权矩阵相乘，确定最后的加权决策矩阵 $R = r_{ijt}$。用矩阵表示为：

$$R = W \times \begin{pmatrix} x_{11t} & x_{12t} & \cdots & x_{1nt} \\ x_{21t} & x_{22t} & \cdots & x_{2nt} \\ \vdots & \vdots & \vdots & \vdots \\ x_{m1t} & x_{m2t} & \cdots & x_{mnt} \end{pmatrix} \quad (4-4)$$

第四，计算正、负理想解。正、负理想解计算公式为：

$$\begin{cases} S_i^+ = \max_{1 \leq i \leq m}(r_{ijt}), \ j = 1, 2, \cdots, n; \ 越大越优型 \\ S_i^- = \min_{1 \leq i \leq m}(r_{ijt}), \ j = 1, 2, \cdots, n; \ 越小越优型 \end{cases} \quad (4-5)$$

第五，各指标因子与正、负理想解之间的距离用欧氏距离方法计算，各地区与正理想解之间的相对贴近度计算公式为：

$$\eta_{it} = Sd_{it}^- \Big/ (Sd_{it}^+ + Sd_{it}^-) \quad (4-6)$$

其中，Sd^+ 和 Sd^- 分别为正、负理想解，$Sd_{it}^+ = \sqrt{\sum_{j=1}^{n}(S_i^+ - r_{ijt})^2}$；$Sd_{it}^- = \sqrt{\sum_{j=1}^{n}(S_i^- - r_{ijt})^2}$，$\eta_{it}$ 越大，地区评价结果越优；$i = 1, 2, \cdots, m$；$t = 2007, \cdots, 2016$。

二 空间差异性测度方法

从现有理论文献研究成果看，空间差异性测度方法主要有基尼系数法[1]、变异系数法[2]、泰尔熵指数法[3]、赫芬达尔指数法[4]等。另外，

---

[1] 林毅夫、刘培林：《中国的经济发展战略与地区收入差距》，《经济研究》2003 年第 3 期。
[2] 覃成林、张华、张技辉：《中国区域发展不平衡的新趋势及成因——基于人口加权变异系数的测度及其空间和产业二重分解》，《中国工业经济》2011 年第 10 期。
[3] 唐平：《农村居民收入差距的变动及影响因素分析》，《管理世界》2006 年第 5 期。
[4] 王承云、孙飞翔：《长三角城市创新空间的集聚与溢出效应》，《地理研究》2017 年第 6 期。

还有一些不常见的研究方法，如 β 系数收敛法[1]、多维尺度法、类聚与方差法[2]等。其中，各个系数（指数）在一定的研究领域具有相对比较优势，如基尼系数针对中等水平变化比较敏感、泰尔熵指数对高水平变化比较敏感等。因此，本章以泰尔熵指数为基础，以基尼系数和变异系数为补充，并对泰尔熵指数进行分解，探究工业绿色化的空间布局差异性及其差异性的空间贡献。

假设将全国分为 N 个地区，第 i 个地区有 M_i 个省份，即全国省份合计为 $\sum_{i}^{N} M_i$，则基于空间布局差异性的泰尔熵指数[3]可表示为：

$$T = \sum_{i=1}^{N} \sum_{j=1}^{M} \frac{IGI_{ij}}{\overline{IGI}} \ln \frac{IGI_{ij}}{\overline{IGI}} \qquad (4-7)$$

其中，IGI_{ij} 为第 i 个地区第 j 个省份的工业绿色化水平，$\overline{IGI}$ 为工业绿色化均值。泰尔熵指数相对于其他指数的另一个显著优势就是：泰尔熵指数可以将空间布局差异性分解为地区内差异性和地区间差异性之和，以验证空间差异性的程度来自地区间和地区内的比重。式（4-7）可分解为：

$$T = \sum_{i=1}^{N} \sum_{j=1}^{M} \frac{IGI_{ij}}{\overline{IGI}} \ln \frac{IGI_{ij}}{\overline{IGI_i}} + \sum_{i=1}^{N} \sum_{j=1}^{M} \frac{IGI_{ij}}{\overline{IGI}} \ln \frac{\overline{IGI_i}}{\overline{IGI}} \qquad (4-8)$$

其中，$\sum_{i=1}^{N} \sum_{j=1}^{M} \frac{IGI_{ij}}{\overline{IGI}} \ln \frac{IGI_{ij}}{\overline{IGI_i}}$ 代表地区内差异，$\sum_{i=1}^{N} \sum_{j=1}^{M} \frac{IGI_{ij}}{\overline{IGI}} \ln \frac{\overline{IGI_i}}{\overline{IGI}}$ 代表地区间差异，这样，T 就可以分解为地区内差异和地区间差异的总和。为书写方便，令 T_N 代表地区内差异，T_W 代表地区间差异，则 $T_N = \sum_{i=1}^{N} \sum_{j=1}^{M}$

---

[1] 魏后凯：《地区间居民收入差异的分解》，《中国地区发展》，经济管理出版社 1997 年版。

[2] 李敏、杜鹏程：《长江经济带区域绿色持续创新能力的差异性研究》，《华东经济管理》2018 年第 2 期。

[3] Theil, Henri, Economics and Information Theory, *Journal of the Operational Research Society*, 1967, 18 (3): 328–328.

$\frac{IGI_{ij}}{IGI}\ln\frac{IGI_{ij}}{IGI_i}$, $T_W = \sum_{i=1}^{N}\sum_{j=1}^{M}\frac{IGI_{ij}}{IGI}\ln\frac{IGI_{ij}}{\overline{IGI}}$,因此,式(4-8)可简写为:

$$T = T_N + T_W \qquad (4-9)$$

另外,参考国内外已有的研究成果①②③④,基尼系数和变异系数的计算公式分别为:

$$G = \frac{1}{2(N-1)}\sum_{i=1}^{N}\sum_{j=1}^{N}\left|\frac{IGI_i}{N\times\overline{IGI}} - \frac{IGI_j}{N\times\overline{IGI}}\right| \qquad (4-10)$$

$$V = \frac{1}{C\overline{IGI}}\left[\sum_{i=1}^{N}(IGI_i - \overline{IGI})^2\right]^{1/2} \qquad (4-11)$$

三 系统协调度测度方法

耦合源于物理学中的电路元件输入与输出之间的影响,自从作为协调度被引用到社会科学领域以来,由于其操作简单,测算结果对研究对象有极强的解释力,协调度现已被广泛运用于经济学多个系统相互之间影响程度的度量。通过测度不同系统之间的协调程度,可以直观地看出整个系统是否能协调发展及和谐发展⑤。基于此,本章利用三系统耦合协调度对资源消耗绿色化、废物排放绿色化和工业转型绿色化的系统协调度进行测度,三系统耦合协调度计算公式为:

---

① Wen M., Relocation and Agglomeration of Chinese Industry, *Journal of Development Economics*, 2004 (73): 329-347.

② Krugman P., *Geography and Trade*, Cambridge: MIT Press, 1991: 34-52.

③ Amiti M., Specialization Patterns in Europe, *Weltwirtschaftliches Archiv*, 1999 (135): 573-593.

④ Akita T., Miyata S., The Bi-dimensional Decomposition of Regional Inequality based on the Weighted Coefficient of Variation, *Letters in Spatial & Resource Sciences*, 2010, 3 (3): 91-100.

⑤ 姜磊、柏玲、吴玉鸣:《中国省域经济、资源与环境协调分析——兼论三系统耦合公式及其扩展形式》,《自然资源学报》2017年第5期。

$$\sigma_i = \left\{ \frac{RCGC_i \times WDGC_i \times ITGC_i}{[(RCGC_i + WDGC_i + ITGC_i)/3]^3} \right\}^{1/3} \quad (4-12)$$

其中，i 为省份，$RCGC_i$、$WDGC_i$、$ITGC_i$ 分别为资源消耗绿色化、废物排放绿色化和工业转型绿色化系数，σ_i 为 i 省份三系统耦合度，$0 \leq \sigma_i \leq 1$。耦合度仅能反映不同系统之间耦合协调性，是低水平耦合、中等水平耦合还是高水平耦合，耦合度难以对此进行回答，据此，引入协调度，计算公式为：

$$\phi_i = \sqrt{\sigma_i \times \eta_i} \quad (4-13)$$

其中，ϕ_i 为 i 省份协调度。对于协调度的等级划分，学者们大多进行主观性等级划分，如汪德根等采取四分法[1]、盖美等采取五分法[2]、王颖等采取九分法[3]等，并且现有文献关于协调度的等级划分随意性较大。因此，基于本书研究对象的数据特征，本章采取客观的九分位法（见表4-2），这种划分不仅具有客观性，而且便于对不同地区与不同省份工业绿色化结构协调度进行比较分析。

表4-2　　　　工业绿色化结构协调度等级界定与区间划分

等级界定	高度失调	严重失调	中度失调
等级区间	(0, 0.111]	(0.111, 0.222]	(0.222, 0.333]
等级界定	轻微失调	勉强协调	初级协调
等级区间	(0.333, 0.444]	(0.444, 0.556]	(0.5556, 0.667]
等级界定	比较协调	非常协调	高度协调
等级区间	(0.667, 0.778]	(0.778, 0.889]	(0.889, 1]

---

[1] 汪德根、孙枫：《长江经济带陆路交通可达性与城镇化空间耦合协调度》，《地理科学》2018年第7期。

[2] 盖美、聂晨、柯丽娜：《环渤海地区经济—资源—环境系统承载力及协调发展》，《经济地理》2018年第7期。

[3] 王颖等：《2003年以来东北地区城乡协调发展的时空演化》，《经济地理》2018年第7期。

第三节 中国省际工业绿色化综合评价

一 工业绿色化综合评估分析

基于加权 TOPSIS 方法，将 2007—2016 年 10 年间的中国省际工业绿色化水平进行综合评价，并以 2016 年为标准将中国工业绿色化指数的评价结果由高到低依次排序，评价结果见表 4-3。从总体上看，在 2007—2016 年，中国工业绿色化水平变化比较明显。以下从空间维度、时间维度和地区维度三个层面对中国省际工业绿色化水平进行分析。

首先，从省际工业绿色化空间结构评估结果看，2007—2016 年，省际工业绿色化均值的前 10 位依次为广东、北京、江苏、浙江、河南、陕西、山东、福建、天津和上海，其中，东部地区[①]省份就占 8 个，中西部地区省份仅各占 1 个；而后 10 位依次为辽宁、湖南、云南、黑龙江、广西、青海、山西、宁夏、新疆和贵州，其中，西部地区省份有 6 个，中部和东北地区省份各有 2 个。在空间分布上，东部地区省际工业绿色化总体水平占据绝对优势，西部地区和东北地区省际工业绿色化总体水平最低，东部地区、中部地区、东北地区和西部地区工业绿色化总体水平依次呈现显著下降格局，这一空间格局与当前中国各省经济发展水平、工业结构、能源结构、区域创新等呈现出比较明显的一致性。

---

① 东部地区包括北京、天津、河北、山东、江苏、上海、浙江、福建、广东、海南 10 个省份；中部地区包括山西、河南、湖北、湖南、安徽、江西 6 个省份；东北地区包括黑龙江、吉林、辽宁 3 个省份；西部地区包括内蒙古、陕西、甘肃、宁夏、青海、新疆、西藏、四川、重庆、云南、贵州、广西 12 个省份。下文若不作说明，与此相同。

表 4-3 中国省际工业绿色化综合评价结果

地区	2007年 评价值	排名	2008年 评价值	排名	2009年 评价值	排名	2010年 评价值	排名	2011年 评价值	排名	2012年 评价值	排名	2013年 评价值	排名	2014年 评价值	排名	2015年 评价值	排名	2016年 评价值	排名
北京	0.687	1	0.709	2	0.683	3	0.650	4	0.721	3	0.746	3	0.721	3	0.779	2	0.809	1	0.768	1
江苏	0.639	8	0.714	1	0.725	1	0.692	3	0.749	2	0.769	2	0.726	2	0.745	3	0.747	2	0.748	2
广东	0.650	6	0.692	5	0.702	2	0.817	1	0.822	1	0.831	1	0.810	1	0.799	1	0.744	3	0.714	3
浙江	0.666	4	0.707	3	0.671	5	0.696	2	0.717	4	0.724	4	0.686	4	0.726	4	0.713	4	0.700	4
福建	0.577	19	0.599	19	0.603	13	0.604	11	0.638	9	0.673	5	0.643	6	0.659	5	0.675	5	0.683	5
山东	0.641	7	0.677	9	0.641	8	0.614	9	0.639	8	0.651	8	0.645	5	0.622	9	0.671	7	0.645	6
河南	0.666	3	0.705	4	0.667	6	0.622	7	0.658	6	0.669	6	0.634	7	0.640	6	0.673	6	0.627	7
安徽	0.519	23	0.563	21	0.522	26	0.533	23	0.617	14	0.628	13	0.610	10	0.623	7	0.637	12	0.617	8
陕西	0.678	2	0.688	6	0.674	4	0.629	5	0.658	5	0.651	9	0.617	9	0.621	10	0.650	9	0.616	9
上海	0.622	11	0.637	12	0.581	16	0.584	13	0.631	10	0.638	12	0.587	15	0.622	8	0.632	14	0.609	10
重庆	0.517	24	0.531	27	0.544	22	0.543	22	0.618	13	0.623	14	0.620	8	0.607	13	0.652	8	0.596	11
广西	0.383	30	0.405	30	0.452	28	0.521	27	0.606	17	0.615	16	0.584	16	0.617	12	0.635	13	0.590	12
海南	0.600	15	0.6088	15	0.625	10	0.584	12	0.630	11	0.640	11	0.595	14	0.579	18	0.617	16	0.588	13
河北	0.627	9	0.679	8	0.666	7	0.606	10	0.575	22	0.576	22	0.572	18	0.583	17	0.647	10	0.586	14
天津	0.656	5	0.684	7	0.634	9	0.628	6	0.650	7	0.652	7	0.605	12	0.621	11	0.643	11	0.581	15
江西	0.484	27	0.532	26	0.531	24	0.544	21	0.588	20	0.6172	20	0.567	20	0.574	20	0.601	19	0.581	16
湖北	0.506	25	0.541	24	0.555	20	0.551	19	0.602	18	0.587	20	0.597	13	0.590	16	0.617	17	0.576	17

续表

地区	2007年 评价值	2007年 排名	2008年 评价值	2008年 排名	2009年 评价值	2009年 排名	2010年 评价值	2010年 排名	2011年 评价值	2011年 排名	2012年 评价值	2012年 排名	2013年 评价值	2013年 排名	2014年 评价值	2014年 排名	2015年 评价值	2015年 排名	2016年 评价值	2016年 排名
贵州	0.395	29	0.408	29	0.365	30	0.352	30	0.377	30	0.421	30	0.455	29	0.514	25	0.571	23	0.562	18
湖南	0.493	26	0.535	25	0.536	23	0.531	25	0.576	21	0.582	21	0.563	21	0.572	21	0.598	20	0.560	19
吉林	0.626	10	0.645	10	0.594	14	0.574	16	0.620	12	0.644	10	0.607	11	0.601	14	0.610	18	0.559	20
内蒙古	0.611	13	0.632	13	0.617	11	0.580	15	0.591	19	0.590	19	0.577	17	0.598	15	0.624	15	0.556	21
云南	0.547	21	0.606	16	0.575	18	0.549	20	0.534	27	0.529	27	0.501	26	0.554	22	0.583	22	0.547	22
四川	0.587	18	0.579	20	0.556	19	0.532	24	0.606	16	0.613	17	0.570	19	0.577	19	0.587	21	0.536	23
甘肃	0.591	17	0.603	17	0.547	21	0.584	14	0.610	15	0.594	18	0.556	22	0.542	23	0.542	26	0.514	24
黑龙江	0.612	12	0.603	18	0.522	25	0.527	26	0.573	23	0.556	25	0.525	25	0.511	27	0.561	24	0.474	25
宁夏	0.449	28	0.480	28	0.488	27	0.479	28	0.505	28	0.510	28	0.476	28	0.492	28	0.516	27	0.471	26
辽宁	0.596	16	0.630	14	0.578	17	0.559	17	0.556	25	0.564	23	0.530	24	0.526	24	0.545	25	0.465	27
新疆	0.539	22	0.547	23	0.446	29	0.449	29	0.473	29	0.453	29	0.394	30	0.418	30	0.464	28	0.418	28
青海	0.553	20	0.555	22	0.609	12	0.615	8	0.540	26	0.536	26	0.554	23	0.511	26	0.448	29	0.413	29
山西	0.606	14	0.643	11	0.589	15	0.558	18	0.558	24	0.564	24	0.499	27	0.467	29	0.442	30	0.401	30

其次，从省际工业绿色化时间序列评估结果看，在2007—2016年30个省份工业绿色化水平评价结果波动较大。其中，在研究期内14个省份工业绿色化水平实现提升，16个省份工业绿色化水平有所下降。一方面，从工业化水平提升较快的省份看，工业绿色化水平排名提升超过10个名次的省份有5个，分别为福建、安徽、广西、江西和重庆，其中，广西工业绿色化水平提升幅度最高；工业绿色化水平提升比例超过20%的省份仅有广西、贵州2个，且分别提升了54.17%和42.11%。另一方面，工业绿色化水平排名降低超过10个名次的省份有5个，分别为天津、吉林、黑龙江、山西和辽宁，其中，山西工业绿色化水平排名降低最多；工业绿色化水平降低比例超过20%的省份有黑龙江、山西、辽宁、青海和新疆5个，其中，山西工业绿色化水平降低比例达到33.73%。比较发现，工业绿色化水平提升比例较高（相对水平）和上升幅度较高（绝对水平）的省份空间区位同步性明显，绝大多数都是中西部省份，且工业绿色化水平降低比例较高（相对水平）和降低幅度较高（绝对水平）的省份基本都具有相同的产业特征，也就是重工业和能源工业属性，如东北3省、天津、河北、山西、陕西等，另外，工业绿色化水平降低比例较高（相对水平）和降低幅度较高（绝对水平）的省份还具有比较相同的经济发展水平特征，也就是正处于工业化加快推进的欠发达地区，如甘肃、青海、新疆等。这表明，从区位空间看，东部地区工业绿色化水平在研究期初就处于较高水平，尽管到研究期末，绝对水平有一定幅度的提升，但由于初始水平较高，所以仍难获得显著提升；相反，中西部省份工业绿色化水平在研究期初普遍处于较低水平，相对东部地区就具有较大的提升空间。

最后，从分地区省际工业绿色化平均水平变化趋势看（图4-1），2007—2016年，东部地区省际工业绿色化水平居于绝对领先地位，工业绿色化水平在空间上呈现出东部地区、中部地区和西部地区依次降低的明显特征。然而，中部地区、西部地区和东北地区省际工业绿色化平均水平均波动较大。具体来看，2007—2008 年，省际工业绿色化平均水平东北地区高于中部地区再高于西部地区；2009—2015 年，省际工业绿色化平均水平中部地区高于东北地区再高于西部地区；2016 年，省际工业绿色化平均水平中部地区高于西部地区再高于东北地区。总之，由于东北地区省际工业绿色化平均水平在 2007—2016 年一直处于下降态势，致使其省际工业绿色化平均水平先后被中部地区和西部地区超越。

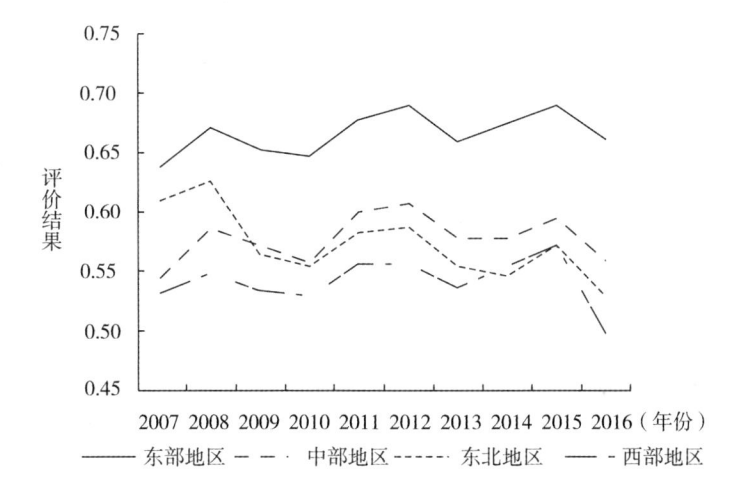

图 4-1　中国分地区省际工业绿色化平均水平变化趋势

二　工业绿色化空间差异性分析

根据式（4-7）、式（4-10）和式（4-11），可计算出 2007—2016 年中国省际工业绿色化空间差异的泰尔熵指数、基尼系数与变异系数（表 4-4）。通过泰尔熵指数、基尼系数与变异系数三者之间的相互印证，可对省际工业绿色化空间差异性进行有效论证。从泰尔熵指数、基尼系数与变异系数变化趋势看（图 4-2），3 个指数（系数）变化趋势呈现出明显的一致性，并且其拐点时间也存在明显的同步性。

从泰尔熵指数可知，省际工业绿色化空间差异性在 2007—2015 年总体变化幅度不大，保持相对稳定趋势，仅在 2016 年出现大幅度的提升。

表 4-4　中国工业绿色化空间差异的泰尔熵指数、基尼系数与变异系数

年份	T	G	V	年份	T	G	V
2007	0.293	0.151	0.745	2012	0.283	0.149	0.711
2008	0.289	0.151	0.725	2013	0.292	0.151	0.728
2009	0.295	0.153	0.714	2014	0.299	0.154	0.737
2010	0.295	0.145	0.738	2015	0.275	0.148	0.704
2011	0.278	0.143	0.702	2016	0.377	0.175	0.812

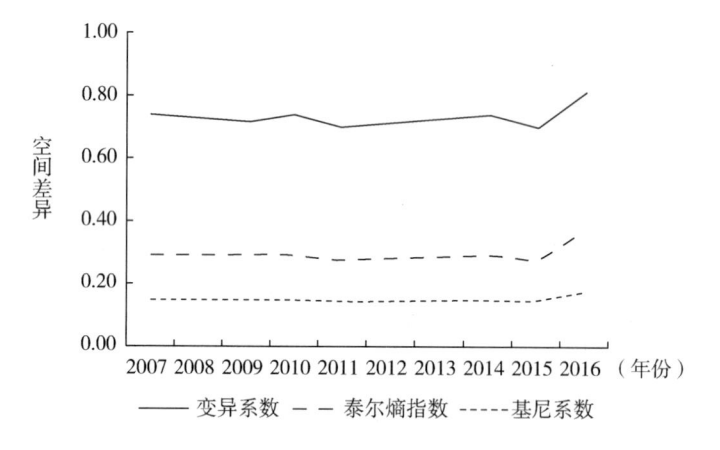

图 4-2　中国工业绿色化泰尔熵指数、基尼系数与加权变异系数变化趋势

为进一步论证测度省际工业绿色化空间差异性的泰尔熵指数的有效性，以泰尔熵指数为因变量，分别以基尼系数和变异系数为自变量，对泰尔熵指数与基尼系数和变异系数之间分别进行相关性检验（表 4-5），泰尔熵指数与基尼系数之间相关性系数为 3.092，在 1% 水平上显著；泰尔熵指数与变异系数之间相关性系数为 0.867，在 1% 水平上显著。

并且从泰尔熵指数与基尼系数和变异系数相关性回归的稳健标准误、t 统计量、F 统计量表明，两个回归是高度显著的。由此可知，通过以基尼系数和变异系数对泰尔熵指数相关性论证，进一步表明以泰尔熵指数测度中国省际工业绿色化空间差异性的有效性。

表 4-5　泰尔熵指数、基尼系数和变异系数的相关性回归

T	变量系数	稳健标准误	t 统计量	F 统计量	调整 R^2
G	3.092***	0.357	8.66	0.000	0.891
V	0.867***	0.094	9.22	0.000	0.903

注：***指在1%水平上显著。

三　工业绿色化空间差异性分解

以泰尔熵指数测度中国省际工业绿色化空间差异性虽然总体波动较小，但仍呈现一定的变动，这种差异性变化主要来源于地区内还是地区间？可通过对泰尔熵指数空间分解对此给予解答。按照东部地区、中部地区、东北地区和西部地区的四大地区分类，通过式（4-8），将中国工业绿色化空间差异性的地区泰尔熵指数分解计算结果列表如表 4-6。

表 4-6　中国工业绿色化空间差异性的地区泰尔熵指数分解

年份	T	T_{IN}					T_{OUT}
		T_{total}	T_{east}	T_{middle}	$T_{northeast}$	T_{west}	
2007	0.293	0.193	0.013	0.041	0.001	0.139	0.100
2008	0.289	0.178	0.019	0.035	0.001	0.123	0.111
2009	0.295	0.181	0.024	0.022	0.005	0.131	0.114
2010	0.295	0.180	0.059	0.008	0.002	0.111	0.115
2011	0.278	0.171	0.057	0.008	0.003	0.103	0.107

续表

年份	T	T_{IN}					T_{OUT}
		T_{total}	T_{east}	T_{middle}	$T_{northeast}$	T_{west}	
2012	0.283	0.159	0.060	0.010	0.007	0.082	0.124
2013	0.292	0.173	0.066	0.017	0.006	0.084	0.119
2014	0.299	0.171	0.074	0.027	0.007	0.062	0.128
2015	0.275	0.163	0.040	0.046	0.003	0.074	0.112
2016	0.377	0.203	0.058	0.056	0.009	0.080	0.174

通过对泰尔熵指数分解发现，地区内总体省际工业绿色化空间差异性不断变小（仅在2016年变大），而地区间的省际工业绿色化空间差异性则有小幅度的扩大。从地区内和地区间的省际工业绿色化空间差异性变化趋势看，尽管地区内的省际工业绿色化空间差异性一直高于地区间的省际工业绿色化空间差异性，但是二者的差距在不断缩小。在2007年，地区内的省际工业绿色化空间差异性是地区间的省际工业绿色化空间差异性的1.93倍，但是到2016年，这一差距缩小到约1.17倍。因此，可以预期地区间的省际工业绿色化空间差异性将很快超过地区内的省际工业绿色化空间差异性，并成为中国省际工业绿色化空间差异性的主导因素。

从地区内的省际工业绿色化空间差异性贡献程度看，在2016年，西部地区贡献最大，东北地区贡献最小；从四大地区对地区内的省际工业绿色化空间差异性贡献变化趋势看，东部地区呈现先增大后减小，中部地区和西部地区则先减小后增大，东北地区保持小幅增长。进一步对每一个省份对本地区内工业绿色化空间差异性的贡献程度计算，在2016年有$T_{northeast} < T_{middle} < T_{east} < T_{west}$，即东北地区省均工业绿色化空间差异性最小，西部地区省均工业绿色化空间差异性最大。这一结论是很明显的，东北地区作为一个相对独立的经济体，工业绿色化水平也比较接近，工业绿色化空间差异性自然也

较小；东部地区尽管已经形成了京津冀、长三角、珠三角三大城市群，但是城市群之间独立性较强，三大城市群与东部地区其他非城市群省份工业发展差异性仍比较明显，即使是城市群内如京津冀城市群，北京、天津与河北的差距也非常大；中部地区在中部崛起战略中和以武汉、郑州两大国家中心城市及中原城市群与长江中游城市群发展引领下，区域融合发展效应显著，但是差异性仍较大；西部地区由于各省之间经济发展差距大、地理空间阻隔明显和工业结构差异性明显等因素，造成工业绿色化空间差异性相对其他地区更大。

第四节 中国省际工业绿色化系统评价

上述工业绿色化综合评价是从空间视角进行分析，其结果表明中国省际工业绿色化空间差异性明显。下面再进一步对工业绿色化结构即三大子系统之间的协调性、同步性与相关性进行测算，以判定省际工业绿色化系统内是同步型发展还是非同步型发展，以通过加速工业绿色化"扬长补短"，实现工业绿色化全面提升。

一 工业绿色化系统评价分析

与上述省际工业绿色化水平综合评价过程相同，对省际工业绿色化系统组成的资源消耗绿色化、废物排放绿色化和工业转型绿色化分别进行评估，评估方法仍然为加权 TOPSIS 方法。评价结果见表 4-7，表 4-7 仅呈现研究期的 2007 年与 2016 年及 2007—2016 年均值 3 个主要数据。

首先，对资源消耗绿色化子系统评估（RCGC）结果分析。在 2007—2016 年，资源消耗绿色化水平均值超过 0.8 的省份有 8 个，分别为天津、北京、陕西、浙江、广东、辽宁和河南，其中，天津在评价期内资源消耗绿色化平均水平达到0.909；资源消耗绿色化平均水平低于0.5的省份有4个，分别为新疆、青海、贵州和宁夏，其中宁夏资源消耗绿色化平均水平为0.345，仅为最高水平的天津的37.95%。在2016年，有19个省份的资源消耗绿色化水平高于全国平均水平，11个省份的资源消耗绿色化水平低于全国平均水平。在低于全国资源消耗绿色化平均水平的11个省份中，东部地区、中部地区、东北地区和西部地区各有1个（海南）、1个（山西）、2个（辽宁、黑龙江）和7个（贵州、内蒙古、云南、甘肃、青海、新疆、宁夏），全部为工业欠发达省份或能源型工业省份。根据对资源消耗绿色化指标设置可知，资源消耗绿色化水平越高，表明地区工业发展中，单位工业增加值耗能、耗水和用地量越少。因此，从资源消耗绿色化评价结果可知，西部地区省份普遍存在以牺牲能源、水资源和土地资源为代价的粗放式工业发展模式，而以天津、北京为代表的发达城市和省份在节能、节水和节地领域发展水平则相对较高。由此可知，资源消耗与工业发展水平或经济发达程度呈现出显著的相关性。

其次，对废物排放绿色化子系统评估（WDGC）结果分析。在2007—2016年，全国废物排放绿色化水平均值为0.740，有16个省份超过了全国平均水平，其中，东部地区省份有9个，仅有河北1省低于全国平均水平；中部地区省份有4个，分别为安徽、河南、湖北和湖南；东北地区省份有2个，分别为吉林和黑龙江；西部地区仅有陕西1个省份高于全国平均水平。以工业废水、废气和固体废弃物为代表的工业废物排放绿色化，其评价结果越高，证明区域工业发展过程中的减排力度越大，工业废物循环利用效果也越高。与资源消耗绿色化非常类似，废物排放绿色化评价结果也明显呈现出与经济发展水平高度的相关性。

表 4-7　　　　　　　中国省际工业绿色化系统评价结果

地区	RCGC 2007年	RCGC 2016年	RCGC 均值	WDGC 2007年	WDGC 2016年	WDGC 均值	ITGC 2007年	ITGC 2016年	ITGC 均值
北京	0.884	0.916	0.886	0.888	0.839	0.831	0.374	0.676	0.545
天津	0.973	0.909	0.909	0.948	0.974	0.966	0.273	0.233	0.281
河北	0.789	0.742	0.734	0.759	0.780	0.722	0.303	0.396	0.419
山西	0.730	0.492	0.656	0.618	0.499	0.600	0.457	0.266	0.366
内蒙古	0.690	0.666	0.707	0.579	0.674	0.647	0.586	0.411	0.484
辽宁	0.879	0.671	0.817	0.711	0.651	0.708	0.172	0.164	0.183
吉林	0.744	0.855	0.770	0.778	0.812	0.809	0.344	0.259	0.372
黑龙江	0.602	0.617	0.609	0.830	0.750	0.786	0.371	0.148	0.289
上海	0.694	0.717	0.654	0.942	0.943	0.941	0.309	0.367	0.370
江苏	0.658	0.740	0.705	0.853	0.936	0.899	0.424	0.671	0.613
浙江	0.861	0.894	0.844	0.851	0.926	0.878	0.407	0.554	0.535
安徽	0.420	0.703	0.565	0.745	0.905	0.850	0.355	0.386	0.380
福建	0.644	0.806	0.687	0.759	0.868	0.828	0.329	0.512	0.448
江西	0.505	0.724	0.623	0.618	0.712	0.701	0.241	0.387	0.357
山东	0.900	0.851	0.842	0.902	0.908	0.904	0.175	0.413	0.310
河南	0.824	0.854	0.814	0.788	0.832	0.837	0.392	0.395	0.412
湖北	0.431	0.754	0.584	0.764	0.831	0.833	0.226	0.276	0.317
湖南	0.482	0.747	0.611	0.648	0.804	0.742	0.230	0.235	0.288
广东	0.821	0.890	0.839	0.872	0.939	0.917	0.416	0.575	0.627
广西	0.516	0.751	0.609	0.348	0.838	0.643	0.263	0.338	0.390
海南	0.605	0.568	0.601	0.849	0.771	0.790	0.295	0.426	0.411
重庆	0.509	0.835	0.669	0.530	0.794	0.703	0.509	0.341	0.422
四川	0.624	0.760	0.696	0.661	0.754	0.730	0.447	0.236	0.318
贵州	0.246	0.689	0.397	0.468	0.738	0.536	0.412	0.344	0.376
云南	0.615	0.658	0.606	0.633	0.693	0.620	0.338	0.372	0.442
陕西	0.896	0.875	0.869	0.640	0.862	0.757	0.553	0.348	0.426
甘肃	0.562	0.430	0.525	0.605	0.631	0.605	0.600	0.423	0.554
青海	0.356	0.391	0.468	0.549	0.222	0.414	0.733	0.587	0.696
宁夏	0.424	0.203	0.345	0.332	0.599	0.444	0.662	0.471	0.637

续表

地区	RCGC			WDGC			ITGC		
	2007年	2016年	均值	2007年	2016年	均值	2007年	2016年	均值
新疆	0.684	0.205	0.474	0.619	0.578	0.556	0.256	0.342	0.284
均值	0.652	0.697	0.670	0.703	0.769	0.740	0.382	0.385	0.418

最后，对工业转型绿色化评估（ITGC）结果分析。工业转型绿色化评价结果呈现如下三个特征：一是工业转型绿色化高水平省份位于西部地区，工业转型绿色化在研究期内均值最高的省份为青海，青海和宁夏排名前两位。二是工业转型绿色化超过全国均值的省份有13个，东部地区仅有6个，分别为广东、江苏、北京、浙江、福建和河北，西部地区则达到7个，分别为青海、宁夏、甘肃、内蒙古、云南、陕西和重庆；中部地区和东北地区在工业转型绿色化水平上还没有省份超过全国平均水平。三是东北三省工业转型绿色化水平基本垫底，东北地区3个省份分别位于26位、29位和30位（也就是排名倒数第5、第2和第1）。由此可知，工业转型绿色化与资源消耗绿色化和废物排放绿色化明显不同，并没有表现出与工业发达程度明显的相关性。针对工业转型绿色化评价结果，本书认为，其原因各不相同。工业欠发达的西部地区如青海、宁夏等出现这一评价结果很可能是因为生态环境脆弱而限制了工业粗放式发展，加之政府环境规制严格与生态保护红线约束，迫使其工业发展在一开始就朝着生态工业、绿色工业与循环工业方向发展；与此不同，东部地区如广东、江苏、北京等省份经济发展程度已经达到或跨越了粗放式发展阶段，迈进了工业精细化与工业绿色化阶段。相反，东北地区是重工业与能源工业发展主导并处于工业绿色转型困境期，造成工业转型绿色化水平严重滞后；中部地区在中部崛起战略驱使下处于工业化加速发展阶段。近些年来，尽管工业转型绿色化也在不断推进，但是相对工业增长速度仍稍显不足。

二 工业绿色化系统协调性分析

根据式（4-12）和式（4-13）计算得到各省工业绿色化系统协调度（见表4-8）。从总体上看，省际工业绿色化系统协调度差别比较明显，且省际工业绿色化系统协调度整体波动性相对较大。

表4-8　　　　　中国省际工业绿色化系统协调度

地区	2007年	2008年	2009年	2010年	2011年	2012年	2013年	2014年	2015年	2016年
北京	0.799	0.820	0.808	0.787	0.840	0.858	0.841	0.880	0.898	0.873
天津	0.753	0.770	0.733	0.738	0.751	0.766	0.729	0.743	0.752	0.697
河北	0.758	0.812	0.807	0.764	0.738	0.750	0.748	0.756	0.797	0.749
山西	0.771	0.798	0.761	0.733	0.730	0.738	0.689	0.665	0.641	0.621
内蒙古	0.780	0.794	0.781	0.751	0.757	0.762	0.752	0.769	0.785	0.736
辽宁	0.694	0.735	0.685	0.677	0.659	0.694	0.665	0.662	0.679	0.624
吉林	0.766	0.788	0.743	0.732	0.772	0.790	0.761	0.758	0.744	0.701
黑龙江	0.762	0.750	0.697	0.704	0.723	0.713	0.697	0.677	0.720	0.619
上海	0.750	0.766	0.730	0.735	0.770	0.774	0.741	0.768	0.769	0.753
江苏	0.783	0.839	0.848	0.826	0.860	0.872	0.847	0.859	0.858	0.860
浙江	0.794	0.828	0.805	0.825	0.838	0.843	0.819	0.846	0.834	0.826
安徽	0.702	0.733	0.701	0.704	0.762	0.769	0.761	0.770	0.773	0.762
福建	0.737	0.761	0.768	0.764	0.788	0.806	0.789	0.799	0.807	0.816
江西	0.670	0.719	0.720	0.719	0.749	0.773	0.737	0.742	0.754	0.747
山东	0.713	0.764	0.743	0.733	0.747	0.772	0.780	0.754	0.795	0.780
河南	0.795	0.825	0.800	0.761	0.786	0.801	0.776	0.782	0.801	0.769
湖北	0.671	0.703	0.728	0.726	0.750	0.729	0.746	0.735	0.748	0.719
湖南	0.673	0.708	0.721	0.708	0.725	0.738	0.724	0.725	0.728	0.700
广东	0.786	0.817	0.827	0.902	0.904	0.909	0.898	0.891	0.854	0.836
广西	0.607	0.634	0.672	0.717	0.766	0.770	0.748	0.776	0.779	0.741
海南	0.741	0.748	0.783	0.742	0.784	0.788	0.761	0.754	0.775	0.756
重庆	0.719	0.727	0.730	0.723	0.770	0.778	0.776	0.762	0.788	0.744

续表

地区	2007年	2008年	2009年	2010年	2011年	2012年	2013年	2014年	2015年	2016年
四川	0.761	0.738	0.730	0.690	0.751	0.762	0.729	0.733	0.726	0.687
贵州	0.618	0.611	0.570	0.593	0.607	0.636	0.666	0.707	0.733	0.730
云南	0.726	0.777	0.758	0.736	0.730	0.725	0.701	0.741	0.754	0.726
陕西	0.815	0.820	0.810	0.771	0.789	0.789	0.760	0.761	0.779	0.753
甘肃	0.769	0.776	0.739	0.763	0.780	0.767	0.744	0.735	0.730	0.711
青海	0.728	0.728	0.776	0.779	0.726	0.722	0.730	0.700	0.639	0.619
宁夏	0.656	0.680	0.682	0.672	0.694	0.699	0.664	0.663	0.682	0.654
新疆	0.703	0.714	0.645	0.642	0.650	0.659	0.622	0.640	0.657	0.619

一方面，从省际工业绿色化系统协调度空间布局上看，工业绿色化系统协调度整体较高，但省际空间差异比较明显。2016年，工业绿色化系统协调度最大的省份为北京，达到0.873，其中，工业绿色化系统协调度超过0.8的省份有北京、江苏、广东、浙江、福建5个，全部为东部地区省份；工业绿色化系统协调度低于0.7的省份有8个，其中，西部地区省份有四川、宁夏、青海、新疆4个，东北地区省份有黑龙江、辽宁2个，东部地区和中部地区省份均仅有1个，分别为天津和山西。分地区看，东部地区工业绿色化系统协调度均值在2007—2016年在四个地区当中明显最高，所有年份均值全部高于0.75；而中部地区、东北地区和西部地区工业绿色化系统协调度均值在2007—2016年仅有2008年的东北地区、2011—2012年的中部地区3个年份高于0.75。总之，通过对四个地区工业绿色化系统协调度均值比较可知，分地区工业绿色化系统协调度均值由高到低依次为东部地区、中部地区、东北地区和西部地区。

另一方面，从省际工业绿色化系统协调度时间演进上看，全国省际工业绿色化系统协调度在不同区域表现差别较大，但整体保持相对稳定。在2007—2016年，有16个省份工业绿色化系统协调度获得改善，然而，获得改善幅度最高的前两个省份广西和贵州均位于西部地区；有14个省份工业绿色化系统协调度变得恶化，其中，东部地区与中部地区省份各有2个，东北地区省份有3个，西部地区省份有7个。从分地区工业绿色化系统协调度演变趋势看（图4-3），东部地区工业绿色化系统协调度均值在整体上呈现出上升趋势；中西部地区工业绿色化系统协调度均值保持相对稳定状态；东北地区工业绿色化系统协调度均值呈现出明显下降趋势，致使在2008年和2012年先后被中部地区和西部地区超越。工业绿色化系统协调度在东部地区、中部地区、东北地区和西部地区的改善比例分别为80%、67%、0和36%，这表明，在地区工业绿色化系统协调度演变趋势上，东部地区表现最高、中部地区次之、西部地区再次之、东北地区持续恶化。另外，省际工业绿色化系统协调度雷达图（图4-4）也可以清晰印证这一结论。

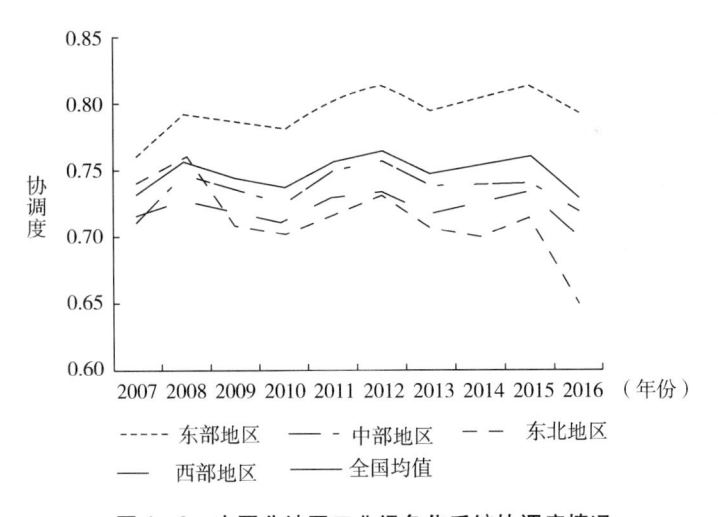

图4-3 中国分地区工业绿色化系统协调度情况

为了更加明显地看出省际工业绿色化空间布局和时间演变情况，根据表4-2工业绿色化系统协调度等级划分标准，可将表4-8中主要年份省际工业绿色化系统协调度进行等级划分。根据等级划分结果（见表4-9），中国省际工业绿色化系统协调等级全部位于初级协调、

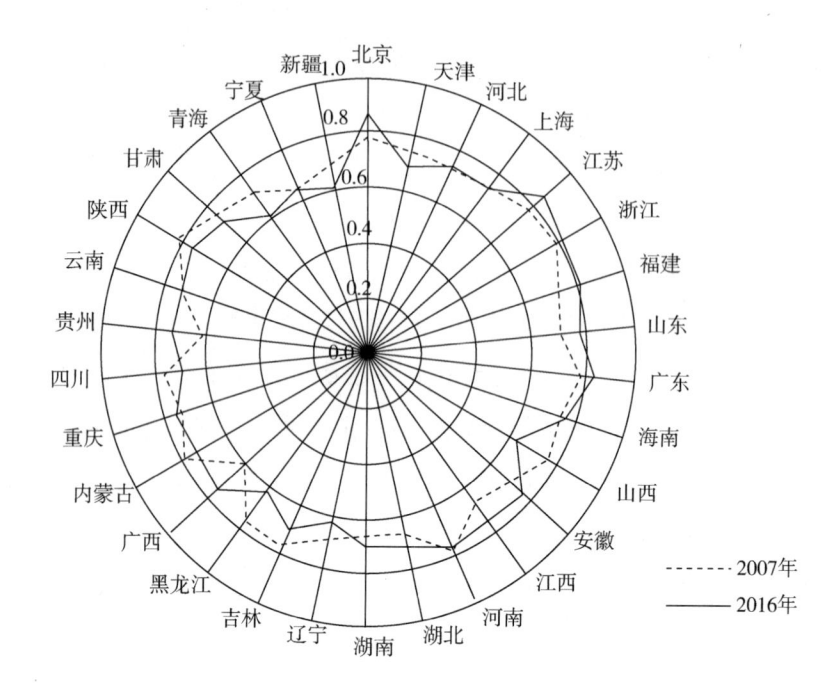

图 4-4 中国省际工业绿色化系统协调度雷达图

比较协调、非常协调及高度协调 4 个区间，且在空间上整体呈现出高协调等级省份由西到东转移趋势。以工业绿色化系统非常协调的省份为例，从东西空间分布来看，在 2007 年，东部省份仅有 4 个为非常协调工业绿色化系统，占全国工业绿色化系统非常协调省份的比重为 57.14%；到 2013 年和 2016 年，东部地区工业绿色化系统非常协调的省份占全国工业绿色化非常协调省份的比重为 100%。与东部地区普遍存在的工业绿色化协调等级提升相比，中西部地区部分省份和东北地区省份，不同程度地呈现出工业绿色化系统协调等级降级现象。针对该现象，本书认为，一方面，中西部地区和东北地区本身工业绿色化水平相对东部地区就较低；另一方面，由于中西部地区省份普遍处于工业化发展加速期，很容易发生工业节能、减排与转型发展过程中步调不一致；而且东北地区近些年劳动力与技能人才流失严重，产业转型与工业创新困难，致使工业转型绿色化水平严重偏低。因此，根据对工业绿色化协调等级分析，进一步强化了工业绿色化系统协调度与工业发达程度密切相关这一结论。

表4-9　中国主要年份省际工业绿色化系统协调度

地区	省份	2007年	2010年	2013年	2016年
东部地区	北京	非常协调	非常协调	非常协调	非常协调
	天津	比较协调	比较协调	比较协调	比较协调
	河北	比较协调	比较协调	比较协调	比较协调
	上海	比较协调	比较协调	比较协调	比较协调
	江苏	非常协调	非常协调	非常协调	非常协调
	浙江	非常协调	非常协调	非常协调	非常协调
	福建	比较协调	比较协调	非常协调	非常协调
	山东	比较协调	比较协调	非常协调	非常协调
	广东	非常协调	高度协调	高度协调	非常协调
	海南	比较协调	比较协调	比较协调	比较协调
中部地区	山西	比较协调	比较协调	比较协调	初级协调
	安徽	比较协调	比较协调	比较协调	比较协调
	江西	比较协调	比较协调	比较协调	比较协调
	河南	非常协调	比较协调	比较协调	比较协调
	湖北	比较协调	比较协调	比较协调	比较协调
	湖南	比较协调	比较协调	比较协调	比较协调
西部地区	内蒙古	非常协同	比较协调	比较协调	比较协调
	广西	初步协调	比较协调	比较协调	比较协调
	重庆	比较协调	比较协调	比较协调	比较协调
	四川	比较协调	比较协调	比较协调	比较协调
	贵州	初步协调	初步协调	初步协调	比较协调
	云南	比较协调	比较协调	比较协调	比较协调
	陕西	非常协调	比较协调	比较协调	比较协调
	甘肃	比较协调	比较协调	比较协调	比较协调
	青海	比较协调	非常协调	比较协调	初级协调
	宁夏	初级协调	比较协调	初级协调	初级协调
	新疆	比较协调	初级协调	初级协调	初级协调

续表

地区	省份	2007年	2010年	2013年	2016年
东北地区	吉林	比较协调	比较协调	初级协调	初级协调
	辽宁	比较协调	比较协调	比较协调	比较协调
	黑龙江	比较协调	比较协调	比较协调	初级协调

三 工业绿色化系统同步性分析

协调度与协调等级仅能论证工业绿色化系统的整体协调情况，并不能对工业绿色化系统何者领先、何者滞后或三者同步进行明确回答。为了探究工业绿色化系统的领先、滞后和同步，以实现对资源消耗绿色化（RCG）、废物排放绿色化（WDG）和工业转型绿色化（ITG）有针对性地查漏补缺，这里作以下假设：

针对工业绿色化系统集合 $\{RCG_{it}, WDG_{it}, ITG_{it}\}$，其中，$i$ 为省份，t 为时期。令 α_{it} 为工业绿色化系统集合最大值，β_{it} 为工业绿色化系统集合最小值。即 $\alpha_{it} = \max\{RCG_{it}, WDG_{it}, ITG_{it}\}$，$\beta_{it} = \min\{RCG_{it}, WDG_{it}, ITG_{it}\}$，并作以下两个假设：

假设4-1：当 $\alpha_{it} - \beta_{it} \leq 0.3$，则在 i 省份 t 时期，工业绿色化系统为资源消耗绿色化、废物排放绿色化与工业转型绿色化同步发展型，简称工业绿色化系统同步发展型。

假设4-2：若 $\alpha_{it} - \beta_{it} > 0.3$，则在 i 省份 t 时期，工业绿色化系统为资源消耗绿色化、废物排放绿色化与工业转型绿色化系统非同步发展型，也就是工业绿色化系统为 α 领先型与 β 滞后型。

例如，在集合 $\{RCG_{it}, WDG_{it}, ITG_{it}\}$ 中，设 $\alpha_{it} = RCG_{it}$，$\beta_{it} = WDG_{it}$，若 $\alpha_{it} - \beta_{it} \leq 0.3$，则在 i 省份 t 时期，工业绿色化系统为工业绿色化系统同步发展型省份；若 $\alpha_{it} - \beta_{it} > 0.3$，则在 i 省份 t 时期，工业绿色化系统为非同步发展型省份，也称之为资源消耗绿色化领先型和

废物排放绿色化滞后型。根据假设4-1和假设4-2，计算出主要年份的工业绿色化系统领先型省份、工业绿色化系统滞后型省份和工业绿色化系统同步型省份（见表4-10）。

表4-10　　　　　中国省际工业绿色化系统同步性分析

地区	2007 领先型	2007 同步型	2007 滞后型	2010 领先型	2010 同步型	2010 滞后型	2013 领先型	2013 同步型	2013 滞后型	2016 领先型	2016 同步型	2016 滞后型
北京	▲		○	▼		○	▼		○		●	
天津	▼		○	▼		○	▲		○	▲		○
河北	▼		○	▼		○		●		▲		○
山西		●		▼		○	▼		○		●	
内蒙古		●		▼		○		●			●	
辽宁	▼		○	▼		○	▼		○	▼		○
吉林	▲		○	▼		○	▲		○	▼		○
黑龙江	▲		○	▲		○	▲		○	▲		○
上海	▲		○	▲		○	▲		○	▲		○
江苏	▲		○		●			●			●	
浙江	▼		○	▼		○	▲		○	▲		○
安徽	▲		○	▲		○	▲		○	▲		○
福建	▲		○	▲		○	▲		○	▲		○
江西	▲		○	▼		○	▲		○	▼		○
山东	▲		○	▼		○	▲		○	▲		○
河南	▼		○	▼		○	▲		○	▲		○
湖北	▲		○	▲		○	▲		○	▲		○
湖南	▲		○	▲		○	▲		○	▲		○
广东	▲		○		●			●		▲		○
广西		●			●		▲		○	▲		○
海南	▲		○	▲		○	▲		○	▲		○
重庆		●		▼		○	▲		○	▼		○
四川		●		▼		○	▼		○	▼		○

续表

地区	2007 领先型	2007 同步型	2007 滞后型	2010 领先型	2010 同步型	2010 滞后型	2013 领先型	2013 同步型	2013 滞后型	2016 领先型	2016 同步型	2016 滞后型
贵州		●			●			●		▲		○
云南		●			●			●		▲		○
陕西	▼		○	▼		○	▼		○	▼		○
甘肃		●			●			●			●	
青海	►		■	►			►		□	►		□
宁夏	►		□	►		□	►		■	▲		■
新疆	▼		○	▼		○		●		▲		■

注：▼资源消耗绿色化领先型；▲废物排放绿色化领先型；►工业转型绿色化领先型；● 同步发展型；■资源消耗绿色化滞后型；□废物排放绿色化滞后型；○工业转型绿色化滞后型。

首先，从工业绿色化系统领先型省份看，工业绿色化系统领先型省份在2007—2016年由22个增加到25个，其中，资源消耗绿色化领先型和废物排放绿色化领先型省份数量占据绝对优势。资源消耗绿色化领先型省份在2007年和2016年都是7个，但其空间分布由2007年东部地区省份最多转变为2016年西部地区省份最多，并且东部地区资源消耗绿色化领先型省份完全消失；废物排放绿色化领先型省份从2007年的13个增加到2016年的17个，其空间分布从2007年由以东部地区省份和中部地区省份为主且西部地区没有一个省份转变为2016年以东部地区省份、中部地区省份和西部地区省份并进格局；工业转型绿色化领先型省份在2007—2016年从2个减少到仅剩青海1个。

其次，从工业绿色化系统滞后型省份看，工业绿色化系统滞后型省份在2007—2016年由22个增加到25个，其中，工业转型绿色化滞后型绝对占优。在2007年，工业转型绿色化滞后型省份达到20个，广泛分布于东部、中部和东北部地区，其中，东部地区和东北地区所有省份全部为工业转型绿色化滞后型，中部地区也仅有山西不是；资源消耗绿色化滞后型和废物排放绿色化滞后型省份各仅有1个，分别为青海和宁夏。到2016年，工业转型绿色化滞后型省份增加到22个；资源消耗绿色化滞后型省份仅有2个，为宁夏、新疆；废物排放绿色化滞后型省份仅有1个，为青海。

最后，从工业绿色化系统同步发展型省份看，在2007年，工业绿色化同步发展型省份有8个，其中，西部地区省份就有7个，分别为内蒙古、甘肃、四川、重庆、云南、贵州、广西；剩下1个省份为中部地区的山西。然而，到2016年，工业绿色化同步发展型省份减少到5个，其中，东部地区省份新增两个，分别为北京、江苏；中部地区省份为1个，为山西；西部地区省份则仅剩内蒙古、甘肃两个。总之，从工业绿色化系统同步发展型省份空间分布变化看，西南地区明显减少。

四 工业绿色化系统相关性分析

将资源消耗绿色化、废物排放绿色化与工业转型绿色化在全国层面及四大地区进行相关性检验（表4-11）。从全国层面看，资源消耗绿色化与废物排放绿色化之间显著正相关，相关系数达到0.682；资源消耗绿色化与工业转型绿色化之间显著负相关，相关系数为-0.147；废物排放绿色化与工业指数绿色化之间显著负相关，相关系数为-0.211。这表明在整体上工业节能与工业减排可以协调同步推进，二者之间相互促进、互利共赢；工业节能与工业转型以及工业减排与工业转型之间则是对立因子；但是工业节能与工业转型、工业减排与工业转型之间相关系数相对较小。

然而，不同地区工业发展基础与工业发展环境存在较大差异，可能会导致资源消耗、废物排放与工业转型之间的相关性存在空间异质性。因此，需要分地区对工业绿色化系统相关性进行再检验。

分地区相关性检验结果表明，工业绿色化系统在东部地区、中部地区、东北地区和西部地区没有呈现完全一致的相关性。首先，从资源消耗绿色化与废物排放绿色化来看，在东部地区、中部地区、西部地区与整体相关性一致，均呈现出正相关关系，相关性显著；仅在东北地区呈现负相关关系，但相关性不显著。其次，从资源消耗绿色化与工业转型绿色化来看，在东北地区和西部地区与整体相关性一致，均呈现负相关关系，在西部地区相关性显著，而在东北地区相关性不显著；在东部地区和中部地区均呈现正相关关系，在中部地区相关性显著，而在东部地区相关性不显著。最后，从废物排放绿色化与工业转型绿色化来看，在东部地区和西部地区与整体相关性一致，均呈现负相关关系，在西部地区相关性显著，而在东部地区相关性不显著；在中部地区和东北地区均呈现正相关关系，在东北地区相关性显著，而在中部地区相关性不显著。

表4-11　　　　　　中国分地区工业绿色化系统相关关系

地区	RCG_t 和 WDG_t	RCG_t 和 ITG_t	WDG_t 和 ITG_t
全国层面	0.682*** (0.052)	-0.147** (0.074)	-0.211*** (0.065)
东部地区	0.505*** (0.152)	0.008 (0.092)	-0.022 (0.058)
中部地区	0.290* (0.170)	0.748*** (0.245)	0.296 (1.959)
东北地区	-0.651 (0.459)	-0.335 (0.263)	0.460*** (0.063)
西部地区	0.828*** (0.101)	-0.386*** (0.129)	-0.510*** (0.087)

注：相关关系回归以前者为因变量，后者为自变量；*、**、***分别为10%、5%和1%水平上显著，括号内为稳健标准误。

总之，从工业绿色化系统相关性视角看，中国省际工业绿色化系统相关性存在空间异质性。从全国层面看，资源消耗绿色化与废物排放绿色化呈正相关关系，而资源消耗绿色化、废物排放绿色化与工业转型绿色化均呈现负相关关系；但从地区层面看，资源消耗绿色化、废物排放绿色化、工业转型绿色化两两之间相关性在东部地区、中部地区、东北地区和西部地区没有呈现出完全一致性。

第五节　本章小结

本章从资源消耗绿色化、废物排放绿色化与工业转型绿色化三方面选择绩效指标构建工业绿色化指数，基于2007—2016年30个省份面板数据对中国省际工业绿色化水平进行测度与分析，结果如下：从省际工业绿色化综合评价结果看，省际工业绿色化水平由高到低依次为东部地区、中部地区、西部地区和东北地区；东部地区稳中有升，中西部地区相对稳定，东北地区下降趋势显著。省际工业绿色化空间差异性总体变化幅度不大，且以泰尔熵指数、基尼系数与变异系数测度的省际工业绿色化空间差异性变化趋势呈现出明显同步性。通过对泰尔熵指数空间分解发现，地区内的省际工业绿色化空间差异性不断变小，而地区间的省际工业绿色化空间差异性小幅变大。从省际工业绿色化系统协调度评价结果看，首先，省际工业绿色化系统协调性整体较高，协调性程度由东部地区、中部地区、东北地区、西部地区依次降低；协调性演变趋势呈现东部提升、中西部稳定与东北地区下降格局。其次，从同步性视角看，工业绿色化系统同步发展型省份不断减少，西南地区省份表现更为明显；从非同步性视角看，在工业绿色化系统领先型方面，废物排放领先型省份增加最为明显，在工业绿色化系统滞后型方面，工业转型滞后型省份增加也最为明显。最后，工业绿色化系统相关性在全国层面表现为，资源消耗绿色化与废物排放绿色化呈正相关关系，而资源消耗绿色化、废物排放绿色化与工业转型绿色化均呈现负相关关系，而在地区层面则存在空间异质性。

第五章　技术创新对中国工业绿色化影响的实证研究

第三章理论分析表明，技术创新既可以直接作用并影响工业绿色化进程，也可以通过规模经济效应、市场溢出效应与市场联动效应等市场途径间接影响工业绿色化进程，另外，技术创新对工业绿色化的影响还存在路径依赖效应和成本替代效应。据此，本章将技术创新对工业绿色化影响的直接作用机理、市场传导机制等基于中国 2007—2016 年 30 个省份面板数据和动态系统 GMM 方法进行实证检验。

第一节　中国技术创新的统计描述

根据第三章第一节技术创新对工业绿色化的作用机理，本部分从工业人力资本、工业技术研发两个角度分地区对中国技术创新能力进行相应分析及比较。本节数据均来源于相关年份《中国人口与就业统计年鉴》和《中国统计年鉴》，以下不再作具体说明。

一　工业人力资本的时空特征

鉴于人力资本在经济增长中的重要意义，理论界基于内生增长理论及其模型对人力资本作了比较全面的研究①②③。人力资本度量通常用教育程度替代，从国内外理论研究看，主要有小学入学率、中学入学率、中小学教育水平④⑤、本科入学率、受教育年限、教育经费比重等⑥作为人力资本的测度指标，其中，受教育年限成为理论界研究人力资本的主要度量指标⑦⑧。以下主要从劳动力平均受教育年限和教育经费比重两个方面对中国人力资本水平进行分析。

从我国工业就业劳动力平均受教育年限来看⑨，我国工业就业劳动力平均受教育年限呈现以下三个特征：一是在空间上，就业劳动力平均受教育年限由东到西依次降低，在2016年，我国四类地区就业劳动力平均受教育年限依次为：东部地区＞全国＞东北地区＞中部地区＞西部地区，东部地区平均受教育年限达到10.68年，而西部地区就业劳动力

---

① Romer P. M., Increasing Returns and Long-Run Growth, *Journal of Political Economy*, 1986, 94（5）：1002－1037.

② Lucas R. E., On the Mechanics of Economic Development, *Journal of Monetary Economics*, 1988（22）：3－42.

③ Romer P. M., Endogenous Technological Change, *Journal of Political Economy*, 1990, 98（5）：71－102.

④ Sylvie Démurger, Infrastructure Development and Economic Growth: An Explanation for Regional Disparities in China?, *Journal of Comparative Economics*, 2001, 29（1）：1－117.

⑤ Démurger, Sylvie, Sachs J. D., et al., Geography, Economic Policy and Regional Development in China, *Social Science Electronic Publishing*, 2001, 1（1）：146－197.

⑥ 李平、崔喜君、刘建：《中国自主创新中研发资本投入产出绩效分析——兼论人力资本和知识产权保护的影响》，《中国社会科学》2007年第2期。

⑦ 李海峥、贾娜、张晓蓓等：《中国人力资本的区域分布及发展动态》，《经济研究》2013年第7期。

⑧ 钞小静、沈坤荣：《城乡收入差距、劳动力质量与中国经济增长》，《经济研究》2014年第6期。

⑨ 工业领域的人力资本受教育学历结构数据难以搜集，因此，本书将三产就业人力资本结构与工业就业人力资本结构视为相同，并对人力资本按照受教育程度高低进行加权赋值，具体赋值按照受教育年限来度量，即未上过学权重为0，小学学历为6，初中学历为9，高中及中等职业教育学历为12，大学专科高等职业教育学历为15，大学本科学历为16，研究生学历为19（统计年鉴数据中并没有将硕士研究生和博士研究生分开进行统计，根据近些年中国硕博士研究生招生的比重，博士研究生规模基本为硕士研究生规模的十分之一，所以可将博士数量忽略不计，统计按照硕士学历计算），各阶段就业比例及其就业规模数据来自《中国人口与就业统计年鉴》。

平均受教育年限仅为9.41年，二者之间相差超过了1年。二是在时间上，就业劳动力平均受教育年限实现大幅度提升，2007—2016年，全国就业劳动力平均受教育年限由8.68年提升到10.31年，提升了1.63年；分地区来看，东部地区就业劳动力平均受教育年限提升幅度最高，提升了1.73年，而东北地区仅提升了1.17年。三是在教育结构上，北京、上海等教育发达地区高学历劳动者比例均较高，而贵州、云南、江西等教育资源欠缺地区高学历劳动者比例均较低，不论是研究生学历还是本科学历，就业劳动力比例高的前2个省份均为北京和上海，这两个省份的研究生学历就业劳动力比例分别为6.79%和4.67%，本科学历就业劳动力比例分别为27.57%和23.37%；相反，就业劳动力中本科学历比例最低的省份为云南，其比例仅为4.29%，就业劳动力中研究生学历比例最低的省份为贵州，其比例仅为0.20%；云南、贵州等省份相对北京、上海等省份在就业劳动力的教育结构上存在明显劣势（图5-1）。

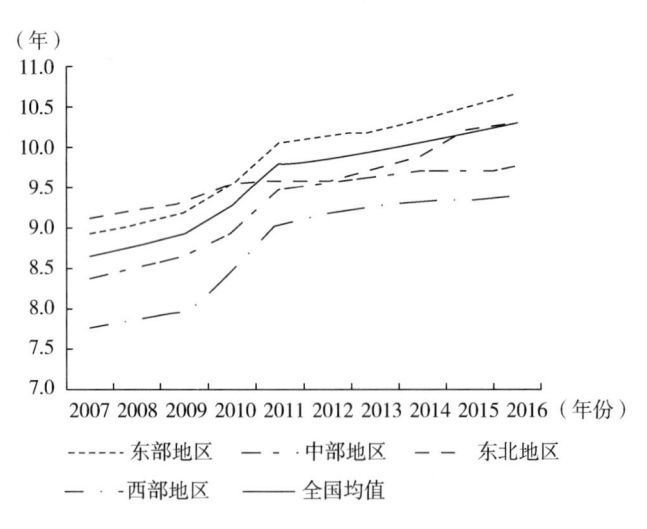

图5-1 中国2007—2016年分地区就业劳动力平均受教育年限

从我国教育经费支出比重来看，教育经费支出占财政预算支出比重在中国呈现出三大特征。一是教育经费支出占财政预算支出比重的省际差异性巨大。在2016年，教育经费支出占财政预算支出比重最高的省份是山东,达到了 20.86%,教育经费支出占财政预算支出比重最低的省份是青海,仅为 11.24%,约等于山东的一半。二是教育经费支出占财政预算支出比重较高省份空间布局集中。教育经费支出占财政经费支出比重超过 17% 的省份有 14 个省份,主要分布在河北、山西、陕西、甘肃、四川、云南一线。三是教育经费支出占财政预算支出比重与省域的经济发达程度、教育资源丰裕度并没有明显的相关性。另外,从教育经费支出占财政预算支出比重的时间演变趋势看(图 5-2),教育经费支出占财政预算支出比重波动较大,整体上呈现倒"N"型趋势,四大区域教育经费支出占财政预算支出比重由大到小依次为:东部地区 > 中部地区 >(全国)> 西部地区 > 东北地区。

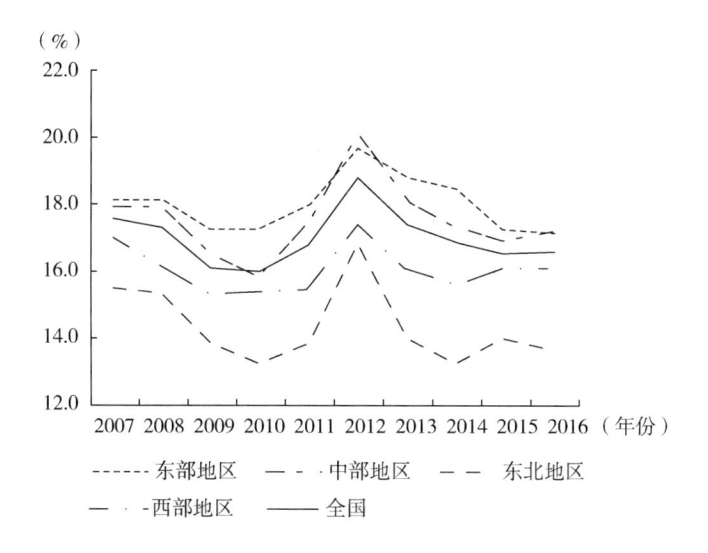

图 5-2 中国 2007—2016 年分地区教育经费支出占财政预算支出比重

二 工业技术研发的时空特征

技术研发投入和技术研发成果是技术创新的两个重要衡量因子。

技术研发投入如同人力资本一样，测度的是技术创新的潜在能力，技术创新的潜在能力是否能够成为现实，还依靠技术研发成果来体现。因此，技术研发成果则是技术创新的一种直接体现，是一个地区技术创新的最重要衡量指标。

从工业技术创新潜在能力看，规模以上工业技术创新研发投入占规模以上工业增加值比重（以下简称"工业技术创新潜力"）在中国呈现出明显的空间差异性。首先，在2016年，工业技术创新潜力超过5%的省份有7个，全部位于东部沿海地区；除东部沿海地区和中部地区湖北、湖南、安徽及西部地区重庆合计11个省份外，其他19个省份的工业技术创新潜力均低于3%；工业技术创新潜力低于2%的省份有内蒙古、辽宁、青海、新疆、云南、贵州和广西7个省份，其中6个省份都是西部地区省份。其次，分地区看，东部地区的工业技术创新潜力远高于全国平均水平，而中部地区、西部地区与东北地区的工业技术创新潜力则全部低于全国平均水平；四个地区也呈现出明显的差异性，即在2016年，工业技术创新潜力由高到低排名依次为：东部地区＞全国＞中部地区＞东北地区＞西部地区。最后，从工业技术创新潜力变化趋势看，东部地区、中部地区及西部地区的工业技术创新潜力在2007—2016年特别是2012年以来均呈现显著的上升趋势，仅东北地区有一定波动性（图5-3）。

从工业技术创新直接能力看，发明专利、实用新型专利和外观专利作为创新成果的三个重要表现，其中，发明专利重要性更加突出。因此，本书将工业发明专利授权数与亿元工业增加值比值作为工业技术创新直接能力的体现（以下简称"工业技术创新能力"）。从空间布局看，与省际工业技术创新潜力比较类似，省际工业技术创新能力空间差异性也非常明显。在2016年，30个省份工业技术创新能力超过10的仅有北京、浙江和上海3个省份，其中，北京工业技术创新能力达到35.06，是排名第二位的浙江的2.64倍；工业技术创新能力最低

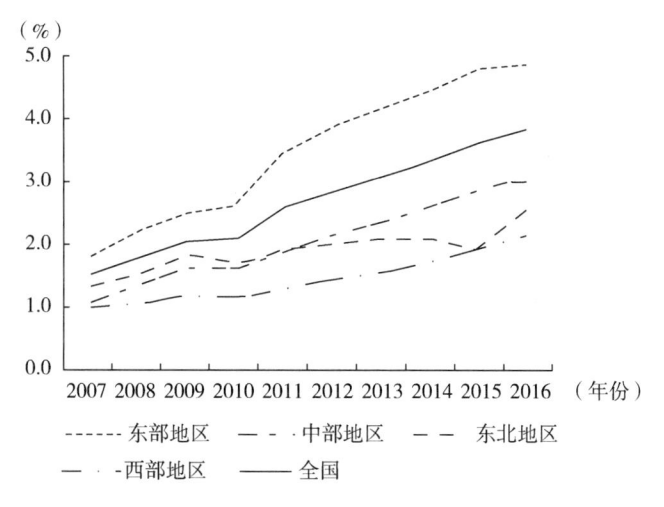

图 5-3 中国 2007—2016 年分地区工业技术创新潜力

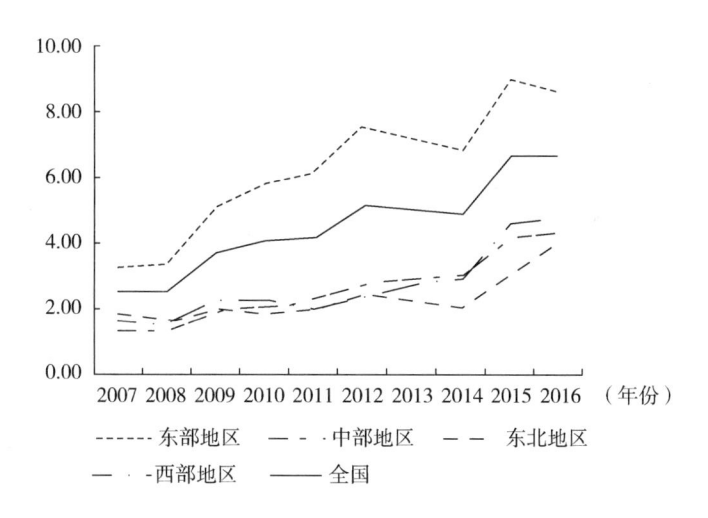

图 5-4 中国 2007—2016 年分地区工业技术创新能力

省份为内蒙古，仅为 0.93；工业技术创新能力低于全国平均水平（6.32）的省份有 19 个，其中，东部地区省份仅有 3 个，分别为河北、海南和山东，东北地区全是，中部地区达到 5 个，分别为河南、湖北、湖南、江西和山西，西部地区达到 8 个，分别为贵州、云南、广西、甘肃、青海、宁夏、新疆和内蒙古。由此可知，工业技术创新能力与地区经济发达程度呈现出比较明显的关联性。从时间演变看，工业技术创新能力在2007—2016年均得到大幅度的提升。分省份比较，安徽工业技术创新能力10年间提升幅度最高，提升了458.48%，此外，提升幅度超过300%的省份还有黑龙江、山西、江西、陕西、甘肃等5个省份，比较发现工业技术创新能力提升幅度较高的省份其工业技术创新能力在2016年有3个省份都低于全国平均水平，另外3个省份（黑龙江、安徽、陕西）也仅略高于全国平均值；分地区看，与工业技术创新潜力呈现出惊人的一致性，东部地区工业技术创新能力远远高于其他三个地区，也高于全国平均水平，而东北地区、中部地区和西部地区之间的工业技术创新能力差别则不大，但全部都低于全国平均水平（图5-4）。

第二节 研究设计

一 模型设计

根据前文分析可知，技术创新既是工业绿色化的发动因素，也是支撑工业绿色化的核心因素，技术创新水平越高，工业绿色化水平也就越高。另外，工业绿色化还受到国内市场潜力、国际市场潜力、技术研发溢出、人力资本溢出及市场联动等市场机制的影响。考虑到国内外已有研究将工业化率、市场开放度等因素作为工业绿色化或产业绿色化的重要影响因素。因此，将技术创新对工业绿色化影响的动态面板估计式和市场联动估计式分别表述为：

$$\ln IGI_{it} = \theta_0 \ln IGI_{i,t-1} + \theta_1 \ln TI_{it} + \theta_2 \ln TIS_{it} + \theta_3 \ln HCS_{it} + \theta_4 \ln DMP_{it}$$
$$+ \theta_5 \ln IMP_{it} + \theta_6 \ln MOD_{it} + \theta_7 \ln IR_{it} + \mu_{it} + \varepsilon_{it} \quad (5-1)$$

$$\ln IGI_{it} = \theta_0 \ln IGI_{i,t-1} + \theta_1 \ln TI_{it} + \theta_2 \ln TIS_{it} + \theta_3 \ln HCS_{it} + \theta_4 \ln DMP_{it}$$
$$+ \theta_5 \ln IMP_{it} + \theta_6 \ln TIS_{it} \cdot \ln DMP_{it} + \theta_7 \ln TIS_{it} \cdot \ln IMP_{it} + \theta_8 \ln HCS_{it} \cdot \ln DMP_{it}$$

$$+ \theta_9 \ln HCS_{it} \cdot \ln IMP_{it} + \theta_{10} \ln DMP_{it} \cdot \ln IMP_{it} + \theta_{11} \ln MOD_{it} + \theta_{12} \ln IR_{it} + \mu_{it} + \varepsilon_{it}$$
$$(5-2)$$

其中，RDI 为技术创新变量（Technological Innovation，TI），DMP 为国内市场潜力变量（Domestic Market Potential，DMP），IMP 为国际市场潜力变量（International Market Potential，IMP），TIS 为技术溢出效应变量（Technology Innovation Spillover，TIS），HC 为人力资本溢出效应变量（Human Capital Spillover，HCS），MOD 为市场开放度变量（Market Openness Degree，MOD），IR 为工业化率变量（Industrialization Rate，IR）。

二 指标设计

一是技术创新指标（TI）。技术创新对工业绿色化的影响程度取决于工业技术创新能力。工业技术创新能力一般可用人力资本水平、技术创新成果规模、企业家规模等指标来替代，也有学者通过构建技术创新指标体系来综合测度技术创新能力，如张艾莉等[1]。但是工业技术创新能力最核心最直接的就是体现在技术研发成果上，技术研发成果产业化即能够推动工业绿色化。因此，本书以技术创新成果代表技术创新指标，而发明专利对技术创新能力具有高度的代表性[2]，故本书用工业发明专利授权数与亿元工业增加值之比来衡量工业技术研发成果的强度[3]。发明专利授权数与亿元工业增加值统计数

---

[1] 张艾莉、张佳思、李月明：《京津冀技术创新的工业企业就业效应分析》，《人口与经济》2019 年第 1 期。

[2] 杨守德：《技术创新驱动中国物流业跨越式高质量发展研究》，《中国流通经济》2019 年第 3 期。

[3] 统计数据没有对发明专利进行行业划分，也就没有工业领域发明专利统计数据，但由于工业发明专利在整个行业中占比非常大，所以工业行业发明专利数据可以用行业整体发明专利数据近似替代。

据均来源于相关年份《中国统计年鉴》。

二是市场潜力指标。市场潜力一般可分为国内市场潜力（DMP）和国际市场潜力（IMP）两大类。国内市场潜力反映了国内区域之间由于市场邻近而可能获得的市场空间规模，如市场消费等，市场潜力并不会直接影响工业绿色化，但市场潜力可对工业绿色化产业链的末端即工业产品的消费结构形成影响，进而影响工业绿色化。这里借鉴 Harris 的市场潜力模型并以区域空间市场产品消费支出零售总额（Consumption Expenditure，CE）作为测度标准，测度方法如下①：

$$DMP_{it} = \sum_{i \neq j, j=1}^{n} \left(\frac{CE_{jt}}{d_{ij}^{\delta}} \right) + \frac{CE_{it}}{d_{ii}^{\delta}} \qquad (5-3)$$

国际市场潜力反映中国各个地区的工业发展在全球工业产业链分工中所处产业链"微笑曲线"中的具体地位。因此，工业产品出口金额可以有效呈现出各地区在世界工业产业链竞争中的竞争优势。从当前实际看，发达地区与欠发达地区相比，前者已经处于由承接劳动密集型制造业和资本密集型制造业到承接技术密集型制造业转型，并在这一过程中推进工业资源消耗强度与废物排放强度同步降低的绿色化转型②。市场产品消费支出零售总额数据和工业产品出口金额数据均来源于相关年份《中国统计年鉴》。

三是市场溢出效应指标。市场溢出效应分为技术溢出效应和人力资本溢出效应两大类。传统集聚经济理论认为，技术创新溢出仅存在于本地区，具有地域特征。但随着空间经济学和新经济地理学理论的发展与成熟，越来越多的理论研究与实践案例表明，随着交通条件与

---

① Harris C. D., The Market as a Factor in the Localization of Industry in the United States, Annals of the Association of American Geographers, 1954, 44 (4): 315 – 348.

② 在出口产品分类中，相关统计数据并没有将各个省份的工业制成品单独进行统计，但是在出口商品构成中，我国工业制成品出口金额占出口总产品（初级产品与工业制成品）比重在研究期内均超过了 95%，占比非常高，因此，工业制成品出口金额数据可用各个省份的出口总金额数据替代。

通信条件的完善,技术溢出效应不仅可以来源于本地区企业集聚,还来源于邻近地区企业集聚[①②]。从前文分析也可以看出技术溢出效应对工业绿色化的重要性。为此,这里用规模以上工业企业研发(R&D)活动经费投入即 R&D 投入作为技术溢出效应(TIS)的替代指标,技术溢出效应为:

$$TIS_{it} = \sum_{i \neq j, j=1}^{n} \left(\frac{RD_{jt}}{d_{ij}^{\theta}} \right) + \frac{RD_{it}}{d_{ii}^{\theta}} \quad (5-4)$$

人力资本的空间溢出来源于就业人群中的相互交流形成的知识溢出。参考韩峰和赖明勇关于人力资本的空间溢出效应(HCS)的测度方法[③],本书以科技研发(Scientific and Technological Research and Development,SD)就业人数加权数之和与本地区工业就业(Industrial Employment,IE)规模加权数之和之比作为人力资本的空间溢出,即人力资本溢出效应(HCS)测度如下:

$$HCS_{it} = \sum_{i \neq j, j=1}^{n} \frac{SD_{jt}}{d_{ij}^{\sigma}} \bigg/ \sum_{i \neq j, j=1}^{n} \frac{IE_{jt}}{d_{ij}^{\sigma}} + \frac{SD_{it}}{d_{ii}^{\sigma}} \bigg/ \frac{IE_{it}}{d_{ii}^{\sigma}} \quad (5-5)$$

其中,关于人力资本溢出效应和技术溢出效应的空间距离,国内外学者绝大多数都是以100公里左右作为测度指标,如 Feser 对美国农业园林机械的技术空间溢出效应范围约80公里[④],Drucker 等基于制造业领域发现其技术空间溢出范围约120公里[⑤],韩峰和柯善咨研究中

---

① Feser E., Tracing the Sources of Local External Economies, *Urban Studies*, 2014, 39 (13): 2485 – 2506.

② Drucker J., Feser E., Regional Industrial Structure and Agglomeration Economies: An Analysis of Productivity in Three Manufacturing Industries, *Regional Science and Urban Economics*, 2012, 42 (1): 1 – 14.

③ 韩峰、赖明勇:《市场邻近、技术外溢与城市土地利用效率》,《世界经济》2016 年第 1 期。

④ Feser E. J., Tracing the Sources of Local External Economies, *Urban Studies*, 2002, 39 (13): 2485 – 2506.

⑤ Drucker J., Feser E. J., Regional Industrial Structure and Agglomeration Economies: An Analysis of Productivity in Three Manufacturing Industries, *Regional Science and Urban Economics*, 2012, 42 (1): 1 – 14.

国地级市制造业集聚效应时以100公里作为测度范围①。本书认为，随着我国"八纵八横"高速铁路网的不断完善，并在"一带一路"倡议、长江经济带发展、京津冀协同发展等大区域协作中，空间临近所形成的技术溢出已经超出了传统地理邻近的空间范围，再将区域空间的市场溢出效应限定在100公里甚至100公里以内，已不合时宜。因此，本书对国内空间邻近的市场溢出效应的空间距离不做限定，并以省会之间的距离作为各个省份之间的距离，省内距离测度方法参考韩峰和柯善咨以省域半径的三分之二代替②。而关于国内市场潜力的空间距离，由于其产品消费在全国范围内均存在辐射影响，因此这一指标的空间范围辐射全国并没有争议③。另外，假设距离的空间衰减系数参数为$\delta = \theta = \sigma = 1$。规模以上工业企业研究与试验发展活动经费投入数据来源于相关年份《中国统计年鉴》；科技研发就业人数与工业就业人口规模数据均来源于相关年份《中国人口和就业统计年鉴》；各个省会两两之间的距离根据各个省会的经纬度数据计算可得。

四是控制变量。鉴于工业绿色化水平还与工业化进程及市场开放程度关系密切，所以本书选择市场开放度（MOD）与工业化率（IR）作为技术创新对工业绿色化影响的控制变量。市场开放度以外商直接投资占固定资产投资总额比重表示，外商直接投资与固定资产投资总额数据均来源于相关年份《中国统计年鉴》；工业化率用工业增加值占地区生产总值比重表示，工业增加值与地区生产总值数据均来源于相关年份《中国统计年鉴》。

---

① 韩峰、柯善咨：《追踪我国制造业集聚的空间来源：基于马歇尔外部性与新经济地理的综合视角》，《管理世界》2012年第10期。
② 同上。
③ 韩峰、赖明勇：《市场邻近、技术外溢与城市土地利用效率》，《世界经济》2016年第1期。

三 数据特征

表5-1为技术创新对中国工业绿色化影响的自变量、因变量及控制变量的样本统计量。根据表5-1可知，各省份的工业绿色化指数等指标差异性较大，且省际技术创新、国内市场潜力、国际市场潜力、技术溢出效应等变量在区域空间上分布明显不均衡，可见，技术创新、国内市场潜力、国际市场潜力、技术溢出效应很有可能是影响工业绿色化区域空间显著性的主要因素。

表5-1　　　　　中国工业绿色化指数等变量的统计描述

变量	均值	标准差	最小值	最大值	变异系数（%）
工业绿色化指数 IGI	59.415	8.440	35.200	83.142	14.21
技术创新 TI（项/亿元）	4.238	4.444	0.370	35.059	104.85
技术溢出效应 TIS（$\theta=1$）	2.492	3.740	0.080	23.240	150.07
人力资本溢出效应 HCS（$\sigma=1$）	0.090	0.033	0.041	0.297	36.48
国内市场潜力 DMP（$\delta=1$）	1.271	1.923	0.114	13.239	151.21
国际市场潜力 IMP（百亿元）	6.080	12.046	0.025	74.531	198.19
市场开放度 MOD（%）	5.512	4.738	0.271	24.318	85.96
工业化率 IR（%）	40.167	8.254	11.904	56.492	20.55%

第三节　实证分析

由于在进行理论分析时已经假定技术创新对工业绿色化的影响存在路径依赖效应，即存在被解释变量（工业绿色化）的滞后项，而且，被解释变量的滞后项可能会与随机扰动项序列相关，因此，不论是面板最小二乘法，还是固定效应或是随机效应，都不能得到无偏和一致的估计值。鉴于此，技术创新对工业绿色化影响的实证分析，本章采用动态系统 GMM 方法。

一 基准面板回归分析

本章主要采用动态系统 GMM 方法针对技术创新对中国工业绿色化的影响进行估计，但为了便于比较和检验各变量参数估计的稳健性，同时还列出了混合 OLS 模型结果作为参考和对比（表 5-2）。

首先，对控制变量的参数估计进行分析。市场开放度与工业绿色化水平在 1% 的显著水平上显著正相关，表明外商直接投资可以有效推动工业绿色化，证明外商投资在中国不存在"污染天堂"效应，这与当前国内大多数研究观点相悖，如孙瑾等[1]、杨子晖和田磊[2]、朱东波和任力[3]等研究结果均证明外商投资导致中国"污染天堂"效应。工业化率对工业绿色化影响均在 1% 水平上显著，但呈现出明显的矛盾性结论，即当把因变量视作外生变量时 [模型（1）—（3）]，工业化率对工业绿色化起促进作用；当把因变量内生化时 [模型（4）—（6）]，工业化率对工业绿色化起抑制作用。中国工业化进程实践表明，工业化率与经济发展水平呈现倒"U"型关系，在本书研究期内（2007—2016 年），中国工业化率已经跨过了最高点[4]，并呈现出下降趋势，朝着转型升级、节能减排与高质量发展方向迈进，工业化率越低，工业发展质量越高，也就越能够实现工业绿色化。因此，本书认为，出现矛盾性结果可

---

[1] 孙瑾、刘文革、周钰迪：《中国对外开放、产业结构与绿色经济增长——基于省际面板数据的实证检验》，《管理世界》2014 年第 6 期。

[2] 杨子晖、田磊：《"污染天堂"假说与影响因素的中国省际研究》，《世界经济》2017 年第 5 期。

[3] 朱东波、任力：《环境规制、外商直接投资与中国工业绿色转型》，《国际贸易问题》2017 年第 11 期。

[4] 在 2006 年以前，中国工业占比虽然有所波动，但总体呈上升趋势，并于 2006 年达到最高点，为 42.0%，在此之后，工业化率尽管也有所波动，但是总体趋势趋于下降，到 2016 年仅为 33.55%。

能是因为，模型（1）—（3）由于遗漏了因变量的滞后项，导致工业化率对中国工业绿色化影响出现偏差。

表5-2　　技术创新对中国工业绿色化影响的动态面板回归

变量	混合OLS			系统GMM		
	模型（1）	模型（2）	模型（3）	模型（4）	模型（5）	模型（6）
$\ln IGI_{-1}$			0.274*** (0.020)	0.186*** (0.030)	0.260*** (0.035)	
$\ln TI$	0.023*** (0.009)	0.012* (0.009)	0.014* (0.009)	0.021*** (0.008)	0.073*** (0.010)	0.022** (0.009)
$\ln TIS$	-0.007 (0.010)	-0.010 (0.019)		0.053*** (0.015)	0.017 (0.027)	
$\ln HCS$		0.148*** (0.042)	0.162*** (0.042)		-0.069*** (0.023)	-0.078** (0.035)
$\ln DMP$	-0.001 (0.011)		-0.018 (0.022)	-0.177*** (0.024)		-0.192*** (0.038)
$\ln IMP$	0.021*** (0.006)		0.022*** (0.006)	0.084*** (0.015)		0.086*** (0.020)
$\ln MOD$	0.029*** (0.009)	0.062*** (0.010)	0.050*** (0.011)	0.060*** (0.013)	0.080*** (0.007)	0.051*** (0.014)
$\ln IR$	0.087*** (0.029)	0.179*** (0.029)	0.130*** (0.031)	-0.222*** (0.055)	-0.208*** (0.050)	-0.289*** (0.072)
Constant	3.854*** (0.108)	3.837*** (0.105)	4.018*** (0.113)	3.893*** (0.280)	4.161*** (0.261)	4.036*** (0.349)
R^2	0.482	0.483	0.509			
AR（1）				0.025	0.027	0.080
AR（2）				0.164	0.061	0.274
Hansen Test				0.134	0.196	0.092
样本数（个）	300	300	300	270	270	270

注：系统GMM估计采用"xtabond2"程序完成，均为twostep；内生变量为滞后一期的工业绿色化指数；系统GMM估计括号内为标准误，混合OLS估计括号内为稳健标准误；***、**、*分别表示在1%、5%、10%水平上显著。本章以下表与此相同，不再作说明。

其次，对技术创新指标、市场溢出指标与市场潜力指标的参数估计进行分析。一是技术创新。技术创新促进了工业绿色化，说明当前我国技术创新成果（产出）偏向于清洁型研发创新，从而有利于推动工业绿色化，这与李静等[1]、吴传清和杜宇[2]等的研究结果一致。二是技术溢出效应和人力资本溢出效应。当把因变量视作外生变量时［模型（2）—（3）］，技术溢出效应抑制了工业绿色化，但回归系数并不显著，而人力资本溢出效应促进了工业绿色化，且回归系数显著；当把因变量视作内生变量时［模型（5）—（6）］，技术溢出效应促进了工业绿色化，且回归系数显著，而人力资本溢出效应抑制了工业绿色化，且回归系数显著。很明显，在是否考虑因变量滞后项时，技术溢出效应和人力资本溢出效应对工业绿色化的影响均不相同，呈现这一差异化结果可能是因为，技术溢出效应和人力资本溢出效应对工业绿色化影响存在时滞效应。技术溢出效应通过市场溢出，在市场传导、学习、掌握过程中需要经历一定的时间才能够实现影响工业绿色化进程。人力资本溢出效应对工业绿色化起抑制效应，可能是地方保护主义和国家政策干预等因素造成的，理论研究指出，地方保护主义是阻碍城市之间专业技能人才流动的重要因素[3][4]；同时，在中西部地区通过"就地城镇化"和"财政补贴"等策略抑制了"人力资本向高处走"的本性，由此造成人力资本过剩与人力资本缺口并存[5]，也制约了人力资本的自由流动。三是国内外市场潜力。国内市场潜力对工业

---

[1] 李静、池金、吴华清：《基于水资源的工业绿色偏向型技术进步测度与分析》，《中国人口·资源与环境》2018 年第 10 期。

[2] 吴传清、杜宇：《偏向型技术进步对长江经济带全要素能源效率影响研究》，《中国软科学》2018 年第 3 期。

[3] 宋马林、金培振：《地方保护、资源错配与环境福利绩效》，《经济研究》2016 年第 12 期。

[4] 韩峰、赖明勇：《市场邻近、技术外溢与城市土地利用效率》，《世界经济》2016 年第 1 期。

[5] 陆铭：《为什么要让市场发挥决定性作用——对中国经济发展的纠偏》，《上海交通大学学报》（哲学社会科学版）2014 年第 2 期。

绿色化起抑制作用，且把因变量内生化时，国内市场潜力对工业绿色化在1%水平上显著，理论界对此结论比较认同的解释是由于国内当前地区间行政区经济强于经济区经济[1][2][3]，造成省际竞争大于合作，从而致使国内市场潜力未得到充分有效利用。国际市场潜力对工业绿色化起促进作用，且全部显著，表明随着各地区不断加强对外开放力度，吸引了世界各国和地区对中国各地的绿色投资，也促进了绿色产品出口，间接带动了绿色工业的发展，有利于工业绿色化。

最后，对是否考虑市场溢出与市场潜力和是否考虑路径依赖即因变量滞后项这两种情况进行比较分析。在不考虑因变量滞后项条件下，增加市场溢出变量与市场潜力变量仅对工业化率变量的参数估计有影响［模型（1）—（3）与模型（4）—（6）比较］，而对市场开放度变量的参数估计均没有影响；在考虑因变量滞后项条件下，增加市场溢出与市场潜力变量对所有控制变量的参数估计均没有影响［模型（6）与模型（4）—（5）比较］。

总之，技术创新是决定工业绿色化的核心因素，通过清洁型技术研发偏向可有效推动工业绿色化。然而，技术创新还可以通过技术溢出效应对工业绿色化形成影响，即由技术创新形成的技术溢出效应通过邻近学习和技术模仿可以实现推动工业绿色化。但在当前，通过人力资本溢出形成的空间技术溢出效应由于地方保护主义形成的行政区经济强于经济区经济，或者说是集聚经济强于扩散经济，导致了抑制空间因素作用形成的工业绿色化；市场邻近形成的国内市场潜力也抑制了工业绿色化，市场开放形成的国际市场潜力则促进了工业绿色化，显示出扩大开放对中国工业绿色化的重要性。

---

[1] 刘玉博、李鲁、张学良：《超越城市行政边界的都市经济区划分：先发国家实践及启示》，《城市规划学刊》2016年第5期。
[2] 史敦友：《京广高铁城市经济带经济联系研究》，《现代商贸工业》2015年第5期。
[3] 曾冰、张朝、龚征旗、章成帅：《从行政区和经济区关系演化探析我国省际交界地区发展》，《经济地理》2016年第1期。

二 交叉面板回归分析

市场溢出代表了工业绿色化过程中技术因素在市场机制中的作用，而市场潜力同样也反映了工业绿色化过程中市场机制的作用。第三章分析表明，技术溢出效应与市场潜力在工业绿色化进程中可能会存在互补性。基于式（5-2），对市场溢出效应与国内外市场需求联动对工业绿色化的影响进行实证检验，得到技术创新对中国工业绿色化影响的动态交叉面板回归结果（表5-3）。检验结果表明，模型（7）—（12）的Hansen检验统计量与AR（2）检验的伴随概率均在5%的水平上显著，说明计量模型残差无自相关，即计量模型的参数估计结果是合理的。在添加市场溢出与市场潜力交互项之后，与表5-2的系统GMM估计结果相比，表5-3回归结果中因变量滞后项、技术创新、市场溢出、市场潜力及其控制变量均没有发生变化，进一步证明各变量具有高度的稳健性。以下将重点就市场溢出与市场潜力交互项对工业绿色化影响机理进行分析。

表5-3 技术创新对中国工业绿色化影响的动态交叉面板回归

变量	模型（7）	模型（8）	模型（9）	模型（10）	模型（11）	模型（12）
$\ln IGI_{-1}$	0.187*** (0.028)	0.271*** (0.029)	0.267*** (0.020)	0.225*** (0.072)	0.197* (0.123)	0.125** (0.060)
$\ln TI$	0.034*** (0.009)	0.024** (0.010)	0.026*** (0.008)	0.016* (0.024)	0.095*** (0.022)	0.070* (0.040)
$\ln TIS$	0.040 (0.031)			0.130** (0.063)		0.050 (0.070)
$\ln HCS$		-0.075** (0.031)			-0.158 (0.109)	-0.227*** (0.080)
$\ln DMP$	0.072 (0.087)	-0.206*** (0.040)	-0.190*** (0.024)	-0.207*** (0.061)	-0.280*** (0.057)	-0.027 (0.344)

续表

变量	模型（7）	模型（8）	模型（9）	模型（10）	模型（11）	模型（12）
lnIMP	0.113 (0.091)	0.098*** (0.021)	0.089*** (0.015)	-0.043 (0.034)	-0.053 (0.052)	0.364*** (0.132)
lnTIS×lnDMP	0.124*** (0.024)			0.105*** (0.022)		0.009 (0.045)
lnTIS×lnIMP	0.014 (0.033)			0.107*** (0.031)		0.020 (0.035)
lnHCS×lnDMP		-0.005 (0.013)			0.167*** (0.038)	0.059 (0.121)
lnHCS×lnIMP		0.016 (0.016)			0.204*** (0.063)	0.132*** (0.049)
lnDMP×lnIMP			0.004 (0.010)	-0.131*** (0.043)	-0.232*** (0.076)	-0.039 (0.040)
lnMOD	0.040*** (0.014)	0.051*** (0.013)	0.059*** (0.014)	0.079*** (0.020)	0.096*** (0.025)	0.054*** (0.018)
lnIR	-0.140* (0.082)	-0.322*** (0.073)	-0.227*** (0.058)	0.026 (0.090)	-0.240** (0.120)	-0.014 (0.049)
Constant	3.974*** (0.318)	4.107*** (0.377)	3.924*** (0.292)	3.000*** (0.379)	3.721*** (0.615)	3.202*** (0.359)
AR（1）	0.090	0.071	0.033	0.048	0.536	0.291
AR（2）	0.162	0.480	0.199	0.688	0.053	0.366
Hansen Test	0.085	0.084	0.106	0.126	0.377	0.997
样本数（个）	270	270	270	270	270	270

首先，对市场溢出效应与国内市场潜力交互项的估计结果进行分析。在加入技术溢出效应与国内市场潜力交互项后，技术溢出效应并没有明显变化，且技术溢出效应与国内市场潜力交互项显著为正［模型（7）和模型（10）］。这说明，尽管国内市场潜力不利于工业绿色化，但国内市场一体化或者说区域经济一体化却可以通过加强技术在市场之间的流通，优化技术创新在市场内的资源配置。刘志彪指出，

通过行政权力调整和开放市场竞争推进区域经济发展一体化，构筑区域经济一体化的微观基础[1]，可以为技术创新在各个地区自由流动与优化配置创造基础条件。另外，人力资本溢出效应与国内市场潜力交互项估计效果的一致性较差。在模型（8）中回归系数为负但不显著，在模型（11）中回归系数显著为正，在模型（12）中回归系数为正但不显著。之所以呈现出不稳定的结论，可能与中国区域空间发展战略有关。由传统农业劳动力不断向现代非农业部门转移或者说是城乡之间和区域之间资源重新配置，是改革开放以来中国经济增长奇迹的一个重要因素[2][3][4][5]。然而，受到西部大开发、中部崛起与东北振兴等区域发展战略、农业转移人口市民化特别是中西部地区就地城镇化发展政策、部分大城市通过积分落户制度限制外来人口进入的地方保护主义和西部地区通过政府补贴鼓励"劳动力往低处走"的区域平衡发展模式等因素影响，国内高市场潜力地区不能够完全有效发挥引领劳动力流动过程中所携带的知识、技术、信息等生产要素的传播作用，而低市场潜力地区又难以消化和吸收劳动力流动过程中所携带的知识、技术、信息等生产要素供给，从而造成人力资本溢出效应与市场潜力互动失调。

其次，对市场溢出效应与国际市场潜力交互项的估计结果进行分析。在加入技术溢出效应与国际市场潜力交互项后，国际市场潜力变量参数估计显著性降低，技术溢出效应与国际市场潜力交互项显著为正［模型（10）］，人力资本溢出效应与国际市场潜力交互项也显著为

---

[1] 刘志彪：《长三角区域高质量一体化发展的制度基石》，《人民论坛·学术前沿》2019年第4期。
[2] 陈宗胜、黎德福：《内生农业技术进步的二元经济增长模型——对"东亚奇迹"和中国经济的再解释》，《经济研究》2004年第11期。
[3] 蔡昉：《中国经济改革效应分析——劳动力重新配置的视角》，《经济研究》2017年第7期。
[4] 钟水映、李魁：《人口红利、空间外溢与省域经济增长》，《管理世界》2010年第4期。
[5] 韩立达、史敦友、韩冬、周璇等：《农村土地制度和户籍制度系统联动改革：历程演进、内在逻辑与实施路径》，《中国土地科学》2019年第4期。

正［模型（11）、（12）］，这说明，技术溢出效应与人力资本溢出效应和国际市场潜力有效结合可以推动工业绿色化。然而，技术溢出效应与国际市场潜力交互项有助于工业绿色化的研究结论与现有观点相悖。一些学者研究指出，对外贸易使中国成为发达国家的"污染天堂"，如黄永明和陈小飞对中国对外贸易的污染转移研究指出，在双边贸易污染转移中，中国来自美国、欧盟、日本的污染净转移量分别达到2.64亿吨、4.08亿吨、0.80亿吨[1]，成为贸易净污染转移国；国内理论界从碳排放量[2]、工业绿色全要素生产率[3]、绿色发展水平[4]等多个视角研究均表明中国产品出口不利于中国工业绿色化。对此，本书认为，之所以出现不同观点，是因为现有文献研究仅考虑对外贸易的绝对规模，在此研究视角下，对外贸易不利于中国制造业绿色发展显而易见；但若将研究视角转向对外贸易对中国工业产业结构调整与转型影响上，可以看出，目前中国对外贸易类企业基本都属于本行业具有相对竞争优势的企业，在国内人力资本溢出和技术创新溢出过程中，对外贸易类企业通过竞争优势间接地对内销类企业通过"劳动力占有"和"资本占有"，形成"技术替代""管理替代"与"模式替代"等，不具有竞争优势的中小企业被"挤出市场"[5][6]，而往往这类企业都是"三高一低"企业。另外，对外贸易类企业的竞争优势还可以

---

[1] 黄永明、陈小飞：《中国贸易隐含污染转移研究》，《中国人口·资源与环境》2018年第10期。

[2] 刘祥霞、王锐、陈学中：《中国外贸生态环境分析与绿色贸易转型研究——基于隐含碳的实证研究》，《资源科学》2015年第2期。

[3] 彭星、李斌：《贸易开放、FDI与中国工业绿色转型——基于动态面板门限模型的实证研究》，《国际贸易问题》2015年第1期。

[4] 卢飞、刘明辉、孙元元：《贸易开放、产业地理与绿色发展——集聚与产业异质性视角》，《经济理论与经济管理》2018年第9期。

[5] 邱立成、张兴：《FDI对国内投资挤入挤出效应再检验——以我国农产品加工业为例》，《中央财经大学学报》2010年第11期。

[6] 田利辉、刘廷华、谭德凯：《外资进入和我国企业的生产率："溢出"抑或"挤出"效应》，《南方经济》2014年第7期。

通过学习被其他相对落后的中小企业掌握,从而提高区域工业企业整体竞争力。从这个研究视角看,国际市场潜力与市场溢出联动就实现倒逼国内工业企业绿色生产率提升的发展目的,从而推动了工业绿色化。

最后,对国内外市场潜力交互项的估计结果进行分析。国内外市场互动对工业绿色化起抑制作用,且在1%水平上显著[模型(10)、(11)],这说明,国内外市场对工业绿色化的影响并未形成互补之势,这可能与国内市场发育滞后有关,研究指出,市场发展超过某一门槛之时,更有效的市场机制可以促进市场互信、信息流通与相互学习,推进内外市场交流与合作,进而推动工业绿色化[1][2]。然而,在计划经济向市场经济转型过程中,中国市场经济改革的大方向是朝向陆海内外联动与东西双向互济迈进,但以渐进式改革方式为主导的市场化改革模式在现阶段必定会产生一定的资源配置扭曲[3][4]。从渐进式改革的一般制度演化上看,罗小芳和卢现祥认为,渐进式改革容易出现制度利益化、寻租化、僵化与软化,由此导致中等收入陷阱、图洛克精英寻租陷阱、奥尔森制度僵化陷阱与缪尔达尔软政权陷阱[5]。从中国市场化改革实践上看,王昀和孙晓华研究指出,由于地方保护主义和对国有企业的主动干预等原因,中国政府的生产性补贴更多地"扶弱"而不是"扶强",使得落后产能得以持续生存、低效率企业大量存在,形成市

---

[1] Capello R., Spatial Spillovers and Regional Growth: A Cognitive Approach, *European Planning Studies*, 2009, 17 (5): 639–658.
[2] 陈敏、桂琦寒、陆铭、陈钊:《中国经济增长如何持续发挥规模效应?——经济开放与国内商品市场分割的实证研究》,《经济学(季刊)》2008年第1期。
[3] Xu J., Yeh A., Wu F., Land Commodification: New Land Development and Politics in China since the late 1990s, *International Journal of Urban and Regional Research*, 2009, 33 (4): 890–913.
[4] 范林凯、李晓萍、应珊珊:《渐进式改革背景下产能过剩的现实基础与形成机理》,《中国工业经济》2015年第1期。
[5] 罗小芳、卢现祥:《程式差异、交易成本与渐进式改革进程触发》,《改革》2013年第2期。

场竞争隔离①。戴魁早和刘友金从技术创新视角研究指出，要素市场扭曲既抑制了创新绩效的提升，也不利于低创新绩效地区的创新绩效的改善②。由此，地方保护主义造成了国内外市场之间产生市场竞争环境"隔离"，从而造成生产要素在国内外两大市场之间配置扭曲，国内外市场的联动对中国工业绿色化难以充分发挥作用，甚至是不利于中国工业绿色化。本书认为，这也是中国渐进式改革的阶段性代价。

三 区域空间异质性分析

本节将中国区域空间分为东部地区和中西部地区两大板块③，以探讨不同地区的技术创新对工业绿色化影响的区域空间异质性。回归结果见表5-4。

首先，将控制变量及因变量的参数估计结果进行区域比较分析。东部地区与中西部地区的因变量滞后项与市场开放度对工业绿色化的影响均与表5-2和表5-3一致；而工业化率对工业绿色化的影响在东部地区与中西部地区则呈现出相反的结论。对于后者，从区域工业化进程看，中国东部地区已全面处于工业化后期，进入工业转型升级与更新换代阶段，而中西部地区绝大部分省份均处于工业化中期，处于工业规模增长阶段。将工业化率与工业绿色化指数的关系通过相关性拟合，结果为：$\ln IGI = 0.632(\ln IR)^2 - 4.245\ln IR + 11.092$，二次项与一次项的参数估计均在1%相关性水平上显著，表明工业绿色化与

---

① 王昀、孙晓华：《政府补贴驱动工业转型升级的作用机理》，《中国工业经济》2017年第10期。
② 戴魁早、刘友金：《要素市场扭曲如何影响创新绩效》，《世界经济》2016年第11期。
③ 东部地区涵盖辽宁、北京、天津、河北、山东、江苏、浙江、上海、福建、广东和海南共计11个省份；中西部地区涵盖吉林、黑龙江、山西、河南、湖北、湖南、安徽、江西、陕西、甘肃、青海、四川、重庆、云南、贵州、内蒙古、宁夏、新疆和广西共计19个省份（西藏及港澳台除外）。之所以如此分类是因为：中西部地区不论是工业发展水平、工业化率，还是环境规制或技术创新等，都具有一定的相似性，并且与东部地区有明显的不同。

工业化率呈"U"型关系，且东部地区处于工业化率的下降阶段，而中西部地区还处于工业化率的上升阶段。由此，才呈现出东部地区工业化率与工业绿色化负相关关系和中西部地区工业化率与工业绿色化正相关。

其根本原因可以从工业绿色化的本质上进行解释，东部地区工业企业尽管持续由污染型企业向清洁型企业转型，但由于清洁型企业规模较大，市场能够容纳增量的清洁型企业不断缩小，致使清洁型企业替代污染型工业企业所减少的污染量小于清洁型企业与污染型企业增量所增加的污染量，不能够满足工业绿色化第一判别定理要求，因此，东部地区工业化率越低才越有利于工业绿色化水平提升。相反，中西部地区正处于工业化由传统粗放式发展向高质量转型发展阶段，加之近些年来生态文明建设的强化和环境保护"党政同责"和"一岗双责"的实施，中西部地区工业发展尽管还处于规模扩张期，但是在高质量发展过程中，清洁型企业替代污染型企业所形成的替代效应大于增量效应，满足工业绿色化第一判别定理要求。由此，才形成了东部地区工业化率越低越有利于工业绿色化而中西部地区工业化率越高越有利于工业绿色化的区域空间分化格局。

其次，将表5-4与表5-3和表5-2比较发现，技术创新、市场溢出效应及国内外市场潜力与工业绿色化的参数估计在东部地区与中西部地区除了人力资本溢出效应外，其余基本一致。在东部地区与中西部地区，尽管人力资本溢出效应对工业绿色化的影响与全国一致，呈现负相关，但均不显著。

再次，从市场溢出效应与市场潜力交互项看，在东部地区，技术溢出效应与人力资本溢出效应和国内市场潜力交互项均与工业绿色化显著正相关，而在中西部地区相关性不显著；相反，在中西部地区，技术溢出效应与人力资本溢出效应和国际市场潜力交互项均与工业绿色化显著正相关，而在东部地区相关性不显著。这是因为东部地区和中西部地区市场相比,有两个不同:一是市场开放度不同,东部地区市场开放早、开放度高,当前开放已处于稳定趋势,而中西部地区市场开放晚、开放度低,当前正处于全面加速开放格局;二是市场发育度不同,东部地区市场发育度明显高于中西部地区,中西部地区地方政府出于地方经济发展需求对区域市场干预高于东部地区。由此,从国内市场潜力看,东部地区市场发育成熟度较高,区域市场一体化程度也较高,当前在东部地区,已形成京津冀、长三角、珠三角三大城市群,区域市场的一体化有助于打破行政区划隔离,促进技术创新溢出与人力资本溢出,从而有利于区域整体的工业绿色化。从国际市场潜力看,中西部地区正处于工业化加速阶段,地方政府招商引资力度不断加强,在土地、融资等领域都给予政策支持,出口型企业的发展有助于中西部地区产业转型升级;而东部地区由于土地、劳动力、工资等约束,传统制造业基本处于饱和状态并处于向中西部转移之势,由此导致中西部地区市场溢出效应与国际市场潜力交互项与工业绿色化显著正相关。

最后,从国内外市场潜力交互项对工业绿色化影响看,东部地区国内外市场潜力交互项与工业绿色化显著正相关,而中西部地区国内外市场潜力交互项与工业绿色化尽管正相关,但并不显著。理论研究和实践均表明,东部地区各省市对内对外开放度均比较高,而中西部地区在扩大对外开放的同时,对内保护明显高于东部地区[1][2],由此形成双重管理标准。因此,东部地区市场更容易形成内外互动与良性竞争之势,在技术、资本、市场、管理等领域全面公平竞争,从而实现推动工业企业节能减排与转型升级。

---

[1] 田光辉、苗长虹、胡志强、苗健铭:《环境规制、地方保护与中国污染密集型产业布局》,《地理学报》2018年第10期。
[2] 周亚莹:《地方保护与制造业企业加成率》,《上海金融》2017年第2期。

表 5-4　　技术创新对中国工业绿色化影响的区域空间异质性

变量	东部地区 模型（13）	东部地区 模型（14）	东部地区 模型（15）	中西部地区 模型（16）	中西部地区 模型（17）	中西部地区 模型（18）
$\ln IGI_{-1}$	0.855* (0.475)	5.800** (2.315)	0.454* (0.288)	0.165** (0.080)	0.142** (0.061)	0.209*** (0.065)
$\ln TI$	0.055* (0.151)	0.899** (0.361)	0.121* (0.130)	0.077** (0.034)	0.044* (0.026)	0.041** (0.017)
$\ln TIS$	0.208** (0.100)			0.200** (0.079)		
$\ln HCS$		-0.668 (0.485)			-0.040 (0.141)	
$\ln DMP$	-1.584** (0.630)	-8.879** (3.759)	-0.906* (0.545)	-0.289*** (0.069)	-0.504 (0.479)	-0.146*** (0.047)
$\ln IMP$	0.677*** (0.261)	3.290** (1.284)	0.490* (0.293)	0.068** (0.029)	1.655** (0.657)	0.053* (0.030)
$\ln TIS \times \ln DMP$	0.297** (0.144)			0.059 (0.100)		
$\ln TIS \times \ln IMP$	0.014 (0.034)			0.050* (0.031)		
$\ln HCS \times \ln DMP$		2.206** (1.014)			-0.152 (0.190)	
$\ln HCS \times \ln IMP$		-0.032 (0.198)			0.629** (0.254)	
$\ln DMP \times \ln IMP$			0.089* (0.062)			0.001 (0.022)
$\ln MOD$	0.003 (0.078)	0.687** (0.299)	0.338* (0.197)	0.018 (0.024)	0.024 (0.024)	0.044*** (0.016)
$\ln IR$	-1.759 (1.105)	-13.56** (5.384)	-2.576* (1.684)	0.236* (0.145)	0.104** (0.047)	0.089* (0.046)
Constant	5.784* (3.004)	23.400*** (7.769)	10.940** (5.687)	2.648*** (0.418)	3.078*** (0.367)	3.105*** (0.225)
AR（1）	0.326	0.391	0.705	0.816	0.492	0.272

续表

变量	东部地区			中西部地区		
	模型（13）	模型（14）	模型（15）	模型（16）	模型（17）	模型（18）
AR（2）	0.161	0.473	0.203	0.555	0.473	0.081
Hansen Test	1.000	1.000	1.000	0.915	0.964	0.649
样本数（个）	99	99	99	171	171	171

四 稳健性检验

为了进一步检验技术创新对工业绿色化影响的回归结果的稳健性，需要对核心自变量技术创新指标以相关性指标进行替代。从理论分析可知，人力资本水平、企业家创新、研发创新投入等因子都可以被当作技术创新的替代变量。因此，为了全面检验技术创新对工业绿色化的影响的稳健性，此处以工业研发投入强度（R&D Input Intensity，RDII）指标和人力资本水平（Human Capital Level，HCL）指标分别替代发明专利指标并作为技术创新核心变量，来验证技术创新对工业绿色化影响的稳健性。其中，以工业研发投入经费占工业增加值比重作为工业研发投入强度，并将工业研发投入强度作为技术创新的替代变量；以工业就业劳动力平均受教育年限衡量工业人力资本水平，并将工业人力资本水平作为技术创新的替代变量。规模以上工业研发投入经费与规模以上工业增加值的数据均来源于相关年份《中国统计年鉴》，工业就业劳动力平均受教育年限的数据来源于相关年份《中国人口和就业统计年鉴》。

以工业研发投入经费占工业增加值比重作为工业研发投入强度来测算技术创新，其对工业绿色化影响的稳健性检验结果见表 5-5。将 RDII 作为技术创新的替代因子时，技术创新、市场溢出、市场潜力等核心变量及市场溢出与市场潜力交互项，其绝大部分变量回归结果的参数系数与表5-2、表5-3和表5-4，不仅是在全国整体上，而且在东部地区和中西部地区上，非常一致。在核心变量中，仅有少部分变量如全国的人力资本溢出效应与国内市场潜力交互项，东部地区国内市场潜力、人力资本溢出效应与国际市场潜力交互项，西部地区国际市场潜力等指标有差异。

以工业就业劳动力平均受教育年限作为工业人力资本水平来测算技术创新，其对工业绿色化影响的稳健性检验结果见表5-6。将HCL作为技术创新的替代因子时，控制变量中的市场开放度与工业化率回归系数方向与表5-3和表5-4完全一致；因变量滞后项，人力资本水平、技术溢出效应、国际市场潜力等核心变量也都与表5-3和表5-4完全一致。在核心变量中，仅有少部分变量如全国的人力资本溢出效应，东部地区的技术溢出效应和人力资本溢出效应与国际市场潜力交互项，西部地区的技术溢出效应和人力资本溢出效应与国际市场潜力交互项等指标有差异。

表5-5　　　　　基于工业研发投入强度视角的稳健性检验

变量	全国			东部地区		中西部地区	
	模型（1）	模型（2）	模型（3）	模型（4）	模型（5）	模型（6）	模型（7）
$\ln IGI_{-1}$	0.152*** (0.029)	0.292*** (0.044)	0.126*** (0.048)	1.558** (0.750)	0.634** (0.256)	0.127* (0.074)	0.319*** (0.084)
$\ln RDII$	0.048* (0.049)	0.080* (0.074)	0.068*** (0.016)	1.464* (0.788)	0.562*** (0.197)	0.605** (0.239)	0.222* (0.128)
$\ln TIS$	0.114* (0.063)	0.022 (0.058)		1.003** (0.023)		1.405*** (0.422)	
$\ln HCS$	0.045 (0.020)		-0.185*** (0.046)		-0.491 (0.410)		-0.285*** (0.091)
$\ln DMP$	-0.176*** (0.020)	-0.190*** (0.036)	0.195 (0.132)	-6.208* (3.168)	1.572** (0.926)	-0.854*** (0.254)	-0.672** (0.317)

续表

变量	全国			东部地区		中西部地区	
	模型(1)	模型(2)	模型(3)	模型(4)	模型(5)	模型(6)	模型(7)
ln*IMP*	0.043*** (0.006)	0.112*** (0.017)	0.380** (0.174)	2.469** (1.234)	0.782 (0.533)	-0.019 (0.065)	0.350 (0.245)
ln*TIS*×ln*DMP*		-0.022* (0.013)		0.746* (0.424)		0.118 (0.097)	
ln*TIS*×ln*IMP*		0.021 (0.014)		-1.376* (0.752)		0.166* (0.109)	
ln*HCS*×ln*DMP*			0.144*** (0.051)		1.174*** (0.442)		-0.161 (0.139)
ln*HCS*×ln*IMP*			0.135* (0.071)		0.118 (0.147)		0.151* (0.086)
ln*DMP*×ln*IMP*			-0.051*** (0.017)	2.088** (1.057)	-0.046 (0.064)	-0.238** (0.119)	-0.095* (0.058)
ln*MOD*	0.038** (0.015)	0.024* (0.014)	0.050*** (0.013)	1.474* (0.829)	-0.301*** (0.068)	-0.011 (0.027)	0.043** (0.021)
ln*IR*	-0.054 (0.055)	-0.348*** (0.062)	-0.172** (0.085)	-5.623* (2.952)	-0.113 (0.578)	0.117 (0.156)	-0.027 (0.108)
Constant	3.948*** (0.252)	4.376*** (0.255)	4.014*** (0.402)	13.030** (5.255)	4.023*** (0.987)	3.576*** (0.695)	2.501*** (0.400)
AR(1)	0.205	0.118	0.133	0.486	0.652	0.642	0.010
AR(2)	0.080	0.827	0.188	0.330	0.102	0.223	0.281
Hansen Test	0.238	0.093	0.119	1.000	1.000	1.000	0.972
样本数(个)	270	270	270	99	99	171	171

表5-6 基于人力资本水平视角的稳健性检验

变量	全国			东部地区		中西部地区	
	模型(1)	模型(2)	模型(3)	模型(4)	模型(5)	模型(6)	模型(7)
ln*IGI*$_{-1}$	0.266*** (0.053)	0.165*** (0.057)	0.171* (0.098)	4.106*** (1.021)	1.256*** (0.392)	0.233** (0.092)	0.389*** (0.129)

续表

变量	全国			东部地区		中西部地区	
	模型（1）	模型（2）	模型（3）	模型（4）	模型（5）	模型（6）	模型（7）
lnHCL	0.025* (0.162)	0.309*** (0.085)	0.222* (0.191)	2.851* (2.065)	2.710*** (0.907)	0.285 (0.306)	0.378 (0.487)
lnTIS	0.077** (0.035)	0.022 (0.052)		2.698*** (0.968)		0.182 (0.171)	
lnHCS	0.124*** (0.043)		−0.357*** (0.100)	1.853** (0.803)			−0.431* (0.259)
lnDMP	−0.192*** (0.051)	−0.212*** (0.055)	0.357 (0.173)	−11.21*** (3.246)	−0.881* (0.504)	−0.517** (0.224)	−1.300** (0.606)
lnIMP	0.057*** (0.016)	0.069*** (0.025)	1.025*** (0.354)	4.263*** (1.242)	2.444** (1.184)	0.168*** (0.043)	0.998 (0.952)
lnTIS×lnDMP		0.022* (0.012)		1.137*** (0.408)		−0.256* (0.133)	
lnTIS×lnIMP		0.077** (0.030)		−2.775*** (0.834)		0.208** (0.083)	
lnHCS×lnDMP			0.204*** (0.064)		1.240*** (0.443)		−0.447** (0.216)
lnHCS×lnIMP			0.393*** (0.140)		−1.120** (0.506)		0.382 (0.398)
lnDMP×lnIMP			−0.051** (0.020)	4.317*** (1.296)	1.336** (0.551)	−0.026 (0.072)	−0.017 (0.064)
lnMOD	0.078*** (0.008)	0.039** (0.016)	0.058*** (0.020)	2.385*** (0.755)	0.028 (0.0885)	0.003 (0.035)	0.021 (0.020)
lnIR	−0.156*** (0.056)	−0.390*** (0.096)	−0.185** (0.082)	−7.790*** (2.421)	−0.803* (0.514)	−0.036 (0.145)	−0.206 (0.209)
Constant	3.881*** (0.366)	5.631*** (0.545)	2.840*** (0.591)	1.023*** (0.989)	1.090*** (0.324)	2.408** (1.081)	1.481 (1.245)
AR（1）	0.004	0.204	0.357	0.238	0.433	0.311	0.048
AR（2）	0.061	0.956	0.393	0.429	0.155	0.804	0.323
Hansen Test	0.549	0.089	0.066	1.000	1.000	0.995	0.502

续表

变量	全国			东部地区		中西部地区	
	模型（1）	模型（2）	模型（3）	模型（4）	模型（5）	模型（6）	模型（7）
样本数（个）	270	270	270	99	99	171	171

总之，以工业研发投入强度和人力资本水平两个视角测度的技术创新分别进行稳健性检验，结果显示技术创新、技术溢出效应、人力资本溢出效应、国内市场潜力、国际市场潜力对工业绿色化的影响在全国及东部地区和中西部地区几乎没有发生变化，国内外市场潜力交互项对工业绿色化的影响在全国及东部地区和中西部地区也没有太大的变化，仅技术溢出效应与市场潜力交互项有一定变化。由此，可以验证以发明专利产出作为技术创新替代因子来论证技术创新对工业绿色化影响的评估结果是稳健的。

第四节　本章小结

本章首先对中国工业技术创新进行统计性描述，并构建了国内市场潜力、国外市场潜力、技术溢出效应与人力资本溢出效应4个空间效应指标，然后重点就技术对工业绿色化影响的作用机理进行详细论证，并进行区域空间异质性分析和稳健性检验，主要研究结论如下：首先，技术创新对工业绿色化影响的直接作用机理实证结果显示：不论是在全国层面还是在东部地区或是中西部地区，以技术研发成果、工业研发投入强度和人力资本水平三者来测度的技术创新，对工业绿色化均具有促进作用。其次，技术创新对工业绿色化影响的市场传导机制实证结果显示：一是技术溢出效应在全国、东部地区和中西部地区均显著有利于工业绿色化，而人力资本溢出效应与工业绿色化回归系数为负且区域一致性较差。二是国外市场潜力显著有利于工业绿色化，而国内市场潜力则相反。三是技术溢出效应与国内市场联动、技术溢出效应与国际市场联动、人力资本溢出效应与国内市场联动、人力资本溢出效应与国际市场联动均显著有利于工业绿色化；但国内外市场联动对工业绿色化影响在全国层面及中西部层面负效应居多而在东部地区则正效应居多，但回归系数一致性均较差。最后，技术创新对工业绿色化影响的路径依赖实证结果显示：工业绿色化具有路径依赖效应，不论是以何种创新指标度量，不论是在哪一区域，上一期工业绿色化积累对本期工业绿色化均呈现改善作用。

第六章 环境规制对中国工业绿色化影响的实证研究

通过对环境规制测度的文献综述及第三章理论论述，发现现有关于环境规制对工业绿色化的研究还存在如下两个问题：一是关于环境规制强度的测度指标选择问题，在环境规制文献评述中已经阐明，环境规制测度的指标体系构建、权重赋值等领域均存在较多问题；二是关于环境规制对工业绿色发展的综合性和系统性研究不足。据此，本章基于异质性环境规制视角和中国2007—2016年30个省份面板数据，并借鉴动态系统GMM方法、交叉回归模型、中介效应模型和空间杜宾模型，分四部分针对异质性环境规制对中国工业绿色化影响的作用机理进行比较系统的实证检验。

第一节 异质性环境规制指标体系设计与测度

一 异质性环境规制指标体系设计

基于异质性环境规制视角，本章将环境规制（Environment Regulation，ER）划分为行政型环境规制、市场型环境规制和公众型环境规制，构建异质性环境规制指标体系（见表6-1），以论证异质性环境规制对工业绿色化的影响。

一是行政型环境规制（Administrative Environment Regulation，AER）。行政型环境规制是指国家行政主管部门根据相关法律法规与制度条例对具有环境外部性行为的个体和单位进行直接干预的行政手段。以行政立法、行政命令、行政审批以及由此衍生的行政处罚构成的行政型环境规制是环境规制的最早存在形式，也是发达国家早期保护生态环境的主要手段。在中国，由于市场体制机制不成熟和不完善，导致直到当前，行政型环境规制仍属于占绝对主导作用的环境规制手段。行政型环境规制包括事前规制、事中规制和事后规制三种类型。事前规制包括环境规划制度、环境评价制度、环境标准制度、排污许可证制度、排污权交易制度和环境项目"三同时"制度等，事前规制是行政型环境规制的重心，操作简单，可有效预防环境事故的发生；事中规制包括污染排放总量标准和污染排放浓度标准等，事中规制成本相对较高，监管也比较困难，且规制效果难以把控；事后规制包括环境污染限期整治制度、污染企业"关停并转"处罚、环境事故应急处理制度等强制制度，事后规制手段较为单一，难以灵活操作。结合现有理论研究成果，本书以地方环境保护规章制度与环境保护标准数（AER_1）[①]、环保系统机构人数占全省人口比重（AER_2）、当年审批建设项目环保投资总额占当年审批建设项目投资总额比重（AER_3）和当年本级环保机构行政处罚决定案件数与本地工业增加值比重（AER_4）四个指标来衡量行政型环境规制。

二是市场型环境规制（Market-based Environment Regulation，MER）。市场激励型环境规制是指对具有环境外部性行为的个体和单位通过收费或补贴，运用市场化和显性的经济激励手段，驱使经营个体和单

[①] 李斌、彭星：《环境机制设计、技术创新与低碳绿色经济发展》，《社会科学》2013年第6期。

位在经营收益与环境外部性成本之间进行抉择以实现控制环境外部性总量（一般为负外部性总量）和提升企业的生产技术水平。为保持异质性环境规制各变量名称的一致性，将市场激励型环境规制简称为市场型环境规制。科斯通过对私人成本与社会成本之间的差异研究发现，只要财产权是明确的并且市场交易成本为零或者很小，市场交易可以实现资源的最优配置[①]，这也被称为科斯定理。科斯定理强调通过市场机制本身可以自动地解决个体和单位的外部性问题，其核心就是排污权交易制度，排污权交易制度提高了企业节能减排的积极主动性，能够有效实现生态环境保护和生态环境治理由政府强制行为转变为企业市场行为[②]。与行政型环境规制相比，市场型环境规制的优势在于，通过税收和补贴两大手段，市场内清洁型企业和污染型企业都可以受到环境规制的压力或激励驱使，推动其将资本投资于节能减排技术研发和创新，进而达到经济发展与环境保护"双赢"的效果。排污收费制度是中国政府较早就采取的市场型环境规制手段，排污收费统计数据较为齐全；相反，排污权交易制度在我国尚处于试点阶段，并没有在全国推广，所以也就不可能有完整的省级层面的排污权交易统计数据。根据行政型环境规制和市场型环境规制内涵特征，行政型环境规制和市场型环境规制又可称为"自上而下"的环境规制政策。限于统计数据可获得性，本书以工业环境污染治理投资占工业增加值比重（MER_1）[③]和以排污费解缴入库金额与排污费解缴入库企业数比值（MER_2）[④]作为测度市场型环境规制强

[①] R. H. Coase, The Problem of Social Cost, *The Journal of Law and Economics*, 1960, 3 (10): 1-44.
[②] 王红梅：《中国环境规制政策工具的比较与选择——基于贝叶斯模型平均（BMA）方法的实证研究》，《中国人口·资源与环境》2016年第9期。
[③] 同上。
[④] 张江雪、蔡宁、杨陈：《环境规制对中国工业绿色增长指数的影响》，《中国人口·资源与环境》2015年第1期。

度指标。

　　三是公众型环境规制（Public Environment Regulation，PER）。公众型环境规制是公众针对生态环境质量对自身正常的生产生活造成不利影响的有效反馈途径。党的十九大报告指出，"我们要建设的现代化是人与自然和谐共生的现代化，既要创造更多物质财富和精神财富以满足人民日益增长的美好生活需要，也要提供更多优质生态产品以满足人民日益增长的优美生态环境需要"①。因此，优美生态环境是人与自然和谐共生的现代化的必然诉求。在工业发展造成生态环境破坏并进而影响到人们的正常生产生活时，公众主要通过以下三种途径影响区域工业绿色化。一是在政府层面直接表达对优美生态环境的有效诉求，最常见的就是人大代表在人大会议和政协代表在政协会议上针对环境问题的建议或提案；二是在政府层面间接表达对优美生态环境的有效诉求，主要包括群众电话/网络投诉、群众微信举报、来信与来访等；三是以个体从生态环境遭受破坏严重的地区迁移到生态环境质量较高的地区，如城市居民在寒暑假和节假日举家迁往郊区农村或生态环境较好的城市度假等，其通过减少污染地区本地消费、投资等影响本地经济发展以达到改善工业绿色化的目的。根据公众型环境规制的内涵特征，公众型环境规制又可称为"自下而上"的环境规制政策。本书采用承办的人大建议与政协提案之和占本地区总人口比重（PER_1）、电话和信访投诉数占本地区总人口比重（PER_2）、环境来访投诉人数占本地区总人口比重（PER_3）和开展的社会环境宣传教育活动数占本地区总人口比重（PER_4）四个指标衡量公众型环境规制强度。

---

　　① 习近平:《决胜全面建成小康社会　夺取新时代中国特色社会主义伟大胜利——在中国共产党第十九次全国代表大会上的报告》，新华社，2017 - 10 - 27，http：//www.gov.cn/zhuanti/2017 - 10/27/content_ 5234876.htm。

表 6-1　　　　　　　　　　异质性环境规制指标体系

变量	一级指标		二级指标	
	名称	符号	内涵	符号
环境规制 ER	行政型环境规制	AER	地方环境保护规章制度与环境保护标准数（项）	AER_1
			环保系统机构人数占全省人口比重（%）	AER_2
			当年审批建设项目环保投资总额占当年审批建设项目投资总额比重（%）	AER_3
			当年本级环保机构行政处罚决定案件数与本地工业增加值比重（件/亿元）	AER_4
	市场型环境规制	MER	工业环境污染治理投资占工业增加值比重（元/万元）	MER_1
			排污费解缴入库金额与排污费解缴入库企业数比值（万元/户）	MER_2
	公众型环境规制	PER	承办的人大建议与政协提案之和占本地区总人口比重（件/万人）	PER_1
			电话与信访投诉数占本地区总人口比重（次&件/万人）	PER_2
			环境来访投诉人数占本地区总人口比重（次/万人）	PER_3
			开展的社会环境宣传教育活动数占本地区总人口比重（次/万人）	PER_4

二　指标体系数据来源与评价方法

关于异质性环境规制指标体系数据来源及其相关数据处理。地方环境保护规章制度、地方环境保护标准、环保系统机构人数、环保机构行政处罚案件数、工业环境污染治理投资、排污费解缴入库金额、排污费解缴入库企业数、人大建议数、政协提案数、电话、来信、来访、微信等数据均来源于相关年份《中国环境年鉴》；人口数量、工业增加值等数据均来源于相关年份《中国统计年鉴》。针对异质性环境规制指标体系的具体指标统计数据变化、缺失与错误的处理如下。

一是关于统计数据变化的处理,在统计公众型环境规制数据时,《中国环境年鉴》对信访投诉数据统计比较早,而电话投诉数据和微信投诉数据分别于 2011 年和 2015 年才开始统计,属于新增的统计数据,从统计数据变化趋势上看,在电话投诉开通时,信访投诉明显减少,微信投诉开通时也是如此。因此,可将微信、电话、信访三类数据合并,统称为公众型环境规制的电话与信访投诉数据。二是关于统计缺失数据的处理,2016 年《中国环境年鉴》缺失来信件数、来访人数和当年开展的社会环境宣传教育活动数三类数据,本章对统计缺失数据采用线性拟合形式予以补充。三是关于统计错误数据的处理,在整理各年份各省份的环境规制数据时(也包括本章涉及的其他数据),极个别数据与其他年份数据存在明显出入,甚至是相差百倍以上,针对这类数据,本章也根据相邻年份数据通过线性拟合进行了调整。

关于异质性环境规制指标体系的评价方法选择与评价过程。从环境规制文献综述看,异质性环境规制强度的测度与评价还存在较多问题,如在参数指标选取时均用单个指标来指代一个参数,从中国实践发展可知,随着互联网的发展,传统信访方式逐渐被微信、电话等形式替代,因此,任何单一指标在外在环境变化条件下,都不能够反映中国环境规制的全貌。因此,本书参照比较成熟的综合评价法来对异质性环境规制进行综合评价[1][2],具体评价方法选择综合指数法。

第一步为指标单位化。将二级指标具体数据进行单位化和无量纲处理,计算方法为:

$$xER_{it} = \frac{yER_{it} - \min(yER_{it})}{\max(yER_{it}) - \min(yER_{it})} \qquad (6-1)$$

---

[1] 王杰、刘斌:《环境规制与企业全要素生产率——基于中国工业企业数据的经验分析》,《中国工业经济》2014 年第 3 期。

[2] 薄文广、徐玮、王军锋:《地方政府竞争与环境规制异质性:逐底竞争还是逐顶竞争?》,《中国软科学》2018 年第 11 期。

其中，xER 和 yER 均代表 AER、MER 和 PER，如当 xER 和 yER 指代 AER 且 $i=1$ 时，yER_{it} 即 AER_{1t}，也就是在 t 年时的行政型环境规制的地方环境保护规章制度与环境保护标准数指标的原始值。此时，xER_{it} 即 AER_{1t}，也就是在 t 年时的行政型环境规制的地方环境保护规章制度与环境保护标准数指标的标准化值。$\max(yER_{it})$ 和 $\min(yER_{it})$ 分别为 2007—2016 年的最大值和最小值。

第二步为权重确立。针对现有学者在异质性环境规制测度过程中存在的问题，本书采用李克特五点量表法确定异质性环境规制各级指标权重（λ）。在设计好指标体系之后，借助四川省产业经济发展促进会专家库进行问卷调研，共发问卷 25 份，回收问卷 22 份，回收问卷全部有效，回收率为 88%，回收问卷有效率为 100%。经整理与计算，异质性环境规制指标体系一级指标与二级指标具体权重见表 6-2 所示。采用李克特五点量表法确定的行政型环境规制、市场型环境规制与公众型环境规制三者之间的权重大小关系为 $\lambda(AER) > \lambda(MER) > \lambda(PER)$，这一结果也间接证明了在市场型环境规制还处于试点探索背景下我国当前主要还是依靠行政型环境规制发挥环境规制的主导作用。

表 6-2　　　　异质性环境规制指标体系权重测算结果

一级指标	权重	二级指标	权重
AER	0.4382	AER_1	0.1156
		AER_2	0.1042
		AER_3	0.0785
		AER_4	0.1399
MER	0.2978	MER_1	0.1504
		MER_2	0.1474

续表

一级指标	权重	二级指标	权重
PER	0.2640	PER_1	0.0677
		PER_2	0.0662
		PER_3	0.0770
		PER_4	0.0531

第三步为综合指标计算。根据李克特五点量表法计算得到一级指标与二级指标的权重系数,可计算各个省份的环境规制强度及其所涵盖的行政型环境规制强度、市场型环境规制强度与公众型环境规制强度,具体计算方法为:

$$\begin{cases} ER_{it} = \sum_{j=1}^{3} \lambda_j x ER_{jt} \\ AER_{jt} = \sum_{m=1}^{4} \lambda_{jm} AER_{jmt} ; MER_{jt} = \sum_{n=1}^{2} \lambda_{jn} MER_{jnt} ; PER_{jt} = \sum_{p=1}^{4} \lambda_{jp} PER_{jpt} \end{cases}$$

(6-2)

其中,ER_{it}为 i 省份 t 时期的环境规制强度,AER_{jt}、MER_{jt} 和 PER_{jt} 分别为 j 省份 t 时期的行政型环境规制强度、市场型环境规制强度与公众型环境规制强度。

三 异质性环境规制指标测度分析

经过上述数据处理,可计算2007—2016年的环境规制强度及行政型环境规制强度、市场型环境规制强度与公众型环境规制强度(见表6-3)。

表6-3　　　　　中国主要年份异质性环境规制测度结果

地区	AER 2007年	AER 2016年	MER 2007年	MER 2016年	PER 2007年	PER 2016年	ER 2007年	ER 2016年
北京	0.071	0.214	0.028	0.023	0.030	0.081	0.129	0.318
天津	0.052	0.058	0.032	0.023	0.044	0.069	0.128	0.151
河北	0.092	0.148	0.016	0.021	0.012	0.037	0.121	0.206
山西	0.141	0.120	0.082	0.059	0.004	0.040	0.227	0.219
内蒙古	0.065	0.114	0.036	0.068	0.032	0.038	0.133	0.221
辽宁	0.127	0.095	0.056	0.023	0.059	0.080	0.242	0.198
吉林	0.060	0.111	0.008	0.011	0.028	0.053	0.095	0.174
黑龙江	0.113	0.120	0.009	0.033	0.014	0.040	0.136	0.193
上海	0.056	0.069	0.009	0.050	0.029	0.099	0.095	0.217
江苏	0.078	0.066	0.015	0.024	0.029	0.085	0.121	0.174
浙江	0.043	0.074	0.014	0.021	0.065	0.083	0.122	0.178
安徽	0.023	0.051	0.010	0.030	0.015	0.064	0.048	0.145
福建	0.026	0.075	0.025	0.012	0.039	0.100	0.090	0.187
江西	0.034	0.056	0.015	0.019	0.035	0.048	0.084	0.123
山东	0.102	0.114	0.026	0.039	0.022	0.051	0.150	0.204
河南	0.078	0.134	0.019	0.025	0.021	0.034	0.119	0.194
湖北	0.088	0.088	0.022	0.022	0.024	0.070	0.134	0.181
湖南	0.046	0.074	0.026	0.008	0.026	0.065	0.098	0.147
广东	0.055	0.150	0.010	0.004	0.016	0.079	0.081	0.232
广西	0.021	0.074	0.022	0.015	0.044	0.045	0.087	0.134
海南	0.078	0.087	0.040	0.027	0.035	0.023	0.153	0.137
重庆	0.073	0.156	0.015	0.009	0.035	0.115	0.123	0.280
四川	0.033	0.057	0.033	0.011	0.028	0.044	0.094	0.111
贵州	0.026	0.067	0.059	0.016	0.005	0.022	0.089	0.105
云南	0.070	0.048	0.032	0.024	0.024	0.045	0.126	0.116
陕西	0.093	0.133	0.016	0.035	0.020	0.042	0.130	0.210
甘肃	0.062	0.093	0.069	0.042	0.026	0.035	0.156	0.170
青海	0.049	0.118	0.010	0.077	0.033	0.083	0.092	0.278
宁夏	0.072	0.080	0.059	0.146	0.028	0.052	0.159	0.278

续表

地区	AER		MER		PER		ER	
	2007年	2016年	2007年	2016年	2007年	2016年	2007年	2016年
新疆	0.070	0.116	0.016	0.175	0.009	0.038	0.095	0.329

一方面，在全国层面上，中国环境规制总体上呈现出四大特征（见图6-1、图6-2）。一是从环境规制强度变化趋势上看，不论是环境规制还是行政型环境规制、市场型环境规制与公众型环境规制，都呈现出比较明显的上升趋势。二是从环境规制强度之间的相对大小来看，行政型环境规制强度高于公众型环境规制强度再高于市场型环境规制强度明显。三是从环境规制三大组成部分之间的相对变化上看，行政型环境规制强度在2008—2009年均略有下降，但在2013年和2016年呈现两次较大幅度的提升，市场型环境规制强度则在2007—2016年呈现出先降低后再升高再降低再升高的"W"型趋势，而公众型环境规制相对行政型环境规制和市场型环境规制，尽管也有波动，但是变化幅度更小。四是中国地区环境规制强度差异性在东部地区、中部地区和西部地区之间并没有明显的较大差异，特别是东部地区和西部地区的环境规制强度几乎没有差别，四大地区环境规制强度的整

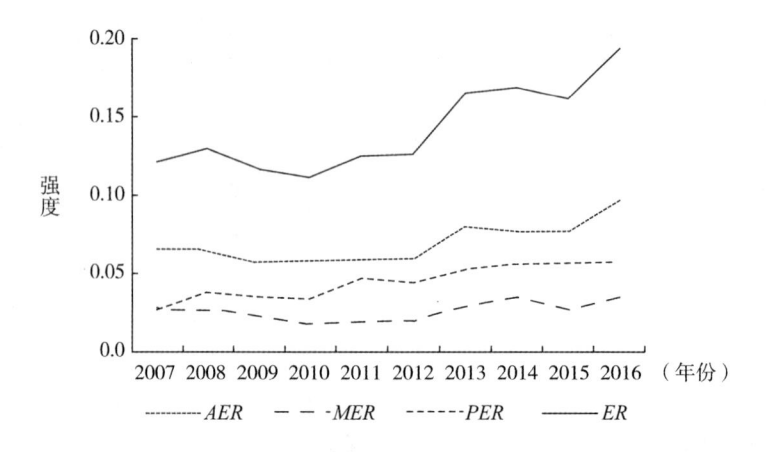

图6-1 中国2007—2016年异质性环境规制变化趋势

第六章 环境规制对中国工业绿色化影响的实证研究 / 189

体变化趋势与全国的变化趋势基本相同。中国环境规制之所以呈现出如此变化趋势是因为在 2008 年国际金融危机后，中国地方政府不同程度地放松工业环境管制，并纷纷"以牺牲环境为代价维持本地经济增长"，而公众则通过自身行为强烈要求提升环境规制强度，这也反映了党的十九大报告提出的"提供更多优质生态产品以满足人民日益增长的优美生态环境需要"的精准性和迫切性。

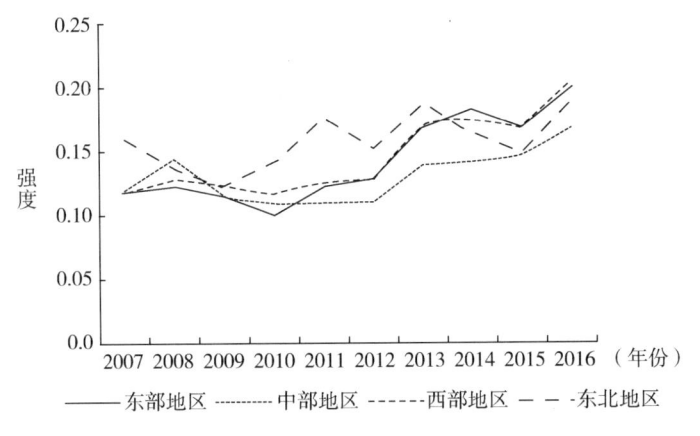

图 6-2　中国 2007—2016 年分区域环境规制变化趋势

另一方面，从分地区的异质性环境规制变化趋势上看，图 6-3、图 6-4 及图 6-5 所呈现的分地区行政型环境规制、市场型环境规制及公众型环境规制强度的变化趋势与图 6-1 所呈现的全国层面行政型环境规制、市场型环境规制及公众型环境规制强度的变化趋势比较一致。另外，从行政型环境规制、市场型环境规制及公众型环境规制强度各自的变化趋势上看，行政型环境规制呈现出比较明显的区域空间收敛性（图 6-3）；市场型环境规制在东部地区、中部地区和东北地区也呈现出较为一致的收敛性，而西部地区明显高于其他三大地区（图 6-4）；公众型环境规制在全国四大地区均呈现出比较明显的提升（图 6-5）。

总之，公众型环境规制的变化趋势呈比较持续稳定的上升趋势，市场型环境规制、行政型环境规制及环境规制尽管总体趋势也在上升，

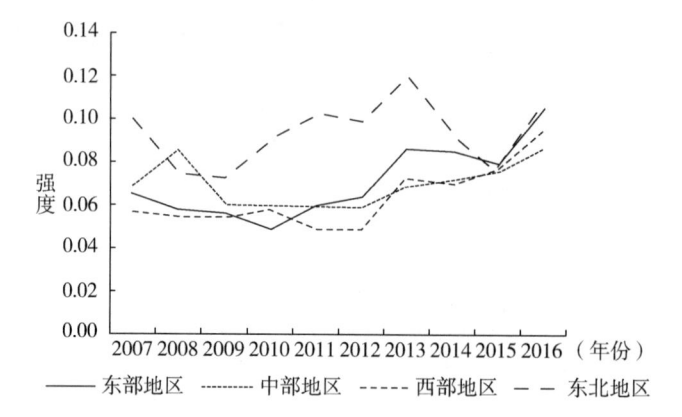

图 6-3　中国 2007—2016 年分区域行政型环境规制变化趋势

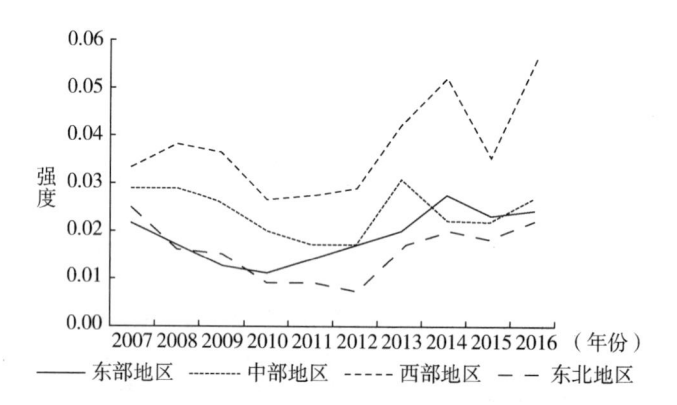

图 6-4　中国 2007—2016 年分区域市场型环境规制变化趋势

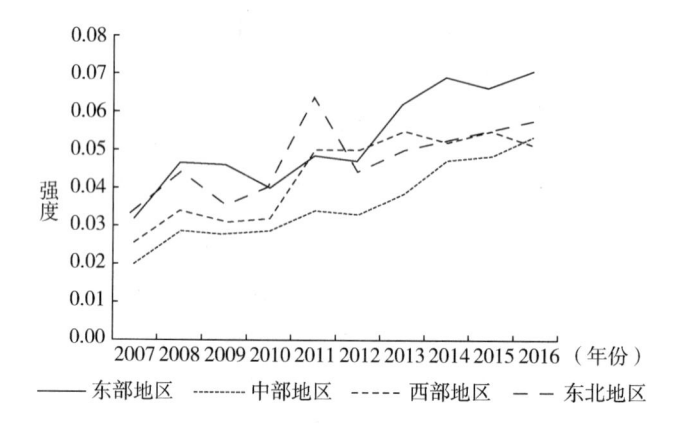

图 6-5　中国 2007—2016 年分区域公众型环境规制变化趋势

但是波动性比较大。

第二节 研究设计

一 基准模型设计

根据前文分析,构建环境规制对工业绿色化影响的实证模型和异质性环境规制对工业绿色化影响的实证模型分别为:

$$\ln IGI_{it} = \theta_{11}\ln ER_{it} + \sum_{j=1}\theta_{12j}\ln q_{ijt} + \mu_{it} + \varepsilon_{it} \quad (6-3)$$

$$\ln IGI_{it} = \theta_{21}\ln AER_{it} + \theta_{22}\ln MER_{it} + \theta_{23}\ln PER_{it} + \sum_{j=1}\theta_{12j}\ln q_{ijt} + \mu_{it} + \varepsilon_{it}$$
$$(6-4)$$

其中,IGI_{it}为第i个省份在t年的工业绿色化指数;ER_{it}、AER_{it}、MER_{it}和PER_{it}分别为第i个省份在t年的环境规制、行政型环境规制、市场型环境规制和公众型环境规制;q_{ijt}为第i个省份在t年第j个控制变量;Q_{ij}为相关系数;μ_{it}为固定效应;ε_{it}为随机效应。环境规制及行政型环境规制、市场型环境规制、公众型环境规制及工业绿色化指标均与前述相同。控制变量的指标选取与数据来源依次为:一是工业发展水平(Industrial Development Level,IDL)指标,用工业增加值表示;二是人口规模(Population Size,PS)指标,以地区常住人口计算;三是工业化水平(Industrialization Rate,IR)指标,用工业化率表示。其中,工业发展水平指标、人口规模指标和工业化水平指标数据均来源于相关年份《中国统计年鉴》。

根据李冬琴[1]、赵爱武和关洪军[2]等的研究成果可知,环境规制工

---

[1] 李冬琴:《环境政策工具组合、环境技术创新与绩效》,《科学学研究》2018年第12期。
[2] 赵爱武、关洪军:《企业环境技术创新激励政策优化组合模拟与分析》,《管理科学》2018年第6期。

具具有空间异质性,且不同类型的环境规制对绿色发展与环境质量等影响不同,推动异质性环境规制之间形成政策组合并协同推动工业绿色化,可达到单一类型的环境规制所达不到的理想效果,是推动工业绿色化的一个重要选择。据此,构建异质性环境规制组合对工业绿色化影响的实证模型为:

$$\ln IGI_{it} = \theta_{31}\ln AER_{it} + \theta_{32}\ln MER_{it} + \theta_{33}\ln PER_{it} + \theta_{34}\ln AER_{it} \cdot \ln MER_{it} + \theta_{35}\ln AER_{it} \cdot \ln PER_{it} + \theta_{36}\ln MER_{it} \cdot \ln PER_{it} + \sum_{j=1}\theta_{37j}\ln q_{ijt} + \mu_{it} + \varepsilon_{it}$$

$$(6-5)$$

二 中介效应模型设计

根据环境规制对工业绿色化影响的作用机理的分析可知,环境规制可通过技术创新"挤出效应"而不利于工业绿色化。据此,为了检验异质性环境规制是否会通过技术创新对工业绿色化产生影响,借鉴Baron 和 Kenny 中介效应模型[①],引入技术创新中介变量 *RDI*,构建技术创新 *IGI* 作为因变量和自变量的计量模型分别如下:

$$\ln RDI_{it} = \theta_{41}\ln ER_{it} + \sum_{j=1}\theta_{41j}\ln q_{ijt} + \mu_{it} + \varepsilon_{it} \quad (6-6)$$

$$\ln IGI_{it} = \theta_{51}\ln ER_{it} + \theta_{52}\ln RDI_{it} + \sum_{j=1}\theta_{53j}\ln q_{ijt} + \mu_{it} + \varepsilon_{it} \quad (6-7)$$

其中,需要联合式(6-3)与式(6-6)和式(6-7),形成技术创新作为中介效应对环境规制对工业绿色化影响的逐步检验方程组。在该方程组中,θ_{11}为环境规制对工业绿色化影响的综合效应,θ_{51}为环境规制对工业绿色化影响的直接效应,$\theta_{41} \times \theta_{52}$为环境规制通过技术创新对工业绿色化的影响效应。若经过检验存在中介效应,则中介效应

---

① Baron R. M., Kenny D. A., The Moderator-mediator Variable Distinction in Social Psychological Research: Conceptual, Strategic and Statistical Considerations, *Journal of Personality and Social Psychology*, 1986, 51 (6): 1173 – 1182.

即等于间接效应 $\theta_{41} \times \theta_{52}$，且 $\theta_{41} \times \theta_{52}/\theta_{11}$ 为中介效应的权重系数。

参照温忠麟等①②提出的中介效应检验方法，该方法有效吸收了 Judd③、Sobel④、Baron 和 Kenny⑤ 等提出的多种检验方法，该检验流程优势在于：其一是能够能有效地控制第一类错误率（弃真错误率）和第二类错误率（存伪错误率）；其二是能够有效辨析部分中介效应与完全中介效应。Baron 和 Kenny 提出的依次检验相对于 Sobel 检验、Bootstrap 法、MCMC 法等不仅有效，而且其检验结果甚至好过 Bootstrap 法的结果⑥。依次检验法的中介效应主要检验流程如下：首先，若参数系数 θ_{11}、θ_{41}、θ_{52} 均显著，则存在技术创新的中介效应。其次，若参数系数 θ_{11} 显著，而参数系数 θ_{41} 和 θ_{52} 至少有一个不显著，则需要进一步对参数系数乘积进行检验（用 Bootstrap 法直接检验 $H_0: ab = 0$），若显著则存在中介效应。最后，在存在中介效应时，若参数系数 θ_{51} 显著，则技术创新属于环境规制对工业绿色化影响的部分中介效应；若参数系数 θ_{51} 不显著，则技术创新属于环境规制对工业绿色化影响的完全中介效应（图 6-6）。

同理，行政型环境规制、市场型环境规制和公众型环境规制对工业绿色化影响关于中介效应模型的研究方法与分析思路与上述相同，不再作说明。

---

① 温忠麟、叶宝娟：《中介效应分析：方法和模型发展》，《心理科学进展》2014 年第 5 期。

② 温忠麟、张雷、侯杰泰、刘红云：《中介效应检验程序及其应用》，《心理学报》2004 年第 5 期。

③ Judd C. M., Process analysis: Estimating Mediation in Treatment Evaluations, *Evaluation Review*, 1981, 5 (5): 602-619.

④ Sobel M. E., Asymptotic Confidence Intervals for Indirect Effects in Structural Equation Models, *Sociological Methodology*, 1982, 13: 290-312.

⑤ Baron R. M., Kenny D. A., The Moderator-mediator Variable Distinction in Social Psychological Research: Conceptual, Strategic and Statistical Considerations, *Journal of Personality and Social Psychology*, 1986, 51 (6): 1173-1182.

⑥ 温忠麟、叶宝娟：《中介效应分析：方法和模型发展》，《心理科学进展》2014 年第 5 期。

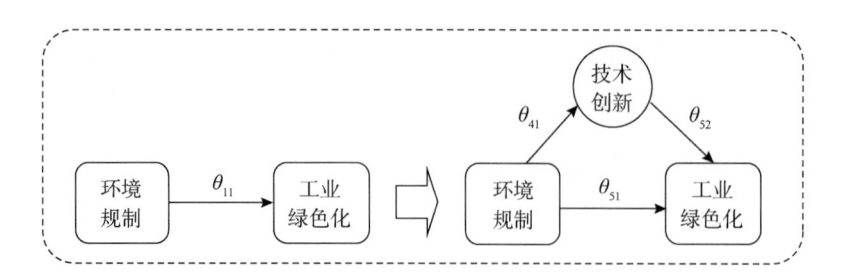

图 6-6　中介效应模型过程

三　空间杜宾模型设计

从第三章技术创新和环境规制对工业绿色化影响的作用机理及其借助拓展的 Acemoglu 等技术创新偏向模型的论证过程可知，由于环境规制和技术创新都存在空间溢出效应，因此，需要进一步对工业绿色化及其异质性环境规制进行空间自相关检验。将异质性环境规制与工业绿色化通过全局空间自相关检验，其莫兰指数计算结果显示，各省域异质性环境规制与工业绿色化的莫兰指数均大于 1，且基本上通过了 10% 的显著性检验，说明异质性环境规制呈现出空间依赖性，中国工业绿色化存在明显的空间正相关性，证明工业绿色化水平高、环境规制强度大的地区与工业绿色化水平低、环境规制强度小的地区均趋向于高值与高值相邻、低值与低值相邻。据此，可用空间杜宾模型将异质性环境规制对工业绿色化的影响进行实证检验。本书借鉴 Lesage 和 Pace[①] 构建空间杜宾模型：

$$\ln IGI_{it} = \alpha_1 \ln IGI_{it-1} + \alpha_2 \omega_{im} \ln IGI_{it-1} + \beta_1 \ln ER_{it} + \beta_2 \sum_{m=1} \omega_{im} \ln ER_{imt}$$
$$+ \sum_{j=1} \theta_{61j} \ln q_{ijt} + \mu_{it} + \varepsilon_{it} \qquad (6-8)$$

---

① Lesage J. P., Pace R. K., Spatial econometric models, In M Fischer and A Getis (eds.), *Handbook of Applied Spatial Analyses*, Berlin: Springer, 2010: 355–376.

参数的系数 α_i 衡量上一期工业绿色化水平对本期工业绿色化影响的作用方向，其中，α_1 为本地上一期工业绿色化水平对本期本地工业绿色化影响的作用方向，α_2 为周边地区上一期工业绿色化水平对本期本地工业绿色化影响的作用方向；参数的系数 β_i 衡量环境规制空间溢出对工业绿色化影响的作用方向，其中，β_1 为本地环境规制对本地工业绿色化的作用方向，β_2 为周边地区环境规制对本地工业绿色化的作用方向；ω_{im} 为空间权重矩阵，衡量了省际空间的经济活动的相互影响关系；其他变量与上述相同。

对式（6-8）参数的系数所代表的具体意义简要论述。参数的系数 α_1、β_1 含义与前述相同。对于参数的系数 α_2 与 β_2，当 $\alpha_2 > 0$ 时，表示周边地区上一期工业绿色化的空间溢出效应可以促进本地区工业绿色化；当 $\alpha_2 < 0$ 时，表示周边地区上一期工业绿色化的空间溢出效应不利于本地区工业绿色化；当 $\alpha_2 = 0$ 时，表示工业绿色化不具有空间自相关性关系。对于参数的系数 β_2，当 $\beta_2 > 0$ 时，表示周边地区环境规制的空间溢出效应有利于本地区工业绿色化；当 $\beta_2 < 0$ 时，表示周边地区环境规制的空间溢出效应不利于本地区工业绿色化；当 $\beta_2 = 0$ 时，表示周边地区环境规制的空间溢出与本地区工业绿色化不相关。

不同地区之间的空间经济关系需要通过构建不同的空间权重矩阵来进行测度。关于空间权重矩阵 ω_{im}，现有研究主要依托地理空间矩阵和经济空间矩阵，而地理空间矩阵又有 0—1 空间矩阵和距离空间矩阵两种形式，极少部分学者还采用地理距离衰减空间矩阵[1]和产业空间相关性矩阵[2]等。地理空间矩阵和经济空间矩阵相比，前者突出了地理距离空间邻近的客观性，但缺乏经济发展差距的主观性，后者则与

---

[1] 曹聪丽、陈宪：《生产性服务业发展模式、结构调整与城市经济增长——基于动态空间杜宾模型的实证研究》，《管理评论》2019 年第 1 期。

[2] 张蕴萍、杨友才、牛欢：《山东省金融效率、溢出效应与外商直接投资——基于空间动态面板 Durbin 模型的研究》，《管理评论》2018 年第 12 期。

之相反。因此，构建混合空间矩阵是兼顾地理空间与经济空间的有效手段，也是空间权重赋值的重要发展趋势。本书将地理空间与经济空间统一，构建"地理—经济"空间权重矩阵，设为 W_{im}^{GE}，借鉴 Case 等[1]与朱平芳等[2]的研究成果，设

$$W_{im}^{GE}(\gamma) = \gamma W_{im}^{G} + (1-\gamma) W_{im}^{E} \qquad (6-9)$$

其中，W_{im}^{G} 为单位化地理空间矩阵，W_{im}^{E} 为单位化经济空间矩阵，且 $0 \leq \gamma \leq 1$，γ 越大越倾向于地理空间权重，γ 越小越倾向于经济空间权重。本书将地理空间权重与经济空间权重等同，令 $\gamma = 0.5$。另外，地理空间矩阵 W_{im}^{G} 用距离空间矩阵来表示，距离空间矩阵的具体测度方法用公式可表示为：

$$W_{im}^{G} = \frac{1}{r_{im}},\ W_{im}^{G} = 0\ (i=m) \qquad (6-10)$$

经济空间矩阵 W^{E} 用经济发展差距来表示，借鉴林光平等[3]测度标准，采用各个省份之间工业经济发展水平差距的倒数，用公式可表述为

$$W_{im}^{E} = 1 \big/ |\overline{y_i} - \overline{y_m}|\ (i \neq m),\ W_{im}^{E} = 0\ (i = m) \qquad (6-11)$$

其中，$\overline{y_i}$ 为第 i 个省份 2007—2016 年的工业增加值的平均值。

另外，行政型环境规制、市场型环境规制和公众型环境规制关于空间杜宾模型的研究方法与式（6-8）及上述分析和参数意义相同，不再作说明。

第三节 实证分析

在实证分析之前，需要对所有数据进行平稳性检验。本章采用

---

[1] Case A. C., Rosen H. S., Hines J. R., Budget Spillovers and Fiscal Policy Interdependence: Evidence from the States, *Journal of Public Economics*, 1993, 52 (3): 285-307.

[2] 朱平芳、张征宇、姜国麟：《FDI 与环境规制：基于地方分权视角的实证研究》，《经济研究》2011 年第 6 期。

[3] 林光平、龙志和、吴梅：《中国地区经济 σ-收敛的空间计量实证分析》，《数量经济技术经济研究》2006 年第 4 期。

LLC 检验和 IPS 检验方法，单位根检验结果表明，所有变量均通过显著性检验。因此，面板数据是平稳的，可用于模型分析。

一 基准面板回归分析

根据第三章第二节的论述，本章仍然采用动态系统 GMM 模型进行实证分析。为了与第五章技术创新对中国工业绿色化影响的实证研究有所区别便于比较分析，借鉴现有研究思路[①]，本章采用因变量滞后一期和滞后二期作为工具变量来研究异质性环境规制对工业绿色化影响的作用机理的数量关系。从表 6-4 回归结果可知，由于 AR（1）、AR（2）与 Hansen 检验均满足显著性要求，表明无法拒绝原假设，即异质性环境规制对工业绿色化影响的动态系统 GMM 估计结果有效。

表 6-4　异质性环境规制对中国工业绿色化影响的动态面板回归

变量	模型（1）	模型（2）	模型（3）	模型（4）
$\ln IGI_{-1}$	0.538*** (0.123)	0.531*** (0.114)	0.541*** (0.110)	0.788*** (0.129)
$\ln IGI_{-2}$	-0.212** (0.102)	-0.208* (0.110)	-0.315*** (0.099)	-0.234*** (0.079)
$\ln ER$	-0.139*** (0.033)			
$\ln AER$		-0.097*** (0.024)		
$\ln MER$			-0.052*** (0.013)	
$\ln PER$				0.040 (0.024)

---

① 何爱平、安梦天：《地方政府竞争、环境规制与绿色发展效率》，《中国人口·资源与环境》2019 年第 3 期。

续表

变量	模型（1）	模型（2）	模型（3）	模型（4）
ln*IDL*	0.159*** (0.037)	0.122*** (0.043)	0.105*** (0.035)	0.036 (0.037)
ln*PS*	-0.147** (0.057)	-0.110* (0.066)	-0.091** (0.044)	-0.025 (0.047)
ln*IR*	-0.100* (0.057)	-0.059 (0.070)	-0.026 (0.044)	0.140 (0.086)
Constant	-0.689*** (0.242)	-0.732*** (0.278)	-0.795*** (0.213)	-0.711** (0.330)
AR（1）	0.013	0.005	0.009	0.012
AR（2）	0.276	0.223	0.371	0.095
Hansen Test	0.729	0.326	0.504	0.528
样本数（个）	240	240	240	240

注：（1）系统 GMM 估计采用 xtabond2 程序完成，均为 twostep；（2）内生变量为滞后一期和滞后二期的工业绿色化指数；（3）系统 GMM 估计括号内为类聚稳健标准误；（4）***、**、* 分别表示在 1%、5%、10% 水平上显著。本章以下表若不作说明，与此相同。

从工具变量工业绿色化滞后项结果看，上一期工业绿色化水平对本期工业绿色化的影响显著为正，表明上一期工业绿色化积累效应可以促进本期工业绿色化，这与第五章研究技术创新对工业绿色化影响时的实证结果相同。滞后二期的工业绿色化对本期工业绿色化影响在环境规制、行政型环境规制、市场型环境规制和公众型环境规制条件下均显著为负，表明滞后二期的工业绿色化不利于本期工业绿色化。对此，本书认为，可能是因为政府在早期选择了较强的环境规制手段，使得工业绿色化已处于较高水平。然而，较强的环境规制也抑制了工业经济增长速度，在地方政府间经济赶超与官员晋升激励的双重作用下，地方政府官员不得不降低环境规制强度，放松工业发展的环境监管，导致地方政府以破坏生态环境为代价获取更快的工业增长速度。可以看到，地方政府在工业经济发展与工业绿色化之间存在周期性的转换①。当环境规制强度过大时，尽管工业绿色化水平较高，但是工业经济增长速度受到限制，地方政府便会降低环境规制强度以提升工业增长速度；当环境规制强度较小时，尽管工业增长速度较高，但是工业发展致使生态环境破坏较为严重，工业绿色化水平也就较差，地方政府就会提高环境规制强度。

环境规制对工业绿色化影响显著为负，意味着环境规制并不利于工业绿色化改善。从异质性环境规制视角看，不同类型的环境规制对工业绿色化的影响具有差异性，行政型环境规制对工业绿色化的影响显著为负，市场型环境规制对工业绿色化的影响也显著为负，表明行政型环境规制和市场型环境规制均不利于工业绿色化。针对环境规制及行政型环境规制与市场型环境规制对工业绿色化的影响显著为负，本书认为，其原因可能如下。一方面，环境规制或者说是行政型环境规制和市场型环境规制通过直接提升企业生产的边际成本，致使工业企业为保证一定的工业增长速度，选择以保留污染型研发投入而放弃清洁型研发投入，从而造成工业企业关于清洁型研发投入的挤出效应，导致不利于工业绿色化[②③④]。下文将通过技术创新中介效应对此观点进一步验证。另一方面，王昀和孙晓华认为，地方保护主义和对国有企业干预等致使政府生产性补贴更多地"扶弱"而不是"扶强"，落后低效产能不能被淘汰，产业转型升级

---

① 何爱平、安梦天：《地方政府竞争、环境规制与绿色发展效率》，《中国人口·资源与环境》2019 年第 3 期。

② Guo L., Qu Y., Tseng M. L., The Interaction Effects of Environmental Regulation and Technological Innovation on Regional Green Growth Performance, *Journal of Cleaner Production*, 2017, 162（9）：894 – 902.

③ Yuan B., Xiang Q., Environmental Regulation, Industrial Innovation and Green Development of Chinese Manufacturing: Based on an extended CDM model, *Journal of Cleaner Production*, 2018, 176（3）：895 – 908.

④ Jin W., Zhang H., Liu S., et al., Technological Innovation, Environmental Regulation, and Green Total Factor Efficiency of Industrial Water Resources, *Journal of Cleaner Production*, 2019, 211（2）：61 – 69.

受阻[1],尽管研究对象不完全相同,但是这一解释也非常值得本书借鉴。本书认为,政府在制定和实施环境规制时,特别是行政型环境规制和市场型环境规制,由于地方保护主义因素存在,有时并不是以激励"强者"为导向,而是以保护"弱者"为导向,致使环境规制不能够达到激励企业绿色创新与绿色转型的发展目的。公众型环境规制对工业绿色化的影响为正,但是并不显著,可能是因为单独的公众型环境规制,并不具备行政型环境规制和市场型环境规制的强制性属性。公众型环境规制若想发挥应有的职能,本书猜想,可能需要与行政型环境规制或与市场型环境规制合作与协同推进,才能够对工业绿色化具有显著的影响。下文将对此观点进行进一步验证。

另外,从控制变量看,工业发展水平越高越有利于工业绿色化,这与孙海波等观点一致[2];人口规模越大越不利于工业绿色化,这是本书将人口作为限制因素的进一步验证;工业化率越高越不利于工业绿色化,这一结果与第五章一致,这里不再作说明。

二 中介效应检验分析

参照温忠麟和叶宝娟[3]关于中介效应的检验方法以及根据第三章环境规制对工业绿色化影响的作用机理的论述,以技术创新为中介变量,将环境规制及异质性环境规制对工业绿色化影响的中介效应依次进行检验,检验结果依次为表6-4、表6-5和表6-6。

将工业绿色化参数的滞后一期与滞后二期作为工具变量在不同的

---

[1] 王昀、孙晓华:《政府补贴驱动工业转型升级的作用机理》,《中国工业经济》2017年第10期。

[2] 孙海波、焦翠红、林秀梅:《人力资本集聚对产业结构升级影响的非线性特征——基于PSTR模型的实证研究》,《经济科学》2017年第2期。

[3] 温忠麟、叶宝娟:《中介效应分析:方法和模型发展》,《心理科学进展》2014年第5期。

情况下均得出非常一致的检验结论（表6-4、表6-5和表6-6）。首先，检验式（6-3）的系数θ_{11}。从表6-4回归结果可知，环境规制及其行政型环境规制、市场型环境规制对工业绿色化的影响系数均显著负相关，而公众型环境规制的系数则不显著。因此，环境规制及行政型环境规制、市场型环境规制对工业绿色化的影响可能存在中介效应，而公众型环境规制对工业绿色化的影响存在遮掩效应。其次，依次检验式（6-6）的系数θ_{41}和式（6-7）的系数θ_{52}。针对系数θ_{41}，从表6-5回归结果可知，环境规制及市场型环境规制对技术创新影响的系数θ_{41}均显著负相关，而行政型环境规制对技术创新影响的系数θ_{41}不显著，公众型环境规制对工业绿色化影响的系数θ_{41}显著正相关；针对系数θ_{52}，从表6-6回归结果可知，技术创新对工业绿色化的影响在环境规制及行政型环境规制、市场型环境规制、公众型环境规制下均显著正相关。最后，检验式（6-7）的系数θ_{51}。从表6-6回归结果可知，在存在技术创新变量的前提下，环境规制及行政型环境规制、市场型环境规制对工业绿色化影响的系数均显著负相关，而公众型环境规制与工业绿色化正相关，但并不显著。

基于上述分析，并参照温忠麟和叶宝娟[①]关于中介效应的划分标准，进而可计算得出技术创新的中介效应检验报告（表6-7）。从技术创新中介效应报告可知，首先，环境规制对工业绿色化影响存在部分中介效应，中介效应为-0.10，中介效应与总效应的比值为0.71。其次，由于θ_{41}不显著，行政型环境规制对工业绿色化影响需要进一步用Bootstrap法进行直接检验$H_0: ab=0$，检验结果显示：间接效应不显著，说明行政型环境规制没有技术创新中介效应。再次，市场型环境规制对工业绿色化影响也存在部分中介效应，中介效应为-0.02，

---

① 温忠麟、叶宝娟：《中介效应分析：方法和模型发展》，《心理科学进展》2014年第5期。

中介效应与总效应的比值为 0.45。最后，公众型环境规制对工业绿色化影响存在遮掩效应，且只有中介效应。总之，仅行政型环境规制不存在中介效应，环境规制及市场型环境规制均可通过技术创新中介效应导致技术创新"挤出效应"，也就是抑制了技术创新，由此不利于工业绿色化；相反，公众型环境规制尽管不会直接促进工业绿色化，但是公众型环境规制可以通过引致技术创新而有利于工业绿色化。因此，通过异质性环境规制对工业绿色化的直接影响实证分析与异质性环境规制对工业绿色化影响的中介效应检验结果可知，单一的环境规制政策既可以直接制约工业绿色化，又可以通过抑制技术创新来间接制约工业绿色化，还可以通过引致技术创新而间接有利于工业绿色化。

表 6-5　异质性环境规制对中国技术创新影响的动态面板回归

变量	模型 (5)	模型 (6)	模型 (7)	模型 (8)
$\ln IGI_{-1}$	0.542*** (0.093)	0.485*** (0.070)	0.329*** (0.071)	0.233** (0.118)
$\ln IGI_{-2}$	0.280*** (0.032)	0.212*** (0.030)	0.209*** (0.038)	0.259*** (0.055)
$\ln ER$	-0.274*** (0.091)			
$\ln AER$		0.088 (0.094)		
$\ln MER$			-0.179** (0.089)	
$\ln PER$				0.516*** (0.175)
$\ln IDL$	0.524*** (0.110)	0.480*** (0.093)	0.724*** (0.127)	1.194*** (0.270)

续表

变量	模型（5）	模型（6）	模型（7）	模型（8）
lnPS	-0.604*** (0.105)	-0.294** (0.141)	-0.555*** (0.187)	-0.973*** (0.349)
lnIR	-0.738* (0.379)	-0.528** (0.254)	-1.214*** (0.413)	-1.631*** (0.461)
Constant	0.939 (1.235)	1.476* (0.898)	2.483* (1.434)	1.868 (1.668)
AR（1）	0.000	0.000	0.001	0.015
AR（2）	0.199	0.095	0.252	0.457
Sargan	0.086	0.613	0.353	0.151
样本数（个）	240	240	240	240

表6-6　异质性环境规制、技术创新对中国工业绿色化影响的动态面板回归

变量	模型（9）	模型（10）	模型（11）	模型（12）
lnIGI_{-1}	0.555** (0.252)	0.584** (0.266)	0.665*** (0.113)	0.729*** (0.174)
lnIGI_{-2}	-0.230*** (0.066)	-0.145* (0.079)	-0.121* (0.069)	-0.232*** (0.075)
lnER	-0.112*** (0.023)			
lnAER		-0.084*** (0.022)		
lnMER			-0.082*** (0.026)	
lnPER				0.044 (0.027)
LnRDI	0.362* (0.044)	0.611** (0.047)	0.138* (0.037)	0.477** (0.029)
lnIDL	0.123*** (0.037)	0.095** (0.042)	0.089*** (0.033)	0.012 (0.040)

续表

变量	模型（9）	模型（10）	模型（11）	模型（12）
lnPS	-0.135*** (0.049)	-0.080* (0.048)	-0.095** (0.045)	-0.010 (0.055)
lnIR	0.084 (0.110)	0.159** (0.070)	0.036 (0.097)	0.255*** (0.087)
Constant	-1.269*** (0.398)	-1.418*** (0.320)	-0.959*** (0.335)	-1.146*** (0.314)
AR（1）	0.034	0.027	0.002	0.004
AR（2）	0.152	0.061	0.073	0.144
Sargan	0.086	0.342	0.314	0.561
样本数（个）	240	240	240	240

根据中介效应检验结果，上述基准面板回归分析结果可以进一步确认的结果是：针对环境规制及市场型环境规制不利于工业绿色化，其部分原因是因为这二者对技术创新形成"挤出效应"，而且技术创新"挤出效应"在抑制工业绿色化因素中所占比重还比较大，前者达到了71%，后者也达到了45%。

表6-7　　　　　　　　技术创新中介效应检验结果

类型	θ_{11}	θ_{41}	θ_{52}	θ_{51}	检验结果	检验报告
ER	显著为负	显著为负	显著为正	显著为负	部分中介效应	$\theta_{41} \times \theta_{52}/\theta_{11} = 0.71$
AER	显著为负	不显著	显著为正	显著为负	Bootstrap法不显著	没有中介效应
MER	显著为负	显著为负	显著为正	显著为负	部分中介效应	$\theta_{41} \times \theta_{52}/\theta_{11} = 0.45$
PER	不显著	显著为正	显著为正	不显著	遮掩效应	只有中介效应

三　交叉面板回归分析

从环境规制构成看，单一的环境规制政策不论是市场型环境规制，还是行政型环境规制，都显著不利于工业绿色化，而公众型环境规制尽管与工业绿色化正相关，但并不显著。根据前述猜想，可能存在异质性环境规制的政策组合效应。因此，需要思考是否可以通过不同环境规制工具的互动组合推动工业绿色化？

将行政型环境规制、市场型环境规制与公众型环境规制两两组合，回归结果表明（表6-8），工业绿色化滞后一期与滞后二期及行政型环境规制、市场型环境规制、公众型环境规制、工业发展水平、人口规模与工业化率对工业绿色化的影响方向及其显著性与表6-4及表6-6均没有明显变化，表明在不同参数回归条件下，行政型环境规制、市场型环境规制与公众型环境规制对工业绿色化影响的回归结果是稳健的。但是，在存在异质性环境规制政策组合时，公众型环境规制对工业绿色化的影响由之前的不显著变得显著，这也验证了前述的猜想。Li和Wu及Liao和Shi都认为，公众型环境规制或民间环境规制对工业绿色化具有促进作用[1][2]。本书认为，在加入行政型环境规制或市场型环境规制与公众型环境规制组合时，公众型环境规制之所以显著推动工业绿色化，可能是因为公众型环境规制引起行政型环境规制或市场型环境规制的联动效应。

从异质性环境规制组合看，行政型环境规制与市场型环境规制组合与工业绿色化显著负相关，行政型环境规制与公众型环境规制组合与工业绿色化显著正相关，市场型环境规制与公众型环境规制组合与工业绿色化也显著正相关。由此发现，通过"自上而下"的环境规制政策工具与"自下而上"的环境规制政策工具之间的"跨界组合"，可以显著推动工业绿色化，而仅仅是"自上而下"的环境规制政策工

---

[1] Li B., Wu S., Effects of Local and Civil Environmental Regulation on Green Total Factor Productivity in China: A Spatial Durbin Econometric Analysis, *Journal of Cleaner Production*, 2017, 153 (6): 342–353.

[2] Liao X., Shi X., Public Appeal, Environmental Regulation and Green Investment: Evidence from China, *Energy Policy*, 2018, 119 (8): 554–562.

具"内部组合"则不但不能够推动工业绿色化，还会显著抑制工业绿色化。对于这一结论，张华等在论证政府和市场对绿色发展的作用时指出，公众诉求有利于提升绿色发展效率，凸显"自下而上"的推力作用，且较高的公众诉求能够促使"波特假说"效应更早来临，体现政府与公众"上下结合"的协同效应[①]。虽然研究对象不完全相同，但是这一研究结论与本章研究结论不谋而合。

"自上而下"的环境规制政策工具与"自下而上"的环境规制政策工具之间的协同组合之所以能够促进工业绿色化，本书认为，可能是因为公众型环境规制本身并没有增加企业成本，相反，在公众型环境规制下，企业具有积极主动实施技术创新的可能性。具体来看，在行政型环境规制或市场型环境规制协同作用下，通过技术创新投入，实现减少生态环境负外部性，以达到公众型环境规制要求，进而实现来自政府关于行政型环境规制或来自市场关于市场型环境规制带来的技术创新补贴或税收减免，或者是技术创新形成的市场收入如市场技术交易收入与剩余排污配额交易收入等好处。这些生态收益与企业积极主动保护环境形成的公众品牌效应与市场宣传效应，形成相互推进与循环发展的良性格局。从这个视角看，公众型环境规制与行政型环境规制或与市场型环境规制组合，对推动企业向绿色、低碳转型发展多重利好。因此，推动和实施公众型环境规制与行政型环境规制或与市场型环境规制之间的"上下联动"组合政策，有利于推动工业绿色化。验证了上述基准面板回归结果分析中关于公众型环境规制对工业绿色化影响的猜想。

---

① 张华、丰超、时如义：《绿色发展：政府与公众力量》，《山西财经大学学报》2017年第11期。

表 6-8　异质性环境规制组合对中国工业绿色化影响的动态交叉面板回归

变量	模型（13）	模型（14）	模型（15）	模型（16）
$\ln IGI_{-1}$	0.469*** (0.094)	0.621*** (0.153)	0.585*** (0.119)	0.467*** (0.139)
$\ln IGI_{-2}$	-0.201* (0.113)	-0.029 (0.145)	-0.253* (0.143)	-0.117 (0.137)
$\ln AER$	-0.453** (0.230)	0.356 (0.277)		-0.503 (0.474)
$\ln MER$	-0.267** (0.134)		0.250 (0.156)	-0.090 (0.216)
$\ln PER$		0.378* (0.251)	0.361* (0.214)	0.408* (0.353)
$\ln AER \times \ln MER$	-0.086** (0.055)			-0.113* (0.074)
$\ln AER \times \ln PER$		0.141* (0.088)		0.023 (0.092)
$\ln MER \times \ln PER$			0.088** (0.050)	0.071* (0.050)
$\ln IDL$	0.136*** (0.043)	0.157*** (0.061)	0.056 (0.046)	0.077* (0.042)
$\ln PS$	-0.160** (0.074)	-0.170** (0.085)	0.018 (0.069)	-0.103** (0.047)
$\ln IR$	-0.145* (0.084)	0.050 (0.107)	0.039 (0.084)	0.002 (0.095)
Constant	-1.604*** (0.447)	0.105 (0.755)	0.460 (0.802)	-0.878 (1.361)
AR（1）	0.012	0.015	0.006	0.022
AR（2）	0.892	0.064	0.180	0.500
Hansen	0.839	0.148	0.365	0.222
样本数（个）	240	240	240	240

四 空间溢出效应检验

基于异质性环境规制对工业绿色化影响的空间效应的空间杜宾模型设计，实证回归结果表明（表6-9），空间自回归系数显著为正，均在1%水平上通过显著性检验，说明工业绿色化、环境规制、行政型环境规制、市场型环境规制及公众型环境规制均具有空间自相关关系。

首先，针对因变量回归结果分析。在研究环境规制、行政型环境规制、市场型环境规制和公众型环境规制对工业绿色化影响的作用机理时，工业绿色化滞后一期的系数 α_1 均为正数，且在1%水平上显著，与上述研究结论一致。从工业绿色化的空间溢出效应看，α_2 均为负数，且在1%水平上显著，表明周围地区工业绿色化水平越高，越不利于本地区工业绿色化水平提升。这一结论显而易见，一方面，从中国当前工业发展阶段看，中国当前还处于工业集聚强于扩散的发展格局，以技术创新支撑的清洁型产业还处于集聚发展阶段；另一方面，从支撑工业绿色化的技术创新因素看，东部地区各省份技术创新明显领先于中西部地区[1]，而且这种领先趋势还在不断扩大[2]。工业绿色化水平领先的省份基于雄厚工业绿色化基础优势及其领先的绿色技术创新优势，形成区域工业绿色化的竞争优势；相反，处于工业绿色化落后的省份由于绿色技术创新基础与工业绿色化基础较差，导致难以实现集聚和发展清洁型企业并推动本地区工业绿色化。因此，中国工业绿色化空间格局呈现出明显的"马太效应"。

其次，针对环境规制变量回归结果分析。环境规制不利于本地区

---

[1] 李芹芹、刘志迎：《中国各省市技术创新指数研究》，《科技进步与对策》2012年第19期。

[2] 侯锐：《基于Malmquist指数的我国区域技术创新效率提升演化与驱动差异研究》，《工业技术经济》2016年第1期。

工业绿色化，并与表 6-4 的基准面板回归结论在显著性及其方向上均一致。在不考虑工业绿色化的溢出效应时［模型（17）］，环境规制对工业绿色化影响的空间溢出效应为正，但不显著；而在考虑工业绿色化的溢出效应时［模型（18）］，环境规制对工业绿色化影响的空间溢出效应为正，且显著。由此可知，本地区环境规制对周边地区工业绿色化具有改善作用，这一结论并不支持"污染天堂"假说。对此，本书认为，若将环境规制强度大的地区称之为中心地区，而将邻近的环境规制强度小的地区称之为外围地区，那么，根据前述环境规制、创新挤出、污染溢出与工业绿色化之间的逻辑关系及技术创新中介效应的论述可知，外围地区相对中心地区而言，由于环境规制强度相对较小，其相对中心地区不但不会产生创新挤出效应，反而还会形成来自中心地区的创新转移与集聚效应，从而造成外围地区以较低的环境规制激励了企业技术创新，反而有利于环境规制强度低的外围地区的工业绿色化。

表 6-9　　异质性环境规制对中国工业绿色化影响的动态空间杜宾模型估计

变量	模型（17） ER	模型（18） ER	模型（19） AER	模型（20） MER	模型（21） PER
α_1	0.877*** (0.092)	0.905*** (0.042)	0.854*** (0.043)	0.873*** (0.042)	0.902*** (0.089)
α_2		-0.664*** (0.110)	-0.657*** (0.111)	-0.659*** (0.110)	-0.693*** (0.089)
β_1	-0.002** (0.019)	-0.002** (0.015)	-0.001** (0.011)	-0.004** (0.007)	-0.022 (0.021)
β_2	0.026 (0.045)	0.051* (0.030)	0.049* (0.030)	0.027* (0.016)	-0.015 (0.017)
$\ln IDL$	0.005* (0.003)	0.005** (0.002)	0.003* (0.002)	0.003 (0.002)	0.004 (0.003)

续表

变量	模型（17）	模型（18）	模型（19）	模型（20）	模型（21）
	ER	ER	AER	MER	PER
lnPS	-0.282* (0.161)	-0.232 (0.144)	-0.241* (0.143)	-0.281** (0.137)	-0.255** (0.110)
lnIR	-0.182*** (0.046)	-0.133*** (0.042)	-0.151*** (0.047)	-0.199*** (0.037)	-0.067*** (0.026)
rho	1.172*** (0.089)	1.175*** (0.076)	1.068*** (0.081)	1.095*** (0.076)	1.323*** (0.080)
R^2	0.326	0.396	0.376	0.366	0.394

注：(1) 经过 Hausman 检验确定使用固定效应回归；(2) 表中第二行每一个因子均为代表该列模型的自变量；(3) 括号内为标准误；(4) ***、**、* 分别表示在1%、5%、10%水平上显著。

最后，异质性环境规制变量回归结果分析。行政型环境规制、市场型环境规制、公众型环境规制均不利于本地区工业绿色化，行政型环境规制回归系数与市场型环境规制回归系数与表6-4回归结论在显著性及其方向上均一致，仅公众型环境规制与工业绿色化的关系回归系数与表6-4回归结果不同，但前后均不显著。从异质性环境规制对工业绿色化影响的空间溢出效应结果看，行政型环境规制和市场型环境规制对工业绿色化影响的空间溢出效应均显著为正，与环境规制对工业绿色化影响的空间溢出效应一致，但公众型环境规制对工业绿色化影响的空间溢出效应回归系数为负，与行政型环境规制和市场型环境规制对工业绿色化影响的空间溢出效应相反，但也不显著。因此，从异质性环境规制对工业绿色化影响的空间溢出效应结果看，邻近地区各省份行政型环境规制与市场型环境规制有利于本地区工业绿色化，但邻近地区公众型环境规制与本地区工业绿色化没有明显相关关系。行政型环境规制与市场型环境规制对工业绿色化影响的空间溢出效应结论表明，通过全国整体性行政型环境规制与市场型环境规制的建立和完善是有利于在全国整体上提升工业绿色化。

另外，在环境规制对工业绿色化影响的各种实证模型回归结果中，通过对工具变量、自变量及控制变量回归结果的参数系数比较发现，相互之间相差不大，特别是自变量及其工具变量回归结果的参数系数正负方向及其显著性基本一致，显示出环境规制对工业绿色化影响的面板数据回归结果的稳健性。

第四节 本章小结

本章首先将环境规制划分为行政型环境规制、市场型环境规制和公众型环境规制三类，并选择决策指标因子构建异质性环境规制指标体系，并通过综合指数法对异质性环境规制指数进行测度和分析，再通过动态面板模型、中介效应模型、动态交叉回归模型、空间杜宾模型将异质性环境规制对工业绿色化影响的作用机理进行实证检验。主要结论如下：一是环境规制及行政型环境规制、市场型环境规制都不利于工业绿色化，公众型环境规制与工业绿色化呈现正相关关系，但不显著。二是针对环境规制、行政型环境规制、市场型环境规制都不利于工业绿色化的结论，通过中介效应检验结果显示，技术创新在环境规制与市场型环境规制与工业绿色化关系中均存在部分中介效应，在公众型环境规制与工业绿色化关系中只有中介效应，在行政型环境规制与工业绿色化关系中没有中介效应。三是从异质性环境规制组合看，"自上而下"与"自下而上"的环境规制政策工具之间的"跨界组合"有利于工业绿色化，而"自上而下"的环境规制政策工具的"内部组合"则不利于工业绿色化。四是对异质性环境规制对工业绿色化影响的空间溢出效应进行检验，结果表明：工业绿色化的空间溢出效应有利于周边地区工业绿色化；环境规制及行政型环境规制、市场型环境规制的空间溢出效应有利于周边地区工业绿色化，这一结论并不支持"污染天堂"假说；但公众型环境规制对工业绿色化影响的空间溢出效应回归系数为负，但并不显著。这一结论表明，全国整体性行政型环境规制与市场型环境规制的建立和完善有利于全国整体性工业绿色化的改善。

第七章　结论、建议与展望

第一节　基本研究结论

本书研究重心在于如何推动中国工业绿色化？但是在研究如何推动中国工业绿色化之前，有必要明白什么是工业绿色化和工业绿色化的影响因素有哪些，在此基础上才能够着重探究如何推动中国工业绿色化。根据上述问题，本书研究得出如下四个基本结论。

首先，本书重新认识了工业绿色化的理论本质。工业绿色化在本质上是工业生态环境效率相对较高的企业持续不断地替代工业生态环境效率相对较低的企业并在整体上实现生态环境质量不断改善与工业经济持续增长的工业结构调整过程。工业绿色化的本质在于产业替代，这能够有效解释工业经济增长与生态环境保护的"双赢"，也使得工业绿色化可以被作为工业经济新增长点来培育。从工业绿色化第一判别定理和工业绿色化第二判别定理可知，工业绿色化不仅是工业生产过程中生态环境效率的改进，更是工业产品全生命周期的生态环境效率的改进。因此，在工业绿色化过程中必须考虑产业替代的路径依赖、兼顾替代产业的产能过剩、解决工业产品需求结构失衡和权衡替代产品消费后形成的潜在生态环境风险等实践问题。另外，本书将工业绿色化的影响因素分为发动因素和限制因素，其中技术创新和环境规制作为工业绿色化的发动因素，可通过工业绿色化的发动因素推动工业绿色化。

其次，本书测算和评价了中国工业绿色化水平。省际工业绿色化综合评价结论如下。一是省际工业绿色化水平由高到低依次为东部地区、中部地区、西部地区和东北地区；东部地区稳中有升，中西部地区相对稳定，东北地区下降趋势显著。二是省际工业绿色化空间差异性总体变化幅度不大，且以泰尔熵指数、基尼系数与变异系数测度的省际工业绿色化空间差异性变化趋势呈现出明显同步性。三是通过对泰尔熵指数空间分解发现，地区内的省际工业绿色化空间差异性不断变小，而地区间的省际工业绿色化空间差异性小幅变大。省际工业绿色化系统评价结果如下。一是从空间协调性视角看，省际工业绿色化系统协调性整体较高，协调性程度由东部地区、中部地区、东北地区、西部地区依次降低；协调性演变趋势呈现东部提升、中西部稳定与东北地区下降格局。二是从空间同步性视角看，工业绿色化系统同步型省份不断减少，西南地区省份表现更为明显；相反，从非同步性视角看，在工业绿色化系统领先型方面，废物排放领先型省份增加最为明显，在工业绿色化系统滞后型方面，工业转型滞后型省份增加则最为明显。三是工业绿色化系统相关性在全国层面表现为，资源消耗绿色化与废物排放绿色化呈正相关关系，而资源消耗绿色化、废物排放绿色化与工业转型绿色化均呈现负相关关系，而在地区层面则存在空间异质性。通过对省际工业绿色化综合评价和系统评价，为研究技术创新和环境规制对工业绿色化影响奠定基础。

再次，本书就技术创新对工业绿色化影响的作用机理从理论上和实证上作了比较系统的论证。技术创新对工业绿色化影响的作用机理在理论上可概括为直接作用机理、市场传导机制和路径依赖与成本替代三大部分。技术创新对工业绿色化影响机理实证检验结果表明：一是以发明专利成果来测度的技术创新在全国层面及分地区层面均显著推动工业绿色化。二是技术外溢与市场潜力对工业绿色化影响效果不同。技术溢出效应和国际市场潜力均对工业绿色化具有推动作用，而人力资本溢出效应和国内市场潜力则不利于工业绿色化，并且这种影响在全国层面和地区层面基本一致。三是市场溢出与市场潜力联动对工业绿色化的影响具有空间差异性。技术溢出效应与人力资本溢出效应分别与国内市场需求联动和国外市场需求联动在全国层面上均显著促进工业绿色化，但是在地区层面上对工业绿色化影响的参数系数的显著性并不一致。国内外市场潜力联动在全国层面与地区层面上对工业绿色化影响的参数系数的显著性也不完全一致。技术外溢与市场需求联动在地区层面上回归结果出现差异性，这与中国区域空间内外开放度和区域经济发达程度差异密不可分。四是工业绿色化具有路径依赖效应。不论以何种因子来度量技术创新，不论是在哪一区域空间，上一期工业绿色化水平积累对本期工业绿色化均呈现改善作用。五是以人力资本水平和技术创新投入替代发明专利产出测度的技术创新作稳健性检验，其核心指标结果基本没有变化。

最后，本书就环境规制对工业绿色化影响的作用机理从理论上和实证上作了比较系统的论证。环境规制通过行政型环境规制、市场型环境规制和公众型环境规制实现资源配置效应、技术创新激励效应、技术创新"挤出效应"、污染型企业"溢出效应"及生态环境的反馈机制等作用机理达到对工业绿色化形成影响，并借助拓展的 Acemoglu 等技术进步偏向模型将技术创新与环境规制对工业绿色化影响的作用机理进行数理模型验证。通过异质性环境规制对工业绿色化影响的面板数据估计、中介效应检验、交叉回归检验和空间杜宾检验，实证结果表明：一是环境规制及行政型环境规制、市场型环境规制都不利于工业绿色化，公众型环境规制与工业绿色化相关性不显著。二是针对异质性环境规制不利于工业绿色化进行中介效应检验，结果表明：技术创新在环境规制与市场型环境规制与工业绿色化关系中均属于部分中介效应，在公众型环境规制与工业绿色化关系中只有中介效应，在行政型环境规制与工业绿色化关系中没有中介效应，表明环境规制和市场型环境规制既可以直接抑制工业绿色化，又可以通过技术创新"挤出效应"抑制工业绿色化，而公众型环境规制通过诱导技术创新形成从而有利于工业绿色化。三是从异质性环境规制组合看，行政型环境规制与市场型环境规制组合与工业绿色化显著负相关，行政型环境规制与公众型环境规制组合与工业绿色化显著正相关，市场型环境规制与公众型环境规制组合与工业绿色化也显著正相关。四是就环境规制对工业绿色化的空间溢出效应进行检验，结果表明：工业绿色化空间溢出效应不利于周边地区工业绿色化，而异质性环境规制有利于周边地区工业绿色化。

第二节　主要政策建议

基于产品全生命周期的生态资源损耗来探讨工业绿色化问题，是提升工业绿色化水平的基本路径。因此，在总体上，可将工业绿色化划分为三个小阶段——技术研发阶段、生产消费阶段和生态环境治理阶段，这三个阶段可分别实施以下政策提升工业绿色化水平，即以清洁型研发偏向提升工业绿色化水平、以清洁型产业（产品）替代污染型产业（产品）提升工业绿色化水平和以环境规制治理经济活动负外部性来提升工业绿色化水平。

首先，强化产业之间的有效替代。产业替代是工业绿色化的本质，也是实现工业经济增长与生态环境保护双赢的前提。一是通过替代产业与被替代产业的生产成本调整加速工业绿色化进程。基于工业绿色化本质，通过制定和调整单位产品的生态环境损耗成本来影响替代产业与被替代产业的生产成本。具体来看，一方面，替代产业的工业生态环境效率越高，单位产品产出的生态环境补贴也就越高；另一方面，被替代产业的生态环境效率越低，单位产品产出的生态环境税收越高。基于企业生态环境效率差异实施税收或补贴以影响企业的产品生产成本，实现工业产业整体上向着生态环境效率提升转型，工业绿色化进程也就实现加速。二是通过政府宏观调控解决替代产业产能过剩问题。理论研究表明，政府错误干预是造成替代产业产能过剩的推动力量[1][2]。据此，必须调整国家对工业绿色化的引导和干预方向，具体来看，国家应对替代产业的进入规模和被替代产业的退出规模实施双向把控，在市场需求相对稳定的前提下，坚持替代产业的进入规模必须要根据被替代产业的退出规模来决定，替代产业的进入可以适当超前，但被替代产业的退出必须要紧随替代产业的进入实施动态调整，以实现产业结构调整平稳有序推进，并解决工业绿色化中替代产业的产能过剩问题。三是通过绿色消费引导和宣传推动消费者消费替代产品。消费者消费替代产品是工业绿色化的现实保障，也是解决替代产业产能过剩的有效措施。如通过政府消费替代产品并形成示范效应，以此引领大众由消费原产品向消费替代产品逐步跨越，最终实现消费结构转变；通过媒体、广告等大众媒介向大众宣传，个人的生态环境保护行为和个人消费行为对生态环境质量改善的重要性，及其对自身社会福利改善的重要性；通过学校教育让学生知道，生态环境保护是每一个人应该承担的责任，让绿色消费成为一种健康可持续的生活方式。四是通过延缓不确定性替代产品产业化进程，以尽可能降低这类替代产品的潜在生态环境风险。一部分替代产品消费后对生态环境的潜在风险在短期内难以测度，需要长时期才能够发现。因此，一项替代产品在不确定其对自然生态环境的长远影响时，需要延长对这类新产品

---

[1] 乔榛、陈俊宏：《供给管理的中国式选择、逻辑及政策取向》，《商业研究》2017 年第 8 期。

[2] 东华、吕逸楠：《政府不当干预与战略性新兴产业产能过剩——以中国光伏产业为例》，《中国工业经济》2015 年第 10 期。

的研发周期和延缓研发的产业化进程，以实现尽可能多的测试并全面认识其对生态环境的潜在损害，并针对所有可能对生态环境造成潜在损害后果的替代产品在推进产业化之前就储备充分有效的应对方案。

其次，加大技术创新投入力度。习近平总书记在《求是》杂志发表《深入理解新发展理念》一文，对创新驱动发展战略进行了全方位解读，其中强调要"把创新摆在第一位，是因为创新是引领发展的第一动力，发展动力决定发展速度、效能、可持续性"[①]。技术创新是工业绿色化的核心动力，也是工业绿色化的基本支撑。一是提高技术创新能力。通过构建科技创新平台、培育和引进高端创新人才、加快培育科技创新企业、加大投入科技创新资金、出台科技创新支持政策等措施提高区域技术创新能力。二是提高科技创新产出水平。加快实施支持重大科技创新、高新技术产业发展及提高创新产出效益、创新产业化率的政策，以科技创新支撑工业高质量发展。三是建设和完善区域技术创新高地。通过支持重点区域引领创新、科技园区集群创新、跨区域合作协同创新等，构建区域全面创新体系。四是重点支持清洁型技术创新偏向。技术创新可分为清洁型技术创新偏向和污染型技术创新偏向，只有清洁型技术创新偏向才能够推动工业绿色化。因此，政府在制定技术创新激励的政策时，除了权衡技术创新成果对经济发展的重要性之外，还应将技术创新方向考虑在内，具体来讲，就是应该针对技术创新的生态环境效应制定生态型创新激励机制。

再次，降低甚至是消除环境规制政策对工业绿色化的负面影响。需要实施灵活性环境规制政策，适度减少市场型环境规制工具与行政型环境规制工具的"孤军奋战"，有效推广公众型环境规制，强化市场型环境规制与行政型环境规制同公众型环境规制的协同推进，实现降低甚至是消除环境规制政策对工业绿色化的负面影响。一方面，扭

---

① 习近平：《深入理解新发展理念》，《求是》2019年第10期。

转环境规制政策对技术创新的挤出效应。从投入视角看，支持和鼓励工业企业科技研发创新投入，并按照一定的配额给予补偿；从产出视角看，支持企业更加倾向于清洁型产品生产，对工业企业减少传统污染型产品而增加清洁型产品的经营行为给予转型补贴等。总之，推动工业绿色化，需要通过税收、补贴、金融等手段直接地或间接地支持企业技术研发，扭转环境规制不利于企业技术创新的恶果。另一方面，更加侧重于异质性环境规制政策组合。鉴于异质性环境规制政策工具之间的组合特别是"自上而下"的环境规制政策工具与"自下而上"的环境规制政策工具之间的协同组合推动工业绿色化的重要性，政府在制定和实施环境规制政策时，避免实施单一的行政型环境规制政策或市场型环境规制政策，应该将行政型环境规制与市场型环境规制和公众型环境规制交叉组合。在此过程中，更加突出公众型环境规制对企业影响生态环境质量的行为的监督，充分发挥微信、短信、电话、来访等渠道对企业损害生态环境行为的监管和举报力度，高度重视通过人大、政协等官方途径表达对优美生态环境的迫切诉求。另外，针对工业绿色化的空间溢出效应为负和异质性环境规制的空间溢出效应为正的结果，加快扩大区域开放与区域合作，缩小区域间绿色技术创新差距和区域工业绿色化差距；全面统筹制定各个省份环境规制政策，缩小省际行政型环境规制强度和市场型环境规制强度的差异性。

最后，强化政策对工业绿色化引导、激励和宣传作用。一是加强组织领导。将工业绿色化作为地方政府落实生态文明建设与工业高质量发展的一项重要任务，积极会同相关部门确定发展目标与工作方针，做好专项规划与其他规划衔接，落实责任明确与监管有力的实施步骤，强化各方责任目标考评。二是创新体制机制。构建工业绿色化长效机制，充分发挥市场在资源配置中的决定性作用，基于产品全生命周期生态环境外部性发展理念，完善资源价格体系和排污权价格体系，构建以市场为导向并反映供求关系的排污权、用水权、碳排放权等产权的初始分配制度,强化各项产权的有偿使用与市场交易。三是落实财税政策。制定工业绿色化专项财税政策,提高企业在工业节能、工业减排与工业转型等领域技术创新的资金激励力度,引导社会资本优先和重点支持清洁型研发偏向类企业,并将清洁型产品纳入政府采购目录。四是发展绿色金融。设立省市县三级工业绿色化基金,鼓励社会资本投入绿色工业;建立省级企业绿色发展信用等级评定制度,将绿色发展信用等级与企业贷款挂钩;创新金融产品和金融服务,创设绿色消费信贷业务等。五是强化社会宣传。基于社会群体的差异性开展不同类型的公益宣传活动,大力宣传绿色发展理念和美丽中国建设;突出民间组织与广大人民群众在工业绿色化过程中的参与和监督作用,引导绿色消费。

第三节 未来研究展望

本书延续了当前国内主流学者关于绿色发展的研究方法和研究思路,也就是充分挖掘宏观统计数据,对当前国内经济现象进行解释,尽管本书将技术创新与环境规制对工业绿色化影响的作用机理从理论上和实证上进行了比较全面的论证,其研究结论为中国工业绿色化指明了方向和实施路径;但是本书缺少微观视角下对企业工业绿色化的研究,这也是本书的一大遗憾,据此,未来笔者将着手从以下三个方面对本书的研究进行补充和完善。

首先,企业作为创新的实施主体,人力资本、科技创新乃至政府的各项环境规制政策均是通过影响企业的生产成本和生产过程来改变企业生产行为决策。因此,需要从微观层面论证本书宏观研究结论,也就是从企业层面探究,技术创新和环境规制政策实施后,企业应对这些外部因素变化的行为决策反应,以进一步完善本书的研究结论。另外,在本书研究中,将企业家管理能力和技术创新作为一个整体进行分析，但是企业家管理能力与技术创新还是具有比较明显的差异性，一个优秀的企业家，其在企业短期目标与长期目标、持续发展与创新转型、人才管理与组织协调等方面的作用有时候比技术创新本身更加重要。因此，从微观层面研究技术创新和环境规制对工业绿色化的影响时，必须要考虑到企业家管理创新能力。

其次，已经有研究表明，环境规制对制造业行业的绿色发展影响具有差异性。那么，可以想象，在不同的工业领域，如劳动密集型工业、资本密集型工业、技术密集型工业和资源密集型工业，至少存在如下三个不同：一是不同工业领域需要不同的技术创新水平，且相同的技术创新水平在不同的工业领域所形成的工业绿色化边际贡献不同；二是不同工业领域的工业绿色化水平不同，其所需要的环境规制政策强度及其类型也不相同；三是不同工业领域由于需要的技术创新不同，其所应对相同的环境规制政策所形成的创新挤出效应也应该有所差异。通过研究工业行业异质性可以更好地实施灵活性和差异性的环境规制政策，通过选择最适合本行业的环境规制政策引导该行业企业的工业绿色化。

最后，中国市场型环境规制政策仍不完善，当前在工业绿色化过程中仍主要依靠行政型环境规制发挥作用。但随着市场经济体制的逐步健全，以排污权交易为核心的市场型环境规制政策将发挥越来越重要的作用。据此，在未来研究环境规制对工业绿色化影响的过程中，随着统计数据的逐步完善，市场型环境规制指标的权重将会进一步加强，而且市场型环境规制指标体系也会随着统计数据的完善进行相应的修正。

参考文献

V. 奥斯特罗姆、D. 菲尼、H. 皮希特：《制度分析与发展的反思》，王诚等译，商务印书馆 1992 年版。

阿兰·兰德尔：《资源经济学》，施以正译，商务印书馆 1989 年版。

阿瑟·刘易斯：《经济增长理论》，周师铭等译，商务印书馆 1999 年版。

白俊红、李婧：《政府 R&D 资助与企业技术创新——基于效率视角的实证分析》，《金融研究》2011 年第 6 期。

白俊红、王林东：《创新驱动是否促进了经济增长质量的提升？》，《科学学研究》2016 年第 11 期。

薄文广、徐玮、王军锋：《地方政府竞争与环境规制异质性：逐底竞争还是逐顶竞争？》，《中国软科学》2018 年第 11 期。

蔡昉：《中国经济改革效应分析——劳动力重新配置的视角》，《经济研究》2017 年第 7 期。

蔡乌赶、周小亮：《中国环境规制对绿色全要素生产率的双重效应》，《经济学家》2017 年第 9 期。

曹聪丽、陈宪：《生产性服务业发展模式、结构调整与城市经济增长——基于动态空间杜宾模型的实证研究》，《管理评论》2019 年第 1 期。

钞小静、沈坤荣：《城乡收入差距、劳动力质量与中国经济增长》，《经济研究》2014 年第 6 期。

陈建军、杨飞：《人力资本异质性与区域产业升级：基于前沿文献的讨论》，《浙江大学学报》（人文社会科学版）2014年第5期。

陈敏、桂琦寒、陆铭、陈钊：《中国经济增长如何持续发挥规模效应？——经济开放与国内商品市场分割的实证研究》，《经济学》（季刊）2008年第1期。

陈雯、Dietrich Soyez、左文芳：《工业绿色化：工业环境地理学研究动向》，《地理研究》2003年第5期。

陈宗胜、黎德福：《内生农业技术进步的二元经济增长模型——对"东亚奇迹"和中国经济的再解释》，《经济研究》2004年第11期。

程惠芳、陆嘉俊：《知识资本对工业企业全要素生产率影响实证分析》，《经济研究》2014年第5期。

程中华、刘军、李廉水：《产业结构调整与技术进步对雾霾减排的影响效应研究》，《中国软科学》2019年第1期。

池仁勇：《企业技术创新效率及其影响因素研究》，《数量经济技术经济研究》2003年第6期。

大卫·皮尔斯：《绿色经济的蓝图》，初兆丰、张绪军译，北京师范大学出版社1997年版。

代谦、别朝霞：《人力资本、动态比较优势与发展中国家产业结构升级》，《世界经济》2006年第11期。

戴魁早、刘友金：《要素市场扭曲如何影响创新绩效》，《世界经济》2016年第11期。

戴天仕、徐现祥：《中国的技术进步方向》，《世界经济》2010年第11期。

道格拉斯·C.诺斯：《制度、制度变迁与经济绩效》，杭行译，格致出版社、上海三联书店、上海人民出版社2008年版。

东华、吕逸楠：《政府不当干预与战略性新兴产业产能过剩——以中国光伏产业为例》，《中国工业经济》2015年第10期。

董立延:《新世纪日本绿色经济发展战略——日本低碳政策与启示》,《自然辩证法研究》2012年第11期。

董直庆、蔡啸、王林辉:《技术进步方向、城市用地规模和环境质量》,《经济研究》2014年第10期。

杜龙政、林润辉:《对外直接投资、逆向技术溢出与省域创新能力——基于中国省际面板数据的门槛回归分析》,《中国软科学》2018年第1期。

范庆泉、张同斌:《中国经济增长路径上的环境规制政策与污染治理机制研究》,《世界经济》2018年第8期。

方兰、陈龙:《"绿色化"思想的源流、科学内涵及推进路径》,《陕西师范大学学报》(哲学社会科学版)2015年第5期。

付宏、毛蕴诗、宋来胜:《创新对产业结构高级化影响的实证研究——基于2000—2011年省际面板数据》,《中国工业经济》2013年第9期。

付明辉、祁春节:《要素禀赋、技术进步偏向与农业全要素生产率增长——基于28个国家的比较分析》,《中国农村经济》2016年第12期。

傅京燕、司秀梅、曹翔:《排污权交易机制对绿色发展的影响》,《中国人口·资源与环境》2018年第8期。

傅晓霞、吴利学:《技术差距、创新环境与企业自主研发强度》,《世界经济》2012年第7期。

盖美、聂晨、柯丽娜:《环渤海地区经济—资源—环境系统承载力及协调发展》,《经济地理》2018年第7期。

辜胜阻、吴华君、吴沁沁、余贤文:《创新驱动与核心技术突破是高质量发展的基石》,《中国软科学》2018年第10期。

郭熙保、冷成英:《长江流域城市经济增长对工业固体废弃物影响比较研究——以沿江八城市为例》,《湖北社会科学》2016年第11期。

韩峰、柯善咨：《追踪我国制造业集聚的空间来源：基于马歇尔外部性与新经济地理的综合视角》，《管理世界》2012年第10期。

韩峰、赖明勇：《市场邻近、技术外溢与城市土地利用效率》，《世界经济》2016年第1期。

韩立达、史敦友：《城市面积与城市经济关系研究》，《区域经济评论》2018年第1期。

韩立达、史敦友、韩冬等：《农村土地制度和户籍制度系统联动改革：历程演进、内在逻辑与实施路径》，《中国土地科学》2019年第4期。

何爱平、安梦天：《地方政府竞争、环境规制与绿色发展效率》，《中国人口·资源与环境》2019年第3期。

何仁伟、樊杰、李光勤：《环京津贫困带的时空演变与形成机理》，《经济地理》2018年第6期。

何小钢、王自力：《能源偏向型技术进步与绿色增长转型——基于中国33个行业的实证考察》，《中国工业经济》2015年第2期。

黄永明、陈小飞：《中国贸易隐含污染转移研究》，《中国人口·资源与环境》2018年第10期。

纪玉俊、李超：《创新驱动与产业升级——基于我国省际面板数据的空间计量检验》，《科学学研究》2015年第11期。

贾军、魏洁云、王悦：《环境规制对中国OFDI的绿色技术创新影响差异分析：基于异质性东道国视角》，《研究与发展管理》2017年第6期。

贾绍凤、张士锋、杨红等：《工业用水与经济发展的关系——用水库兹涅茨曲线》，《自然资源学报》2004年第3期。

贾卫列：《从可持续发展到绿色发展》，《中国建设信息化》2017年第10期。

姜磊、柏玲、吴玉鸣：《中国省域经济、资源与环境协调分析——兼论三系统耦合公式及其扩展形式》,《自然资源学报》2017年第5期。

蒋伏心、王竹君、白俊红:《环境规制对技术创新影响的双重效应——基于江苏制造业动态面板数据的实证研究》,《中国工业经济》2013年第7期。

蒋为:《环境规制是否影响了中国制造业企业研发创新?——基于微观数据的实证研究》,《财经研究》2015年第2期。

金刚、沈坤荣:《以邻为壑还是以邻为伴?——环境规制执行互动与城市生产率增长》,《管理世界》2018年第12期。

景维民、张璐:《环境管制、对外开放与中国工业的绿色技术进步》,《经济研究》2014年第9期。

凯恩斯:《就业、利息和货币通论》,高鸿业译,商务印书馆1977年版。

柯善咨、郭素梅:《中国市场一体化与区域经济增长互动:1995—2007年》,《数量经济技术经济研究》2010年第5期。

科斯、阿尔钦、诺斯:《财产权利与制度变迁》,刘守英译,上海三联书店1994年版。

孔宪丽、米美玲、高铁梅:《技术进步适宜性与创新驱动工业结构调整——基于技术进步偏向性视角的实证研究》,《中国工业经济》2015年第11期。

赖俊平、张涛、罗长远:《动态干中学、产业升级与产业结构演进——韩国经验及对中国的启示》,《产业经济研究》2011年第3期。

雷钦礼、徐家春:《技术进步偏向、要素配置偏向与我国TFP的增长》,《统计研究》2015年第8期。

蕾切尔·卡逊:《寂静的春天》,吕瑞兰、李长生译,吉林人民出版社1997年版。

李勃昕、韩先锋、李宁:《知识产权保护是否影响了中国OFDI逆向创新溢出效应?》,《中国软科学》2019年第3期。

李冬琴:《环境政策工具组合、环境技术创新与绩效》,《科学学研究》

2018 年第 12 期。

李海峥、贾娜、张晓蓓等:《中国人力资本的区域分布及发展动态》,《经济研究》2013 年第 7 期。

李虹、邹庆:《环境规制、资源禀赋与城市产业转型研究——基于资源型城市与非资源型城市的对比分析》,《经济研究》2018 年第 11 期。

李静、池金、吴华清:《基于水资源的工业绿色偏向型技术进步测度与分析》,《中国人口·资源与环境》2018 年第 10 期。

李廉水、周勇:《技术进步能提高能源效率吗?——基于中国工业部门的实证检验》,《管理世界》2006 年第 10 期。

李平、崔喜君、刘建:《中国自主创新中研发资本投入产出绩效分析——兼论人力资本和知识产权保护的影响》,《中国社会科学》2007 年第 2 期。

李强、魏巍、徐康宁:《技术进步和结构调整对能源消费回弹效应的估算》,《中国人口·资源与环境》2014 年第 10 期。

李胜兰、初善冰、申晨:《地方政府竞争、环境规制与区域生态效率》,《世界经济》2014 年第 4 期。

李泽众、沈开艳:《环境规制对中国新型城镇化水平的空间溢出效应研究》,《上海经济研究》2019 年第 2 期。

廖茂林、任羽菲、张小溪:《能源偏向型技术进步的测算及对能源效率的影响研究——基于制造业 27 个细分行业的实证考察》,《金融评论》2018 年第 2 期。

林春艳、孔凡超、孟祥艳:《人力资本对产业结构转型升级的空间效应研究——基于动态空间 Durbin 模型》,《经济与管理评论》2017 年第 6 期。

林光平、龙志和、吴梅:《中国地区经济 σ - 收敛的空间计量实证分析》,《数量经济技术经济研究》2006 年第 4 期。

林毅夫、刘培林：《中国的经济发展战略与地区收入差距》，《经济研究》2003年第3期。

刘祥霞、王锐、陈学中：《中国外贸生态环境分析与绿色贸易转型研究——基于隐含碳的实证研究》，《资源科学》2015年第2期。

陆铭：《为什么要让市场发挥决定性作用——对中国经济发展的纠偏》，《上海交通大学学报》（哲学社会科学版）2014年第2期。

罗杰·伯曼、马越、詹姆斯·麦吉利夫雷等：《自然资源与环境经济学》，侯元兆等译，中国经济出版社2002年版。

骆玲、史敦友：《单中心城市群产业分工的演化规律与实证研究——以长三角城市群与珠三角城市群为例》，《南方经济》2015年第3期。

马克思：《资本论》第一卷，人民出版社2004年版。

米都斯、丹尼斯：《增长的极限》，李宝恒译，吉林人民出版社1997年版。

潘宏亮：《创新驱动引领产业转型升级的路径与对策》，《经济纵横》2015年第7期。

彭星、李斌：《贸易开放、FDI与中国工业绿色转型——基于动态面板门限模型的实证研究》，《国际贸易问题》2015年第1期。

乔榛、陈俊宏：《供给管理的中国式选择、逻辑及政策取向》，《商业研究》2017年第8期。

邱立成、张兴：《FDI对国内投资挤入挤出效应再检验——以我国农产品加工业为例》，《中央财经大学学报》2010年第11期。

邵帅、李欣、曹建华等：《中国雾霾污染治理的经济政策选择——基于空间溢出效应的视角》，《经济研究》2016年第9期。

申萌、李凯杰、曲如晓：《技术进步、经济增长与二氧化碳排放：理论和经验研究》，《世界经济》2012年第7期。

史丹：《绿色发展与全球工业化的新阶段：中国的进展与比较》，《中国工业经济》2018 年第 10 期。

史敦友：《中国省际工业绿色化评价及空间差异性研究》，《贵州财经大学学报》2019 年第 4 期。

世界环境与发展委员会：《我们共同的未来》，吉林人民出版社 1997 年版。

斯坦利·L. 布鲁、兰迪·R. 格兰特：《经济思想史》，邸晓燕等译，北京大学出版社 2008 年版。

宋马林、金培振：《地方保护、资源错配与环境福利绩效》，《经济研究》2016 年第 12 期。

宋马林、王舒鸿：《环境规制、技术进步与经济增长》，《经济研究》2013 年第 3 期。

孙才志、王雪利、王嵩：《环境约束下中国技术进步偏向测度及其空间效应分析》，《经济地理》2018 年第 9 期。

孙瑾、刘文革、周钰迪：《中国对外开放、产业结构与绿色经济增长——基于省际面板数据的实证检验》，《管理世界》2014 年第 6 期。

孙军：《地区市场潜能、出口开放与我国工业集聚效应研究》，《数量经济技术经济研究》2009 年第 7 期。

覃成林、张华、张技辉：《中国区域发展不平衡的新趋势及成因——基于人口加权变异系数的测度及其空间和产业二重分解》，《中国工业经济》2011 年第 10 期。

谭静、张建华：《碳交易机制倒逼产业结构升级了吗？——基于合成控制法的分析》，《经济与管理研究》2018 年第 12 期。

汤维祺、吴力波、钱浩祺：《从"污染天堂"到绿色增长——区域间高耗能产业转移的调控机制研究》，《经济研究》2016 年第 6 期。

唐平：《农村居民收入差距的变动及影响因素分析》，《管理世界》2006 年第 5 期。

唐未兵、傅元海、王展祥：《技术创新、技术引进与经济增长方式转变》，《经济研究》2014年第7期。

藤田长久、克鲁格曼、维纳布尔斯：《空间经济学：城市、区域与国际贸易》，梁琦译，中国人民大学出版社2005年版。

田光辉、苗长虹、胡志强、苗健铭：《环境规制、地方保护与中国污染密集型产业布局》，《地理学报》2018年第10期。

田利辉、刘廷华、谭德凯：《外资进入和我国企业的生产率："溢出"抑或"挤出"效应》，《南方经济》2014年第7期。

童健、武康平、薛景：《我国环境财税体系的优化配置研究——兼论经济增长和环境治理协调发展的实现途径》，《南开经济研究》2017年第6期。

汪德根、孙枫：《长江经济带陆路交通可达性与城镇化空间耦合协调度》，《地理科学》2018年第7期。

王班班、齐绍洲：《中国工业技术进步的偏向是否节约能源》，《中国人口·资源与环境》2015年第7期。

王承云、孙飞翔：《长三角城市创新空间的集聚与溢出效应》，《地理研究》2017年第6期。

王红梅：《中国环境规制政策工具的比较与选择——基于贝叶斯模型平均（BMA）方法的实证研究》，《中国人口·资源与环境》2016年第9期。

王杰、刘斌：《环境规制与企业全要素生产率——基于中国工业企业数据的经验分析》，《中国工业经济》2014年第3期。

王俊豪：《政府规制经济学导论》，商务印书馆2001年版。

王丽霞、陈新国、姚西龙：《环境规制政策对工业企业绿色发展绩效影响的门限效应研究》，《经济问题》2018年第1期。

王鹏、尤济红：《中国环境管制效果的评价研究——基于工业绿色发展的一个空间视角》，《经济社会体制比较》2016年第5期。

王颖、孙平军、李诚固等：《2003 年以来东北地区城乡协调发展的时空演化》，《经济地理》2018 年第 7 期。

王宇澄：《基于空间面板模型的我国地方政府环境规制竞争研究》，《管理评论》2015 年第 8 期。

王昀、孙晓华：《政府补贴驱动工业转型升级的作用机理》，《中国工业经济》2017 年第 10 期。

温军、冯根福：《异质机构、企业性质与自主创新》，《经济研究》2012 年第 3 期。

温忠麟、叶宝娟：《中介效应分析：方法和模型发展》，《心理科学进展》2014 年第 5 期。

温忠麟、张雷、侯杰泰、刘红云：《中介效应检验程序及其应用》，《心理学报》2004 年第 5 期。

吴波：《绿色消费研究评述》，《经济管理》2014 年第 11 期。

吴传清、杜宇：《偏向型技术进步对长江经济带全要素能源效率影响研究》，《中国软科学》2018 年第 3 期。

吴伟伟：《支农财政、技术进步偏向的农田利用碳排放效应研究》，《中国土地科学》2019 年第 3 期。

伍世安：《改革和完善我国排污收费制度的探讨》，《财贸经济》2007 年第 8 期。

习近平：《深入理解新发展理念》，《求是》2019 年第 10 期。

习近平：《在党的十八届五中全会第二次全体会议上的讲话（节选）》，《求是》2016 年第 1 期。

谢荣辉：《环境规制、引致创新与中国工业绿色生产率提升》，《产业经济研究》2017 年第 2 期。

阳立高、龚世豪、王铂、晁自胜：《人力资本、技术进步与制造业升级》，《中国软科学》2018 年第 1 期。

杨朝均、呼若青、冯志军：《环境规制政策、环境执法与工业绿色创新能力提升》,《软科学》2018 年第 1 期。

杨丹萍、杨丽华:《对外贸易、技术进步与产业结构升级:经验、机理与实证》,《管理世界》2016 年第 11 期。

杨烨、谢建国:《创新扶持、环境规制与企业技术减排》,《财经科学》2019 年第 2 期。

衣长军、李赛、张吉鹏:《制度环境、吸收能力与新兴经济体 OFDI 逆向技术溢出效应——基于中国省际面板数据的门槛检验》,《财经研究》2015 年第 11 期。

余东华、孙婷:《环境规制、技能溢价与制造业国际竞争力》,《中国工业经济》2017 年第 5 期。

余泳泽、张先轸:《要素禀赋、适宜性创新模式选择与全要素生产率提升》,《管理世界》2015 年第 9 期。

袁建国、后青松、程晨:《企业政治资源的诅咒效应——基于政治关联与企业技术创新的考察》,《管理世界》2015 年第 1 期。

袁礼、欧阳峣:《发展中大国提升全要素生产率的关键》,《中国工业经济》2018 年第 6 期。

约瑟夫·熊彼特:《经济发展理论:对于利润、资本、信贷、利息和经济周期的考察》,何畏、易家详译,商务印书馆 1991 年版。

曾冰、张朝、龚征旗、章成帅:《从行政区和经济区关系演化探析我国省际交界地区发展》,《经济地理》2016 年第 1 期。

张彩云、吕越:《绿色生产规制与企业研发创新——影响及机制研究》,《经济管理》2018 年第 1 期。

张成、陆旸、郭路、于同申:《环境规制强度和生产技术进步》,《经济研究》2011 年第 2 期。

张国强、温军、汤向俊:《中国人力资本、人力资本结构与产业结构升级》,《中国人口·资源与环境》2011 年第 10 期。

张江雪、蔡宁、杨陈:《环境规制对中国工业绿色增长指数的影响》,

《中国人口·资源与环境》2015年第1期。

张嫚:《环境规制与企业行为间的关联机制研究》,《财经问题研究》2005年第4期。

张培刚:《农业与工业化:农业国工业化问题再论》,中国人民大学出版社2014年版。

张志辉:《中国区域能源效率演变及其影响因素》,《数量经济技术经济研究》2015年第8期。

赵爱武、关洪军:《企业环境技术创新激励政策优化组合模拟与分析》,《管理科学》2018年第6期。

赵领娣、张磊、徐乐、胡明照:《人力资本、产业结构调整与绿色发展效率的作用机制》,《中国人口·资源与环境》2016年第11期。

赵玉民、朱方明、贺立龙:《环境规制的界定、分类与演进研究》,《中国人口·资源与环境》2009年第6期。

赵璺、石敏俊、杨晶:《市场邻近、供给邻近与中国制造业空间分布——基于中国省区间投入产出模型的分析》,《经济学(季刊)》2012年第3期。

植草益:《微观规制经济学》,朱邵文、胡欣欣等译,中国发展出版社1992年版。

中共中央马克思恩格斯列宁斯大林著作编译局:《马克思恩格斯选集》,人民出版社1972年版。

钟茂初、李梦洁、杜威剑:《环境规制能否倒逼产业结构调整——基于中国省际面板数据的实证检验》,《中国人口·资源与环境》2015年第8期。

钟世川:《技术进步偏向与中国工业行业全要素生产率增长》,《经济学家》2014年第7期。

钟水映、李魁:《人口红利、空间外溢与省域经济增长》,《管理世界》2010年第4期。

朱利安·林肯·西蒙:《没有极限的增长》,黄江南、朱佳明译,四川人民出版社1985年版。

朱乃平、朱丽、孔玉生、沈阳:《技术创新投入、社会责任承担对财务绩效的协同影响研究》,《会计研究》2014年第2期。

朱平芳、徐伟民:《政府的科技激励政策对大中型工业企业R&D投入及其专利产出的影响——上海市的实证研究》,《经济研究》2003年第6期。

朱平芳、张征宇、姜国麟:《FDI与环境规制:基于地方分权视角的实证研究》,《经济研究》2011年第6期。

诸大建:《绿色经济新理念及中国开展绿色经济研究的思考》,《中国人口·资源与环境》2012年第5期。

Acemoglu D., Aghion P., Hemous B. D., The Environment and Directed Technical Change in a North-South Model, *Oxford Review of Economic Policy*, 2015, 30 (2): 513 – 530.

Acemoglu D., Aghion P., Hemous B. D., The Environment and Directed Technical Change, *The American Economic Review*, 2012, 102 (1): 131 – 166.

Acemoglu D., Directed Technical Change, *Review of Economic Studies*, 2002, 69 (4): 781 – 809.

Aghion P., Growth and Development: a Schumpeterian Approach, *Annals of Economics & Finance*, 2004, 5 (1): 1 – 25.

Aghion P., Howitt P., A Model of Growth Through Creative Destruction, *Econometrica*, 1992, 60 (2): 323 – 351.

Aghion P., Howitt P., Research and Development in the Growth Process, *Journal of Economic Growth*, 1996, 1 (1): 49 – 73.

Barbera A. J., Mcconnell V. D., Effects of Pollution Control on Industry Productivity: A Factor Demand Approach, *Journal of Industrial Eco-

nomics, 1986, 35 (2): 161 – 172.

Baron R. M. , Kenny D. A. , The Moderator-mediator Variable Distinction in social Psychological Research: Conceptual, Strategic and Statistical Considerations, *Journal of Personality and Social Psychology*, 1986, 51 (6): 1173 – 1182.

Berkhout P. H. G. , Muskens J. C. , Velthuijsen J. W. , Defining the Rebound Effect, *Energy Policy*, 2000, 28 (6): 425 – 432.

Blackman, Allen, Geoffrey J. , Bannister, Community Pressure and Clean Technology in the Informal Sector: An Econometric Analysis of the Adoption of Propane by Traditional Mexican Brickmakers, *Journal of Environmental Economics and Management*, 1998, 35 (1): 1 – 21.

Bloch, Harry, Innovation and the Evolution of Industry Structure, *International Journal of the Economics of Business*, 2018, 25 (1): 73 – 83.

Capello R. , Spatial Spillovers and Regional Growth: A Cognitive Approach, *European Planning Studies*, 2009, 17 (5): 639 – 658.

Carlson L. , Grove S. J. , Kangun N. , A Content Analysis of Environmental Advertising Claims: A Matrix Method Approach, *Journal of Advertising*, 1993, 22 (3): 27 – 39.

Case A. C. , Rosen H. S. , Hines J. R. , Budget Spillovers and Fiscal Policy Interdependence: Evidence from the States, *Journal of Public Economics*, 1993, 52 (3): 285 – 307.

Cheng Z. , Li L. , Liu J. , The Emissions Reduction Effect and Technical Progress Effect of Environmental Regulation Policy Tools, *Journal of Cleaner Production*, 2017, 149 (4): 191 – 205.

Ciccone A. , Papaioannou E. , Human Capital, the Structure of Production, and Growth, *The Review of Economics and Statistics*, 2009, 91 (1): 66 – 82.

Coase R. H., The Problem of Social Cost, *Journal of Law and Economics*, 1960 (3): 1 – 44.

Cole M. A., Elliott R. J. R., Wu S., Industrial Activity and the Environment in China: An industry-level Analysis, *China Economic Review*, 2008, 19 (3): 1 – 34.

Drucker J., Feser E., Regional Industrial Structure and Agglomeration Economies: An Analysis of Productivity in Three Manufacturing Industries, *Regional Science and Urban Economics*, 2012, 42 (1): 1 – 14.

Feser E., Tracing the Sources of Local External Economies, Urban Studies, 2014, 39 (13): 2485 – 2506.

Flitner M., Dietrich Soyez, Geographical Perspectives on Civil Society Actors, *Geojournal*, 2000, 52 (1): 203 – 220.

Fujita M., Krugman P., *Agglomeration Economy: City, Industrial Location and Regional Growth*, The MIT Press, 1991.

Fujita M., Krugman P., When is the Economy Monocentric?: Von Thünen and Chamberlin Unified, *Regional Science and Urban Economics*, 1995, 25 (4): 505 – 528.

Fujita M., Thisse, Jacques-François., Does Geographical Agglomeration Foster Economic Growth? And Who Gains and LoosesfromIt?, *CEPR Discussion Papers*, 2002, 54 (2): 121 – 145.

Glaeser E. L., Kallal H. D., Scheinkman J. A., et al., Growth in Cities, *Journal of Political Economy*, 1992, 100 (6): 1126 – 1152.

Glaeser E. L., Resseger M. G., The Complementarity between Cities and Skills, *Journal of Regional Science*, 2010, 50 (1): 221 – 244.

Gray W. B., Shadbegian R. J., Pollution Abatement Costs, Regulation and Plant-Level Productivity, *Working Papers*, 1994: 1 – 32.

Griliches Z., Issues in Assessing the Contribution of Research and Development to Productivity Growth, *The Bell Journal of Economics*, 1979, 10 (1): 92 – 116.

Grossman G. M., Helpman E., Trade, Knowledge Spillovers and Growth, *European Economic Review*, 1991, 35 (2 – 3): 517 – 526.

Hahn, Robert W., The Impact of Economics on Environmental Policy, *Journal of Environmental Economics and Management*, 2000, 39 (3): 375 – 399.

Harris C. D., The Market as a Factor in the Localization of Industry in the United States, *Annals of the Association of American Geographers*, 1954, 44 (4): 315 – 348.

Head K., Mayer T., Market Potential and the Location of Japanese Investment in the European Union, *Review of Economics & Statistics*, 2004, 86 (4): 959 – 972.

Howitt P., Aghion P., Capital Accumulation and Innovation as Complementary Factors in Long Run Growth, *Journal of Economic Growth*, 1998, 3 (2): 111 – 130.

Hudson R., *Towards Sustainable Industrial Production: But in What Sense Sustainable?*, Environmental Change: Industry, Power and Policy, 1995.

Inge V. D. B., The Unilateral Implementation of a Sustainable Growth Path with Directed Technical Change, *European Economic Review*, 2017, 91 (1): 305 – 327.

Jaffe A. B., Newell R. G., Stavins R. N., Environmental Policy and Technological Change, *Environmental & Resource Economics*, 2002, 22 (1 – 2): 41 – 70.

Jaffe A. B., Palmer K., Environmental Regulation and Innovation: A Panel Data Study, *Review of Economics & Statistics*, 1997, 79 (4): 610 –

619.

Jin W., Zhang H., Liu S., et al., Technological Innovation, Environmental Regulation, and Green Total Factor Efficiency of Industrial Water Resources, *Journal of Cleaner Production*, 2019, 211 (2): 61 – 69.

Judd C. M., Process analysis: Estimating Mediation in Treatment Evaluations, *Evaluation Review*, 1981, 5 (5): 602 – 619.

Khazzoom J. D., Economic Implications of Mandated Efficiency in Standards for Household Appliances, *Energy Journal*, 1980, 1 (4): 21 – 40.

Krugman P., A Dynamic Spatial Model, *National Bureau of Economic Research Working Paper*, No. 4219, 1992.

Krugman P., *Geography and Trade*, Cambridge: MIT Press, 1991.

Krugman P., Increasing Returns and Economic Geography, *Journal of Political Economy*, 1991, 9 (3): 483 – 499.

Krugman P., Increasing Returns, Industrialization and Indeterminacy of Equilibrium, *Quarterly Journal of Economics*, 1991, 106 (2): 617 – 650.

Kuznets S., Modern Economic Growth: Findings and Reflections, *American Economic Review*, 1973, 63 (3): 247 – 258.

Lanoie P., Patry M., Lajeunesse R., Environmental Regulation and Productivity: Testing the Porter Hypothesis, *Journal of Productivity Analysis*, 2008, 30 (2): 121 – 128.

Lesage J. P., Pace R. K., Spatial Econometric Models, In M Fischer and A Getis (eds.). *Handbook of Applied Spatial Analyses*, Berlin: Springer, 2010.

Levinson A., Environmental Regulatory Competition: A Status Report and

Some New Evidence, *National Tax Journal*, 2003, 56 (1): 91 – 106.

Lin Justin Yifu, Jeffery B. Negent, *Handbook of Development Economics* (Vol. 3): Institutions and Economic Development, Elsevier Press, 1995.

Low P., *International Trade and the Environment, The International Bank for Reconstruction and Development*, the World Bank, Washington D. C. 1992: 95 – 99.

Lucas R. E., On The Mechanics of Economic Development, *Journal of Monetary Economics*, 1989, 22 (1): 3 – 42.

Marshall A., *Principles of Economics, Eighth Edition*, London: Macmillan Press, 1920.

Maryann P., Feldman. The New Economics of Innovation, Spillovers and Agglomeration: A Review of Empirical Studies, *Economics of Innovation and New Technology*, 1999, 8 (1/2): 5 – 25.

Mohr R. D., Technical Change, External Economies, and the Porter Hypothesis, *Journal of Environmental Economics & Management*, 2002, 43 (1): 158 – 168.

Moran P. A., *Notes on Continuous Stochastic Phenomena*, Biometrika, 1950, 37 (1/2): 17 – 23.

Murty M. N., Kumar S., Win-win Opportunities and Environmental Regulation: Testing of Porter Hypothesis for Indian Manufacturing Industries, *Journal of Environmental Management*, 2003, 67 (2): 139 – 144.

Nelson R. R., Winter S. G., *An Evolutionary Theory of Economic Change*, Cambridge MA: Belknap Press of Harvard University Press, 1982.

North D., Institutions, *Journal of Economic Literature*, 1991: 202.

North D., *Structure and Change in Economic History*, Yale University,

1983.

Otto V. M., Löschel A., Reilly J., Directed Technical Change and Differentiation of Climate Policy, *Energy Economics*, 2008, 30 (6): 2855 – 2878.

Palmer K., Oates W. E., Portney P. R., Tightening Environmental Standards: The Benefit-Cost or the No-Cost Paradigm?, *Journal of Economic Perspectives*, 1995, 9 (4): 119 – 132.

Peneder M., Industrial Structure and Aggregate Growth, *Structural Change and Economic Dynamics*, 2003, 14 (4): 427 – 448.

Penna C. C. R., Geels F. W., Multi-dimensional Struggles in the Greening of Industry: A Dialectic Issue Lifecycle Model and Case Study, *Technological Forecasting & Social Change*, 2012, 79 (6): 999 – 1020.

Porter M. E., Linde C. V. D., Toward a New Conception of the Environment-Competitiveness Relationship, *Journal of Economic Perspectives*, 1995, 9 (4): 97 – 118.

Redding S., Path Dependence, Endogenous Innovation and Growth, *International Economic Review*, 2002, 43 (12): 1215 – 1248.

Richard G. Newell, Adam B. Jaffe, Robert N. Stavins, The Induced Innovation Hypothesis and Energy-Saving Technological Change, *The Quarterly Journal of Economics*, 1999, 114 (8): 941 – 975.

Romer P. M., Endogenous Technological Change, *Journal of Political Economy*, 1990, 98 (10): 71 – 102.

Romer P. M., Increasing Returns and Long-Run Growth, *Journal of Political Economy*, 1986, 94 (5): 1002 – 1037

Rubashkina Y., Galeotti M., Verdolini E., Environmental Regulation and Competitiveness: Empirical Evidence on the Porter Hypothesis from European Manufacturing Sectors, Energy Policy, 2015, 83

(35): 288-300.

Saunders H. D., Fuel Conserving (and using) Production Functions, *Energy Economics*, 2008, 30 (5): 2184-2235.

Scholtens B., Boekbespreking Van World Bank, Greening Industry: New Roles for Communities, Markets and Governments, Kyklos, 2000, 4 (4): 478-479.

Schumpeter J., The Instability of Capitalism, *The Economic Journal*, 1928, 38 (151): 361-386.

Schumpeter J., *The Theory of Economic Development*, Harvard University Press, 1934.

Seonaidh M. D., Caroline O., Maree T., et al., Comparing Sustainable Consumption Patterns Across Product Sectors, *International Journal of Consumer Studies*, 2009, 33 (2): 137-145.

Simpson R. D., Iii R. L. B., Taxing Variable Cost: Environmental Regulation as Industrial Policy, *Journal of Environmental Economics & Management*, 1996, 30 (3): 282-300.

Sobel M. E., Asymptotic Confidence Intervals for Indirect Effects in Structural Equation Models, *Sociological Methodology*, 1982, 13: 290-312.

Solo C. S., Innovation in the Capitalist Process: A Critique of the Schumpeterian Theory, *The Quarterly Journal of Economics*, 1951, 65 (3): 417-428.

Solow R. M., Contribution to the Theory of Economic Growth, *The Quarterly Journal of Economics*, 1956, 70 (1): 65-94.

Sorensen A. R&D, Learning and Phases of Economic Growth, *Journal of Economic Growth*, 1999, 4 (4): 429-445.

Sorrell S., Dimitropoulos J., The Rebound Effect: Microeconomic Definitions, *Limitations and Extensions*, *Ecological Economics*, 2008, 65 (3): 636–649.

Soyez, Dietrich, *Industrial Resource Use and Transnational Conflict: Geographical Implications of the James Bay Hydropower Schemes*, England: Avebury Press, 1995.

Stafford, Sarah L., The Effect of Punishment on Firm Compliance with Hazardous Waste Regulations, *Journal of Environmental Economics and Management*, 2001, 44 (2): 290–308.

Sylvie Démurger, Infrastructure Development and Economic Growth: An Explanation for Regional Disparities in China?, *Journal of Comparative Economics*, 2001, 29 (1): 1–117.

Testa F., Iraldo F., Frey M., The Effect of Environmental Regulation on Firms' Competitive Performance: The Case of the Building & Construction Sector in some EU Regions, *Journal of Environmental Management*, 2011, 92 (9): 2136–2144.

Theil, Henri, Economics and Information Theory, *Journal of the Operational Research Society*, 1967, 18 (3): 328–328.

Tobler W. R., A Computer Movie Simulating Urban Growth in the Detroit Region, *Economic Geography*, 1970, 46 (1): 234–240.

Walley N., Whitehead, "It's Not Easy Been Green" in R. Welfordand R. Starkey (eds), The Earth Scan in Business and the Environment, London, Earth Scan, 1996.

W. Kip Viscusi, John M. Vernon, Joseph E., Harrington Jr, *Economics of Regulation and Antitrust* (4th Edition), The MIT Press, 1995.

后　　记

　　学术之路，一路跌跌撞撞，能够坚持下来，是对改变生活的执着。经历工作和学习多次转型的迷茫抉择之后，才逐渐发现，不管什么年龄，走进校园都是一件特别幸福的事。走进川大，无比幸福；学在川大，无比充实；离开川大，无比怀念。回首川大三年求学路上的点点滴滴，每一步成长都离不开老师和亲友的鞭策与帮助，谨表衷心感谢！

　　恩师韩立达教授，对待学术，他治学严谨；对待学生，他和蔼可亲；对待学习，他言传身教。感谢韩教授，在我入学之初，专业基础不扎实和学术能力不成熟时，他一点一滴地教我读书、做科研、写论文，使我对博士科研之路充满激情，满怀动力！在我科研之始，他带领我到农村土地改革前沿阵地调研，了解真实的经济世界，使我明白，除了学习书本上的理论知识，通过实践调研发现问题和解决问题也很重要，甚至更重要，能够学习到书本上没有的知识！在我写作博士论文之际，尽管他批评我固执、守旧，没有自己观点，不愿意尝试创新，但是他还是允许我换选题、换研究方向，让我根据自己的专业优势找适合自己的研究方向，并寻找到适合自己的博士论文选题！在我学术研究与论文撰写之时，他一次次审思与斧正我的论文并督促我逐字校对、反复修改，每当我将论文完成稿发给他，他总是当天夜里就为我修改论文，经常会在凌晨一点、两点给我回复修改意见，他以身作则和以实际行动培养了我严谨的治学态度！我在学术能力和学术态度上所取得的每一点成绩都凝聚着他的心血，他虚怀若谷、厚德载物的人格魅力不断激励我奋勇向前。

感谢四川大学经济学院全体老师对我的教育、指导和帮助，他们对待学生平易近人的态度和兢兢业业的工作作风给我树立了良好的榜样，是值得我终生学习的宝贵精神财富。感谢西南交通大学四川省产业经济发展研究院的骆玲教授、曹洪教授及各位老师，在步入成都之时和从数学转入全新的经济学专业领域之际，持续至今给予我的长期帮助！他们培育了我的专业优势，挖掘了我的人生价值，影响了我的未来选择。感谢远在新疆的张学峰老师，自本科考研认识以来，生活上、学习上，十年的关心、十年的鼓励，是我不断获取成功的精神支柱。感谢段龙龙博士、张卫博士、李小波博士、周璇博士等同学和朋友，博士漫漫征途，给我的长久支持和无限牵挂。感谢爸爸、妈妈、哥哥、嫂子、姐姐及其亲朋好友对我学习上的关心、鼓励，正是因为他们，我十余年背井离乡的求学生活才得以如此多彩难忘。

最后，还要特别感谢中国社会科学出版社的王曦编辑，如果没有她的敬业精神和辛苦努力，该专著是无法与大家见面的。

感谢所有帮助我、关爱我的人！

史敦友

二〇二〇年五月一日于四川师范大学狮子山